新版

新しい
世界史の
授業

生徒とともに深める
歴史学習

千葉県
高等学校教育研究会
歴史部会編

山川出版社

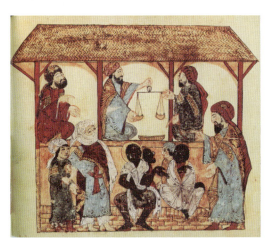

『マカーマート』(ハリーリー著)に描かれたさまざまな挿絵
(13世紀,テーマ5・資料2〈43頁〉参照)

アイ・ハヌムから発掘されたギリシア語刻銘付石碑台座
（テーマ2・資料6〈右, 21頁〉参照）

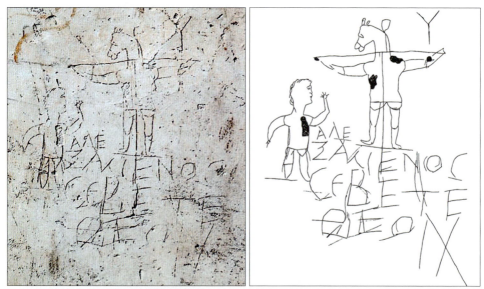

ローマ・パラティーノの丘の落書き（「アレクサメノスの掻き絵」）（ローマ帝政期, テーマ3・資料1〈24頁〉参照）　左は実際のもので, 右はそれを転写したもの。

サントス宮殿「磁器の間」の天井（ポルトガル・リスボン，テーマ７・資料１〈56頁〉参照）

青花蓮池魚藻文壺（元代，テーマ７・資料３〈59頁〉参照，写真：六田知弘）

青花宝相華唐草文盤（元代，テーマ７・資料４〈59頁〉参照，写真：同左）

ポルトガル紙幣・2000エスクード（表・裏，テーマ9〈73頁〉参照）表面にはバルトロメウ＝ディアス，裏面にはアフリカの地図やカラベル船が描かれている。

ポルトガル紙幣・5000エスクード（表・裏，テーマ9・資料1〈71頁〉参照）

週刊新聞『モッラー・ナスレッデッン』(1907年3月17日発行の11号)掲載の風刺画
(テーマ17・資料1〈135頁〉参照)

第一次世界大戦期のプロパガンダポスター①——「君を求む,アメリカ陸軍へ！」(テーマ22〈178・179頁〉参照,以下⑦まで同)

同②——「あぁ！ 私が男だったら海軍に入るのになぁ！」

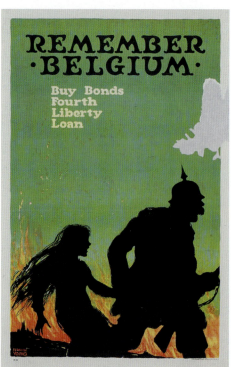

同③——「ベルギーを忘れるな。第4次自由公債を買おう！」

同④——「フン人を自由公債で撃退せよ！」

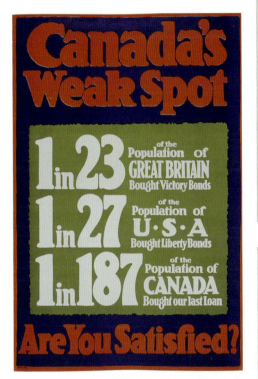

同⑤——「カナダの弱点……君は満足ですか？」

同⑥——「すべての戦士・女性労働者のために。合衆国戦争労働キャンペーン。Y.M.C.A を通して彼女たちを助けよう！」

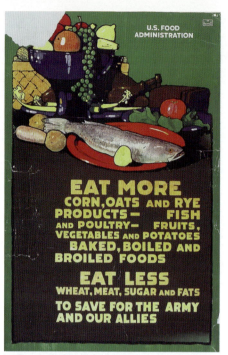

同⑦——食事の節制を呼びかけるポスター

第一次世界大戦時のアイルランドにおける，志願の啓発ポスター（テーマ24・資料2〈191頁〉参照）

1962年の世界状況をあらわした風刺画（E=ヴァルトマン画，テーマ28・資料1〈223頁〉参照）

新版の発刊にあたって

　本書は1992（平成4）年に発刊された『新しい日本史の授業』『新しい世界史の授業』（以下，旧版）の新版として，新執筆陣のもと，新たに刊行されたものです。

　旧版が刊行された背景には，1989（平成元）年に当時の学習指導要領が告示され，高校では1994（平成6）年度から実施される予定だったことがありました。この時の指導要領改訂は，ゆとり教育が進むなかで，知識偏重から心豊かな人間の育成へと重点が移るとともに，社会科は地理歴史科と公民科に分割され，日本史・世界史・地理にA・B科目が設定されるなど，歴史教育に大きな変革をもたらすものでした。

　こうした変革に対応して旧版は，歴史に対する生徒の興味・関心をいかに喚起し，主体的に学ばせるかを主題とした，実践的な授業事例集となりました。また，その方法として，図像や民俗資料を活用し，地域・民衆の視点から歴史像を構築しようとする社会史の手法を積極的に取り入れようと試みたのが大きな特徴でもありました。この手法は，おそらく当時の歴史研究者・教員のあいだでは最先端のものであり，それをいち早く採用した旧版は，高い評価をいただいていたと自負しています。

　さて，旧版発刊時と同じように，今も歴史教育の大転換がおこりつつあるといえます。2018（平成30）年に告示され，2022（令和4）年度から施行される新学習指導要領では，歴史科目のA・B区分が廃され，かわって必履修の基礎科目「歴史総合」と，発展的な選択科目「日本史探究」「世界史探究」が設定されています。なかでも「歴史総合」は，日本史・世界史の区分をせず，近現代を題材として，グローバル化に対応した思考力・判断力・表現力を育成しようとするもので，教える側にはこれまでになかった発想の転換が必要になるでしょう。

　しかし，それ以上に今回の指導要領改訂で注目されたのが「アクティブ・ラーニング」という言葉です。この語は2012（平成24）年の中央教育審議会の答申で用いられて以後，多くの誤解や解釈を生みながら独り歩きしてしまったため，2017（平成29）年以降，「主体的・対話的で深い学び」に置き換えられました。一方，その間に新しい教育・授業の手法として多くの研究や実践がおこなわれ，

全歴研や関歴研でも，直接・間接にこれを扱った発表や報告が多くなりました。

アクティブ・ラーニングの拡散によっておこった変動は，歴史教員の視点が「歴史を学ぶ」から「歴史から学ぶ」へ，そして歴史から「何を」学ぶかよりも「どうやって」学ぶかに，重点を移し始めたことだと思います。またそれが，歴史科目において「主体的・対話的で深い学び」を実践するための一つの方法論でもあるでしょう。

千葉県では昨今，教員の世代交代が急激に進んでおり，実はそれも，このタイミングで新版を刊行する大きな理由になっています。現在の教員の年齢構成は，多くの高校現場で50代後半以降（再任用を含む）のベテラン層が非常に厚い一方，30代後半から40代の中堅層が極端に薄く，そして新採用者数が増加した20代から30代前半の比率がようやく高くなりつつある，というのが現状です。

残念ながら，アクティブ・ラーニングはそれだけで授業を完結させることはできません。また，歴史教育の基礎部分には当然，生徒の知識や技能を高める従来型の授業方法も必要とされるでしょう。今後も進行する急激な世代交代を考慮すると，今はベテラン層が培ってきた知識・経験や授業技術を，若手教員に引き継ぐことも喫緊の課題です。そのうえで若手や中堅の先生方には，ベテランから引き継いだものと，新しい発想・新しい技術とを組み合わせて，より有効な授業を考案し，工夫していっていただきたいと思います。

今回の新版刊行は，2015（平成27）年の役員会・総会で提案されたのち，翌2016（平成28）年の総会で基本方針が承認され，執筆要領・目次案の検討や執筆者の選定・分担がおこなわれました。そして，2017〜19（平成29〜31・令和元）年にかけて執筆作業や原稿検討，編集作業が進められました。新執筆陣はベテランと新進気鋭が入り混じっていますが，それにより，先にあげた知識・技術の伝承と，新発想の提示という二つの方向性が，明確に示されていると思います。

本書の刊行はひとえに，執筆者の先生方，および編集委員の方々の努力の賜物であり，深く感謝を申し上げます。新しい時代における歴史教育の手引書として，本書が旧版と同様に多くの歴史関係の先生方に親しまれ，有効に活用していただければ，望外の幸せと存じます。

　2019（令和元）年5月

千葉県高等学校教育研究会歴史部会会長

鈴木　智

目 次

新版の発刊にあたって

本書について　　*6*

1　サッカーからみる世界史
　　──世界史への扉・日常生活にみる世界史　　　　　小橋正敏　　*8*

2　みなさんは，この時代を何と名づけますか？
　　──ヘレニズム世界とその文化　　　　　　　　　　小林未希　　*16*

3　イエスは何を語ったのか，そしてどう受け継がれたのか
　　──キリスト教の展開とローマ帝国　　　　　　　　澤邉和浩　　*24*

4　100万人都市を生み出した人々
　　──唐の文化的発展を支えたもの　　　　　　　　　遠藤晃太　　*32*

5　『マカーマート』の挿絵から読み解くイスラーム
　　──イスラームの社会と文化　　　　　　　　　　　廣川みどり　　*40*

6　何が中世の秩序を揺るがせたのか
　　──叙任権闘争　　　　　　　　　　　　　　　　　宮﨑信伍　　*48*

7　青花の時代
　　──モンゴルが残した東西の文化交流　　　　　　　井上明美　　*56*

8　高麗の独自の世界観とは？
　　──10〜14世紀における東アジアの国際関係　　　　山口彩実　　*62*

9　紙幣に刻まれた「輝かしき」歴史
　　──ポルトガルの「大航海時代」　　　　　　　　　棚澤文貴　　*70*

10　三つの三美神から「ルネサンス」を読み解こう
　　──ルネサンス前後のヨーロッパ社会と思想　　　　本城愛子　　*78*

11　書籍印刷なくして宗教改革なし
　　──教会の権威に挑んだルターの宗教改革　　　　　齋藤 亮　　*86*

12　岩倉使節団がみたイギリスと，私たちのこれからの社会
　　──産業革命と人々の生活の変化　　　　　　　　　松井 昂　　*94*

13　ロジャー゠ウィリアムズはどうすべきだったのか？
　　──アメリカ先住民と植民地人　　　　　　　　　　高橋謙一郎　*102*

14　フランス革命が残したもの
　　──フランス革命と国民国家の形成　　　　　　　　黒木俊輔　　*110*

15　ドーデ「最後の授業」の「罠」
　　──「境界の物語」からみる国民国家とナショナリズム　中嶋泰鷹　*118*

16 冊封体制はなぜ崩壊したのか？
　　——冊封体制と日本　　　　　　　　　　　　　越川芳雄　*126*

17 あなたは読み解くことができるか!?
　　——オスマン帝国の衰退　　　　　　　　　　濱田竜亘　*134*

18 ベルギーの王様はコンゴに何をしたのか？
　　——民族の分断と連鎖する紛争の原因　　　　田巻　慶　*142*

19 ヴァーグナーとドイツ国民主義
　　——19〜20世紀における国民主義の変質　　中居一穂　*150*

20 辛亥革命は成功か失敗か？
　　——中国近代化の選択　　　　　　　　　　　山谷亮太　*158*

21 なぜマルコはアルゼンチンへ？
　　——「豊かな国」アルゼンチンとイタリア人移民　永野裕基　*166*

22 50分間のタイムスリップ体験
　　——ポスターで学ぶ第一次世界大戦　　　　　鈴木將太　*174*

23 生徒が「つぶやき」，「エッセイ」を書く世界史の授業
　　——さまざまな立場からみるロシア革命とソヴィエト政権　飯塚真吾　*182*

24 あなただったらアイルランド問題をどう解決しますか？
　　——アイルランド独立と北アイルランド　　　大塚雅信　*190*

25 ガンディーのめざした「インド」とは？
　　——インドにおける民族運動の展開　　　　　畠間　毅　*198*

26 あなたは一人でも助けることができますか？
　　——第二次世界大戦とホロコースト　　　　　周藤新太郎　*206*

27 中華の「国民国家」をめざして
　　——中国国民革命と国民党・共産党，そして日本　鈴木久雄　*214*

28 だれが冷戦を始めたのか？
　　——米ソ冷戦の始まり　　　　　　　　　　　石川航平　*222*

29 なぜユーゴスラヴィアは崩壊したのだろう
　　——冷戦終結後における地域紛争の激化　　　稲垣稀由　*230*

30 山以外に友はなし
　　——クルド人の歴史とクルド人問題　　　　　大塚優里　*238*

あとがき

資料出典一覧

執筆者一覧

新しい世界史の授業

生徒とともに深める歴史学習

「教室」(バジル=デ=ルース画, 19世紀)

本書について

　1992（平成4）年刊行の『新しい世界史の授業』（以下，旧版）では，三つの柱を基本方針としていました。それは，ヨーロッパ中心史観の克服，民衆の視点からの近現代史の見直し，現代世界の課題です。それから四半世紀をへて，再び歴史部会から，新版として『新しい世界史の授業』を刊行することができました。

　今回の編集では，五つの基本方針を立てました。第一は，はじめて世界史を教える先生方を対象に，具体的な授業の進め方を提案することです。そのため本書全体で，わかりやすく，かつ授業展開がみえるような内容・文体を心がけました。

　第二は，歴史的思考力を高めることを目的に，生徒に考えさせる発問や課題，そしてそのための教材を提示することです。本書では，生徒の知的好奇心を喚起するような教材を豊富に紹介するとともに，生徒が何かに「気付き」深く考える，または「どうしてなんだろう」と自ら疑問をもつ，さらに生徒同士で「考えをめぐらす」，そのような「気付き」を喚起する発問を，各テーマで提示しています。

　第三には，新学習指導要領で導入される「歴史総合」を踏まえ，世界や東アジアのなかの日本を相互的な視野から捉える授業を盛り込んでいます。例えば「4　100万人都市を生み出した人々」や「12　岩倉使節団がみたイギリスと，私たちのこれからの社会」，「16　冊封体制はなぜ崩壊したのか？」がこれにあたります。

　第四には，旧版の三つの柱に準じつつ，グローバルな視点から歴史を学ぶテーマを設定しています。まずヨーロッパ中心史観の克服の点では，近代ヨーロッパから生まれた「ヘレニズム」という言葉を問い直す「2　みなさんは，この時代を何と名づけますか？」や，アメリカ先住民の視点を取り入れた「13　ロジャー＝ウィリアムズはどうすべきだったのか？」などがあげられます。民衆の視点からの近現代史の見直しという点では，移民をテーマにした「21　なぜマルコはアルゼンチンへ？」，ロシア革命を労働者や農民などさまざまな立場から考える「23　生徒が「つぶやき」，「エッセイ」を書く世界史の授業」，普通の人々がどのようにナチ党のユダヤ人政策に抵抗したかを取り上げた「26　あなたは一人でも助けることができますか？」などがあげられます。そして，現代世界の課題では，アフリカにおける紛争の原因を考える「18　ベルギーの王様はコンゴに何をしたのか？」，アイルランドをめぐる問題を丁寧におさえた「24　あなただったらアイルランド問題をどう解決しますか？」，冷戦後の地域紛争をテーマにした「29

なぜユーゴスラヴィアは崩壊したのだろう」，クルド人問題を考える「30　山以外に友はなし」がこれにあてはまります。

　第五は，最新の研究を反映するとともに，授業で使用可能な新たな史資料・図版の教材化に取り組むことです。例えば，「5　『マカーマート』の挿絵から読み解くイスラーム」，「7　青花の時代」，「9　紙幣に刻まれた「輝かしき」歴史」，「10　三つの三美神から「ルネサンス」を読み解こう」，「14　フランス革命が残したもの」，「22　50分間のタイムスリップ体験」などは，グループでの図版の読み解きや，ポスターを写させる作業を取り入れたりと，バラエティーに富んでいます。風刺画などを切り口にしたものとしては，「3　イエスは何を語ったのか，そしてどう受け継がれたのか」，「11　書籍印刷なくして宗教改革なし」，オスマン帝国に関する風刺画を扱った「17　あなたは読み解くことができるか!?」があげられます。さらに「1　サッカーからみる世界史」，「6　何が中世の秩序を揺るがせたのか」，「8　高麗の独自の世界観とは？」，「28　だれが冷戦を始めたのか？」は，普段あまり扱わない史資料や歴史的概念をうまく教材化しています。

　近現代の歴史学習において，近代国家や国民国家の形成は，まさに中心的なテーマです。「15　ドーデ「最後の授業」の「罠」」，「19　ヴァーグナーとドイツ国民主義」，「20　辛亥革命は成功か失敗か？」，「25　ガンディーのめざした「インド」とは？」，「27　中華の「国民国家」をめざして」などがこれにあたります。

　現場の世界史教員にとって，「国民国家」の歴史的意味を生徒にどのように問いかけるかは難しいものの，このテーマは避けることができないものだとの執筆者の共通の問題意識があることがわかります。2022（令和4）年度から始まる「歴史総合」「世界史探究」の目標の一つには「我が国の歴史に対する愛情」を深めることが掲げられています。しかし，近代日本の形成について「多面的・多角的な考察や深い理解」をおこなうためには，近代国家や国民国家の形成が世界史的な視点ではどのような意味があったのかを，生徒自らが疑問をもち，主体的に考えることこそが必要でしょう。世界史教員はその「気付き」を促す一助としての役割をはたすべきなのではないでしょうか。

　戦後まもなく「世界史」科目が設置され，約70年。現場の世界史教員が「世界史」を育んできたといっても過言ではありません。そして「歴史総合」「世界史探究」も，現場の教員が生徒とともに育んでいく必要があるでしょう。そのためにも，本書が少しでも先生方のお役に立つことができればと願ってやみません。

〈周藤新太郎〉

サッカーからみる世界史

世界史への扉・日常生活にみる世界史

■はじめに

　21世紀の現在，世界最大のスポーツのひとつであるサッカー。その起源は諸説
ありますが，なかでも有力なのが，12世紀頃のイングランドにおいて，村や都市
の集団同士がおこなう競技（フットボール）として始まったとされる説です。そ
してサッカーは，イングランドでの産業革命の進展後，都市労働者の余暇の娯楽
として定着し，また大英帝国の拡大にともなって世界中に浸透していきました。
本稿では，「日常生活にみる世界史」というテーマのもと，生徒たちに身近なサ
ッカーという題材から世界史をみていくとともに，現代社会とサッカーとのかか
わりについても考える1時間の授業を提案します。

■導入──オフサイドのルールから

　まず導入として，生徒にサッカーのオフサイド・ルールを知っているか聞いて
みましょう。現在のオフサイドのルール（**資料1**）を示して，わからない人には
生徒同士で図を描かせるなどして，教え合うように促しても良いでしょう。

相手陣内でボールより前方にいる選手が，自分とゴールの間に相手選手が2人以上
いない状況で，後方から味方が出したボールにプレーしようとした時，オフサイド
となる。

[資料1] オフサイド・ルール

　当然，「世界史の授業でサッカー？」といぶかしむ生徒も多いでしょう。なか
にはサッカーのルールにとても詳しい生徒もいるかもしれません。ただし，続け
て「それではなぜ，このようなルールが生まれたのでしょうか。歴史的に考えて
みよう」と発問すると，すぐに答えを出せる生徒はおそらく皆無でしょう。この
発問を起点に，サッカーの歴史を紐解いていきます。

8　サッカーからみる世界史

■サッカーは「祭り」だった

　そもそも中世イングランドにおけるフットボールは，村の広場や公道などあらゆる場所を使って，数百人から千人をこえる参加者と多数の見物人を集めて開催された一種の「祭り」でした。その際には，村内・都市内の地理的なグループ分けや，独身者対既婚者などといった社会的なグループ分けもなされました。ボールはゴールとされた水車小屋などに向けて，川のなかを運ばれたり，衣服のなか

[資料2] 中世のフットボールの様子を描いた絵画　絵画自体は20世紀のもの。

に隠されて運ばれたりした一方，防ぐ側は，ボールを運ぶ側を殴ったり棍棒を振り回したりしてこれを阻止しようとしたといわれ，きわめて荒々しい競技だったのです（資料2）。

　プランタジネット朝の国王エドワード2世時代の1314年，当時のロンドン市長が，弓術の練習不足，建物の破壊，死傷者や騒音の発生などを理由に最初のフットボール「禁止令」を布告しました。その後もたびたび布告されたほど，中部イングランド地方を中心にフットボールは広くおこなわれていました。つぎに示す資料3が，その最初のフットボール「禁止令」です。

> 公共の田野における大規模な蹴球（フットボール）より生ずる騒動が原因にて，市中に大騒動が起こりおり，それよりあるいは数々の不祥事の生ぜんやも知れぬ状況に鑑み，…（中略）…国王陛下に代りて，以後市内にてかかる競技を行うことを厳禁し，これに違背する者は獄に投ずるものなり……。

[資料3] 最初のフットボール「禁止令」

　さらに，百年戦争（1339～1453）さなかの1356年には，国防上の理由でフットボールが禁止されています。国王エドワード3世の治世を通じて，フットボールは農夫・職人・徒弟のあいだで人気を得て，当時の王国の防衛に欠くことのできなかった弓術の練習を妨げるほどになっていたのです。

　資料4は，中世イングランドのレスター市の地図です。当時のフットボールは，町や村の全域を競技場とし，人々がボールを追って「公道上」を駆けまわり，また川を利用してボールを運んだといわれています。その際，仕事は午前中で打ち

世界史への扉・日常生活にみる世界史　9

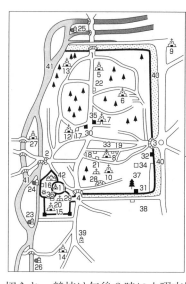

1～4	市門	36	城山
5～15	教会	37	土曜市場
16～19	ギルド・ホールなど	38	馬市場
20～22	病院	39	隠者の庵
23～26	水車（粉ひき場）	40	堀
27～29	修道院	41	ソア川
30～33	イン	42	城館
34	屠殺場		
35	グラマースクール		

［資料４］中世のレスター市

切られ，競技は午後２時に土曜市場で開始されました。前掲の資料２や資料４をみせながら，当時のフットボールの競技の様子を生徒に想像させてみましょう。

　こうした「祭り」のメイン・イベントであったフットボールは，「１点先取」のルールでおこなわれました。ところが，相手ゴールにボールを入れれば勝ちということで，ボールを服のなかに隠して運んだり，先回りしてボールを受け取ったりして，一瞬のうちにゴールが決まって終了してしまうこともありました。これではせっかくの「祭り」も興ざめです。大切なことは，双方のチームとも「祭り」としてこの競技を十分に楽しむことで，「祭り」の時間はある程度長い方が良かったのです。

　のちにフットボールをおこなう場所が「道路」や「空地」からパブリック・スクールなどの「校庭」へ変化・限定されていく過程でも，楽しむために相応の時間を確保するためには，得点を目的にゴール前でボールをもらおうと「待ち伏せ」たり，ボールを運ぶことが許される空間（プレーエリア）が曖昧なのを利用して，見物人のあいだを駆け抜けてゴールへ走り込んでしまうといった行為を防がなければなりませんでした。

　一説では，このような「祭り」としてのフットボールに含まれていた要素が，「オフサイド」の源流になったと考えられています。近代以前のフットボールでは，上述のような行為を防ぐため，集団から「意図的」に「離れる（または離れている）」ことは「良くない行為」とされ，それは慣習として具体化されていき

10　サッカーからみる世界史

ました。なお，オフサイドとは「味方チームから離れる」「戦列を離れる」という意味です。この慣習は，しだいにルールとして整備されていき，のち1863年に策定されたFA（後述）の統一ルールに採用され，その後も何回か改正されて現在のようなものになりました。

■パブリック・スクールから労働者へ

　18世紀頃からイングランドのフットボールは，年に数度の野蛮な「祭り」から，囲い込みを背景に生まれた「空き地」でおこなわれる，日常生活に近いフットボールへと変化していきます。それと同時に，学校教育（パブリック・スクール）の普及とともに，フットボールの競技空間もおもに「校庭」へ移っていきました。イギリスのパブリック・スクールでは，フットボールが学校教育に取り入れられて，「勤勉・規律・自己統制」といったジェントルマン教育の一環として，新興ブルジョワジーの子弟の教育に用いられるようになっていきました。

　こうしてフットボールは，イギリスのパブリック・スクールで継続されていきます。そして，その卒業生を中心に，しだいにフットボールクラブの結成が始まったのです。

　1863年，パブリック・スクールの卒業生を中心にフットボール協会（Football Association：FA）が設立され，ロンドンの11クラブと学校のあいだで統一ルールが策定されました。ちなみにサッカーという言葉は，この「アソシエーション association」の「soc」に「er」をつけた造語（ソッカー，のちにサッカー）に由来しているとされています。例えば，慶應義塾大学では今も「ソッカー部」が正式名称で，また東京大学や早稲田大学では，現在でも「ア式蹴球部」という名称が用いられています。

　なお，ラグビー校などはこのルールに合意せずに分離して，1871年ラグビー・フットボール・ユニオン（Rugby Football Union）を結成しました。

　同1871年には全英選手権大会（FA Challenge Cup）がはじめて開催され，最初の頃はパブリック・スクール出身者によるチームが優勝を独占していましたが，1883年にランカシャーの工場労働者のチームが優勝し，以後，労働者チームが上位を占めるようになっていきました。

　イギリスでは，産業革命をへた19世紀中頃から，「世界の工場」と呼ばれた繁栄のなかで労働者階級の生活状況が大きく改善されていきます。数次の工場法によって労働時間の規制が進み，都市労働者が余暇を利用できるようになると，フ

世界史への扉・日常生活にみる世界史　　**11**

順位	チーム（都市）	創設年
1	マンチェスター・シティ（マンチェスター）	1880
2	マンチェスター・ユナイテッド（同）	1878
3	トッテナム・ホットスパー（ロンドン北部）	1882
4	リヴァプール（リヴァプール）	1892
5	チェルシー（ロンドン西部）	1905
6	アーセナル（ロンドン北部）	1886
7	バーンリー（バーンリー）	1882
8	エヴァートン（リヴァプール）	1878
9	レスター・シティ（レスター）	1884
10	ニューカッスル・ユナイテッド（ニューカッスル）	1893

［資料5］2018〜19年シーズンのイングランド・プレミアリーグ（1部）の順位表と各チームの創設年

都市名	1750年	1801年	1851年
ロンドン	67.5	96.0	236.2
リヴァプール	2.2	8.2	37.6
マンチェスター	2.0（1757年）	7.5	30.3

［資料6］イギリス主要都市の人口（単位：万人）

ットボール競技がとくにイングランド中部と北西部の工業都市でさかんに開催されるようになりました。

　資料5は，2018〜19年シーズンのイングランド・プレミアリーグ（1部・上位10位）の順位表とそれぞれのチームの創設年を示したものです。これを生徒へ示して，以下のように発問します。

　問　資料5をみて，ここにあげられている各チームの地域や創設年に共通していることはないだろうか。時代背景とともに考えてみよう。

　なお，この発問に際しては，教科書に掲載されている産業革命時代のイギリスの地図を参照するように補足します。実際には，個々の詳細な設立の経緯は労働者系や学校系，さらに教会系などさまざまですが，おおむねこれらのチームがイギリスの代表的な工業都市を中心に，19世紀末〜20世紀初めに創設されたことがわかるかと思います。さらにこうした工業都市が発展した背景として，資料6を提示して，産業革命を背景としたイギリスにおける都市の発展や，マンチェスタ

12　サッカーからみる世界史

ー〜リヴァプール間の鉄道の営業運転開始をはじめとする，19世紀前半の交通の発展にもふれていきます。

■大英帝国の拡大とともに全世界へ

　さて，ここまではイギリスにおけるサッカーの発展をみてきましたが，それでは，どのようにイギリスのスポーツであったサッカーが，現在のように全世界へ広がったのでしょうか。

　19世紀末以降，サッカーは海外へも紹介されていきますが，その拡大は大英帝国時代のイギリスの技術者・商人・軍人などの活躍と不可分の関係にありました。例えば，フランスでは鉄道建設のために招かれたイギリス人技師たちがサッカーを伝えました。また，オーストラリアでは，イギリスの富豪であるロスチャイルド家に雇われたイギリス人庭師たちが，同地で最初のサッカークラブを結成しています。

　さらに，現在サッカー大国としてもっとも有名な南米のブラジルでは，19世紀末にイギリス人によってサッカーが伝えられ，サンパウロのガス会社と鉄道会社に最初のクラブが結成されました。またアルゼンチンでは，紅茶で有名な商人サー＝トーマス＝リプトンが，アルゼンチンとウルグアイとの対抗戦にトロフィーを寄贈し，これがアルゼンチンにおけるサッカーの普及に影響をあたえたといわれています。

　こうしてイギリス以外の国々にもサッカーが普及し，各国でサッカー協会が組織されていきました。そして，1904年にフランス協会の提唱で，ベルギー・オランダ・スイス・デンマーク・スウェーデン・スペインの7カ国の協会によって，国際サッカー連盟（FIFA：Fédération Internationale de Football Association）がパリで結成されたのです。さらに国際オリンピックでは，1900年からサッカーが競技として採用され，まもなく公式競技となり，参加国もしだいに増えていきました。

　1921年，日本においても大日本蹴球協会（のちに日本サッカー協会〈JFA〉に改称）が設立されました。30年，FIFAによるサッカー独自の世界選手権（1974年から名称は現在のFIFAワールドカップ：W杯）第1回大会が直前のパリ・オリンピックとアムステルダム・オリンピックで連覇の実績のあった南米のウルグアイにて開催され，初代優勝国もウルグアイでした。ここで，つぎのように生徒へ発問します。

世界史への扉・日常生活にみる世界史　　**13**

問　第２回以降のW杯大会記録から，それぞれの開催国（または優勝国も）を
　　調べてみよう。また，その結果をみて気付いたことを自由に発表してみよう。

　当初，W杯の開催国はヨーロッパとラテンアメリカの国で占められていました
が，しだいにアジアや北米などに広がっていること（1994年アメリカ合衆国，
2002年日本・韓国，10年南アフリカ，18年ロシア，22年カタール）など，自由に
発表できると良いでしょう。

　日本代表は，1936年のベルリン・オリンピックにアジアから初出場し，ワール
ドカップ予選にも54年に初出場しました。54年の時は，韓国に１引き分け・１敗
で予選敗退しました。65年日本サッカーリーグが発足しますが，当初，野球ほど
の人気は出ませんでした。プロ化までの道程は遠いものでしたが，ようやく91年，
日本企業の実業団チームを発展させて日本プロサッカーリーグ（Ｊリーグ）参加
の10クラブ（オリジナル10）が結成されました。そして93年のＪリーグ開幕から
約10年後，ついに2002年にW杯日韓共同開催が実現したのです。時間に余裕があ
れば，地域の歴史を調べるといった学習の一環として，地域の身近なサッカーチ
ームに注目して，その成立や背景について調べさせても面白いかもしれません。

■まとめ

　以上，サッカーという身近な視点から世界史をみる１時間の授業を展開しまし
た。こうしてみると，個別のテーマの歴史も高校世界史で学ぶ大きな流れと関係
していることがわかるかと思います。この点はほかのスポーツをテーマとしても，
同じような展開が可能でしょう。なお，本授業の最後にまとめとして，本テーマ
のサッカーのような身近な視点から世界史をみる意義を考えさせても良いでしょ
う。以下は生徒の回答の一例です。

　「サッカー」という一つの話題だけでこんなにもたくさんの歴史があることに驚
きました。これから現代の問題とふれあうときは，世界史との関係を探していけ
たらと思いました。

　また，サッカーは20世紀を通じて世界へ拡大しましたが，21世紀には拡大にと
もなって新たな課題も生まれています。例えば，2012年のロンドン・オリンピッ
クに向けた11年のアジア２次予選では，女子サッカーのイラン代表チームがイス
ラーム教の伝統にのっとったヒジャブを着用して試合に臨もうとしたところ，試
合直前に審判から出場資格がないと言い渡され，オリンピックへの道が断たれる

14　　サッカーからみる世界史

という事件がありました。その理由として，FIFAは安全面の問題をあげましたが，人種差別的・性差別的との批判をうけ，その後，12年7月にヒジャブ禁止の規定を撤廃しています。そのほかにも，18年11月にイランの首都テヘランで開催されたアジア・チャンピオンズリーグ（ACL）決勝戦では，1979年のイスラーム革命以来，はじめて女性の競技場での観戦が認められました。試合結果はイランのクラブの負けでしたが，地元紙は「イラン女性の大勝利」などと報じたそうです。

　ヒジャブについてはヨーロッパにおける宗教的表象の扱いの問題とも関連付けられますが，こうした問題はほかのスポーツでも同じような事例がみられ，私たちがもつ常識と他文化の常識をどのように整合していくか，という多文化共生の視点からの授業展開も可能でしょう。

　そのほかにも，スポーツと政治という大きな視点を用いれば，例えば国家代表チームにおける多国籍化や，そうした選手のアイデンティティといった問題などを通して，スポーツが内在的にもつ国家主義的な側面を，身近な問題から生徒に感じ取らせることができるかもしれません。何よりも，近年，世界各地でおきているポピュリズムや国家第一主義の台頭が，スポーツをはじめとするさまざまな分野で，差別や暴力，格差と分断を助長している政治現象を見逃すわけにはいきません。

　スポーツと政治のせめぎあいを，私たちは日常の試合のなかにみることができます。そうした「時代精神の闘争」の現場として，サッカーのフィールドをみてみるのも良いのではないでしょうか。

【参考文献】

F. P. マグーン，Jr. 著，忍足欣四郎訳『フットボールの社会史』（岩波新書）岩波書店　1985
　（2018再版）
坂上康博・中房敏朗・石井昌幸・高嶋航編著『スポーツの世界史』一色出版　2018
中村敏雄『オフサイドはなぜ反則か（増補）』平凡社　2001
中村敏雄「フットボールの文化論」（同著『中村敏雄著作集　第8巻』所収　創文企画　2009）
ノルベルト・エリアス，エリック・ダニング著，大平章訳『スポーツと文明化──興奮の探究』
　法政大学出版局　1995

〈小橋正敏〉

みなさんは，この時代を何と名づけますか？
ヘレニズム世界とその文化

■はじめに

　前334年に東方遠征を開始し，前330年にアケメネス朝を滅ぼしたアレクサンドロス３世（大王）は，「父フィリッポスからは生を受け，アリストテレスからは良き生を受けた」と語ったといわれています。しかし，師であるアリストテレスがギリシア民族中心の世界観をもち，異民族を下位にみていたのに対し，アレクサンドロスは東方の諸民族とギリシア人との和合を重んじました。その結果，オリエント的要素とギリシア的要素が融合したヘレニズム文化がうまれました。

　本稿では，マケドニアとギリシアのポリス社会との比較や，アイ・ハヌムに関する資料の提示などを通じて，アレクサンドロス帝国やヘレニズム世界とその文化に関する知識・理解を深めることを目的とした２時間の授業を提案します。１時間目に東方遠征を，２時間目にヘレニズム文化を取り上げ，授業に際しては，デジタル教材の使用や生徒同士の意見交換を取り入れることで，ヘレニズム時代への興味・関心を高められるように工夫しました。

　なお，この授業をおこなうまでに，ギリシア世界における民主政の成立やペルシア戦争，ポリス社会の変容を学習していることとします。

■「マケドニア」と現代とのつながり

　１時間目は，アレクサンドロス大王と現代とのつながりを意識してもらうことから始めます。授業の冒頭で現代の世界地図から「マケドニア」あるいは「北マケドニア」を探してもらいます。この国は，地中海に面した「ギリシア」の北に位置する国家で，国名をめぐっては「ギリシア」と25年以上，対立していました。

　元来「マケドニア」は，現在の北マケドニア・ブルガリア・ギリシアを含む地域の名称でした。古代においては，ギリシア北方の辺境の地として知られていました。その地に住むマケドニア人と呼ばれた民族は，バルカン半島の山地で遊牧を営んでいた人々で，紀元前７世紀中頃に小さな王国を成立させました。主要ポ

16　みなさんは，この時代を何と名づけますか？

リスのギリシア人からは「北方のバルバロイ（野蛮人）」と呼ばれて蔑まれていましたが，彼らが用いていた言葉はギリシア語であり，現在では古代マケドニア人は広い意味でギリシア人の一部として考えられています。

その後，1991年に現代の「マケドニア」が旧ユーゴスラヴィアから独立した際，アレクサンドロス大王ゆかりの古代王国から国名を決めたことを機に「ギリシア」との対立が表面化しました。領土問題や民族問題の懸念が生じたことに加え，「マケドニア」の名称そのものが「ギリシア」に帰属すべきなどの批判があらわれ，両国は対立を深めていったのです。2019年4月現在では，この国名問題はほぼ決着し，「マケドニア」は「北マケドニア共和国」に改称することが両政府で合意されています。このような現代の情勢を説明したうえで，ヘレニズム世界の授業へと移ります。

■マケドニアの強国化と資料の活用・見せ方の工夫

つぎに，ギリシアの重装歩兵（**資料1**）とマケドニアのサリッサ歩兵（**資料2**）の図を提示し，両者を比較してもらいます。サリッサとは，長さ4.5〜5.5mにおよぶ長槍のことで，前方の列は長槍を水平に，後方の列は長槍を斜め上方に立てて前進しました。当時のギリシア人歩兵の槍の長さは2.5m程度だったので，マケドニアの歩兵は長いリーチを活かして先に相手を攻撃できました。このハリネズミのような密集部隊は，前2世紀にローマ軍に敗れるまで，文字通り不敗の歩兵部隊として活躍しました。このようなサリッサ歩兵の編成は，マケドニア王フィリッポス2世のもとでおこなわれた軍隊の整備と強化の一つです。フィリッポス2世は10代の頃，人質としてテーベで過ごしました。その頃のテーベは，エパメイノンダスのもとでギリシア世界の覇権を確立していた時期にあたります。全盛期のテーベに滞在して得た経験は，フィリッポス2世がギリシア征服をめざす際の武器となったことでしょう。

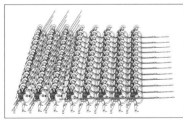

[資料1] ギリシアの重装歩兵

[資料2] マケドニアのサリッサ歩兵

このようなマケドニアの軍事改革については，プロジェクターや電子黒板を使い，生徒との対話を通じて資料の比較をおこないます。例えば，生徒が関心を示した部分を拡大すると，教室全体で情報を共有できます。そのほか，資料1・2を投影して，槍の長さなど，両者の異なる点について生徒に印をつけてもらう，もしくは，グループごとに資料を配布し，意見交換をさせるといった活動も可能でしょう。

　続いて，フィリッポス2世がギリシアの諸ポリスを服属させていく過程を説明します。フィリッポス2世は，前338年のカイロネイアの戦いでテーベとアテネの連合軍を破り，スパルタを除く全ギリシアを支配下におき，アケメネス朝の征服を計画しましたが，部下に暗殺されました。そのあとを継いだ息子のアレクサンドロスは，アケメネス朝を討つため，前334年より東方遠征をおこないます。前333年のイッソスの戦いでは，アレクサンドロスがアケメネス朝のダレイオス3世とはじめて直接対決し，彼を敗走させました。

　この戦いを説明する際は資料3を提示し，「このなかでアレクサンドロスはどこにいるか」と問いかけます。答えを導くことが難しいようであれば，描かれている人物の位置や武具，周囲の様子からヒントを提示し，考えてもらいます。中央部の右手に描かれている人物はダレイオス3世です。ダレイオス3世の下方に描かれている人物は，暴れる馬をなんとか立て直そうとしていますが，おびえているような表情をしています。彼は妻や娘を戦いに同行させていましたが，戦況の不利を感じると逃げ出したと伝えられています。さらに，彼の周りの馬や槍が様々な方向に向かっていることから，アケメネス朝側の動揺している様子も確認できます。そして，その視線の先にいる，兜をつけていない人物がアレクサンドロスです。プロジェクターや電子黒板などを使い，資料3のように印をつけたり，ポインターなどで指し示すとよりわかりやすくなるでしょう。

[資料3]「イッソスの戦い」の説明の様子
資料中の丸印は筆者が補足したもの。

18　みなさんは，この時代を何と名づけますか？

■アレクサンドロスの政治体制

　アレクサンドロスは，前330年にペルセポリスを占領したことで，アケメネス朝を倒すという目的をはたしました。しかし，彼の遠征は終わりませんでした。前331年のガウガメラの戦いののち，同盟を求めてきたダレイオス3世への返事のなかで，アレクサンドロスは自らを「アジアの王」と名乗ったことが伝わっています。以上をふまえ，アレクサンドロスの政治体制の特色として，東方的専制君主政の採用や，マケドニア兵とペルシア女性との集団結婚，ペルシアの言葉・衣服の採用などを取り上げて説明します。

[資料4] ペルセポリスのダレイオス1世のレリーフ

例えば，ペルシア王はティアラと呼ばれるフェルト製の帽子のようなものをかぶり（**資料4**），それに白と青の混じった王専用のリボンを巻き付けました。アレクサンドロスは，このリボンを自身の装身具に取り入れています。また，東方風の宮廷儀礼として「跪拝礼」を取り入れようとしました。跪拝礼とは，ペルシア人の日常の挨拶で，目下の者が目上の者に対してひざまずいておこなう，敬意の表現方法です。ただし，ギリシアにおいては，奴隷でない者（自由人）が目上の者にペルシアの跪拝礼をとらされることは奴隷に等しい侮辱的な行為とされていました。アレクサンドロスがこうしたギリシア人の感情を承知のうえで跪拝礼を取り入れようとしたのは，アジア人に対して「アジアの王」として君臨するため，統一的な宮廷儀礼を確立しようとしていたからです。跪拝礼の導入には結局，失敗しましたが，これらの政策が，結果的に東西世界の融合につながったことを生徒に伝えます。

　つぎに，ギリシアのアテネを例にあげ，アレクサンドロスの政治形態との比較をおこないます。生徒にワークシート（**資料5**）を配布し，記入してもらいます。なお，アテネはペリクレス時代を比較対象としました。

　①の政治形態は，ギリシアの復習をかねています。生徒の様子をみながら，必要に応じて復習の時間を設けます。また，アレクサンドロスの出身国マケドニアがギリシアのポリス社会からは後進地域として認識されていたことにも再度ふれます。そのほか，アレクサンドロスがペルシア風の衣服を身に着けたことをヒントにして，東方的専制君主政という答えを導き出します。②の異民族への対応で例としてあげた捕虜への対応は，イッソスの戦いにおける，ダレイオス3世の妻をはじめとするアケメネス朝側の捕虜への対応を授業中に扱ったため記載してい

ヘレニズム世界とその文化　19

比較内容	ギリシア（アテネ）	アレクサンドロス帝国
①政治形態	例：民主政	例：東方的専制君主政
②異民族への対応	例：「バルバロイ」と呼び蔑んでいる。 例：市民権をあたえていない。	例：捕虜に優しかった。 例：集団結婚をおこなった。
③ギリシア諸ポリスとの関係	例：デロス同盟を結んだ。	例：コリントス同盟を結んだ。

［資料5］ギリシアとアレクサンドロス帝国の比較のワークシート

ます。また集団結婚については，遠征の過程で結果として生じたものであり，文化の融合を目的としたものではないことに留意します。ギリシア側の例としてあげた市民権は，アテネでは厳格に管理され，両親がともにアテネ人である摘出の男子だけにあたえられていました。ポリス社会において市民権は特権のようなものであり，異民族に対する閉鎖的な姿勢がみられます。アレクサンドロス帝国では，東方遠征によってアジア系住民の人口がギリシア人やマケドニア人に比べて圧倒的に多くなり，多様な民族への対応が課題となりました。そこで，アレクサンドロスは，旧ペルシア人貴族の高官への登用などをおこない，アジアの諸民族をなんらかのかたちで統治体制に取り込もうとしました。これらから，ギリシア世界を中心とする既存の考え方からの変化の兆しがみられます。しかし，彼の政策は定着せず，制度上の完成にはいたりませんでした。外国人にも積極的に市民権をあたえたのちのローマとも，異民族への対応は大きく異なります。

　③のギリシア諸ポリスとの関係について，デロス同盟は前478年にエーゲ海岸のギリシア都市が，ペルシア艦隊の来襲に備えてアテネを中心に結成した同盟ですが，参加都市にアテネ風の民主政を強要した結果，同盟がアテネ帝国化したことに留意が必要です。対してコリントス同盟（ヘラス同盟）は，マケドニアを盟主として前337年に結成された，スパルタを除いた全ギリシア都市による同盟です。この同盟は，ポリス間の平和と各ポリスの独立自治を約束する一方で，政体の現状維持を強制し，統帥に就任したフィリッポス2世が，外交・軍事上の実権を握り，ポリス世界を事実上の支配下においたものです。彼はその権限をもって，

ペルシア遠征のためにギリシア人を同盟軍として動員する予定でした。さらに息子のアレクサンドロスが同盟を更新したため，彼の東方遠征は，ギリシア人の総意によるという形式のもとに遂行されました。

このように，両方ともアケメネス朝への遠征に直接ないしは間接的にかかわる同盟であった一方，各ポリスへの対応には違いがみられます。ここまでを1時間目とします。

■ヘレニズム文化

2時間目は，ヘレニズム文化を扱います。ヘレニズム美術や自然科学などを取り上げ，オリエントとギリシアの融合を文化面から説明します。授業では，はじめにアイ・ハヌムに関する**資料6**を提示し，「これらの発掘品は，どのような地域から発見されたものでしょうか？」と問いかけます。

左のコリント式柱頭を提示したところ，「ヨーロッパ」と答える生徒が多くいました。これらの資料を提示した理由は，ギリシア文化の広がりとアジア地域との融合を感じてもらうためです。アレクサンドロスはアケメネス朝の文化を取り入れつつ，ギリシア式の都市や神殿などを建設し，彼の死後も各地でギリシアの影響をうけた都市が建設されました。その一つが，セレウコス朝から自立したバクトリアの都市アイ・ハヌムです（**資料7**）。アイ・ハヌムは，アフガニスタン北部で発見された都市遺跡で，北方で活動する遊牧民などからバクトリアを防衛し，周囲の耕作地とラピスラズリの採掘地バダフシャンを治めるための拠点として建設された都市と考えられています。資料6でみられるように，この都市の建築技術はおおむねギリシア風ですが，建築の全体的なプランは非ギリシア的です。また，行政区画・居住区画と中庭が複合的につらなった王宮建築の特徴は，西ア

［資料6］アイ・ハヌムからの発掘品（左：コリント式柱頭，右：ギリシア語刻銘付石碑台座〈口絵参照〉）

ヘレニズム世界とその文化　21

[資料７] アイ・ハヌムの位置（左）と王宮建築の全体図（右）

ジアの宮殿建築と共通します。

　なお，アイ・ハヌムは，遊牧民の侵入で前146年頃に姿を消しました。一方，ギリシアの文化はローマへ引き継がれて大成します。ポエニ戦争での勝利以降，地中海に進出したローマではギリシアの文化が輸入され，流行しました。その一つのあらわれが資料３のポンペイ出土のモザイク画です。ここで，生徒に「なぜ，ポンペイでこのようなモザイク画が発見されたのでしょうか？」と問いかけます。

　アレクサンドロスとダレイオス３世の対決を描いたこの作品は，後79年のヴェスヴィオス火山の噴火で埋まったポンペイの邸宅で発見されたものです。この作品の原画はマケドニア王の注文で，前300年頃にギリシア人画家の手によって制作され，前146年にローマ軍がマケドニアの反乱を鎮圧した際にローマに伝わったものと考えられています。ポンペイで発見されたモザイク画は，その原画をもとに制作されたものです。これは，当時流行していたギリシア風の文化を取り入れたものであり，地方都市の富裕層にもヘレニズム美術が歓迎されたことを示しています。

　このような説明をおこなったうえで，「ヘレニズム」という言葉の意味をつぎのように説明します。「ヘレニズム」とは，ドイツのドロイゼンが「ギリシア風」という意味で名付けた造語です。ヘレニズム時代にはギリシア風の都市がオリエントやその周辺に多数建設され，これらを中心にギリシア文化が広がりました。ギリシアのポリスは，マケドニアに征服されて政治的独立を弱めたものの，都市を基盤とする人々の生活はその後も生き続けたのです。さらに，ギリシアの美術様式は西アジア一帯に広がり，インド・中国・日本にまで影響をあたえました。

　最後に，１・２時間目の授業をふまえ，つぎのように生徒に問いかけます。「み

なさんは，この時代を何と名付けますか？　名前とその理由を考えてみましょう」。この問いに対して，生徒からは「ヘレネント時代」「オリヘレ時代」「ギリエント」など，オリエントやギリシア，ヘレネス，ヘレニズムといった言葉を組み合わせたものがあげられたほか，「文化融合時代」「東西融合いいとこ取り時代」「異文化・民族のサラダボール時代」など「融合」や「混ざる」といった意味の言葉が使われているものが多く出されました。

■まとめ

　「ヘレニズム」と呼ばれる時代をもう一度見つめ直し，アレクサンドロス帝国やヘレニズム世界への興味・関心を高めてもらう2時間の授業を提案しました。「絹の道」と呼ばれる東西交易路の発達により東西文化の交流が進んだ結果，ヘレニズム文化は日本にまで影響をおよぼしています。それほどまでの影響力をもった「ヘレニズム」がはたして，ギリシア文化を模倣した時代だったのか，生徒自身に考えてもらうことで，ヨーロッパとアジアの双方からより深く歴史を考えるきっかけになればとも思います。

　最後に，アレクサンドロス大王に関する書籍や映画のうち，生徒にも人気の高かった作品を紹介します。漫画『ヒストリエ』（岩明均著，講談社），映画「アレキサンダー」（オリバー・ストーン監督，松竹，2005）などです。

【参考文献】

小川英雄・山本由美子『世界の歴史4　オリエント世界の発展』（中公文庫）中央公論新社　2009

九州国立博物館・東京国立博物館・産経新聞社編『黄金のアフガニスタン——守りぬかれたシルクロードの秘宝』産経新聞社　2016

澤田典子『アレクサンドロス大王——今に生きつづける「偉大なる王」』（世界史リブレット人5）山川出版社　2013

森谷公俊『興亡の世界史　アレクサンドロスの征服と神話』（講談社学術文庫）講談社　2016

〈小林未希〉

3

イエスは何を語ったのか,そしてどう受け継がれたのか

キリスト教の展開とローマ帝国

■はじめに

　世界史の授業において,キリスト教は重要なテーマの一つといえるでしょう。本稿では以下の二点を柱とする,キリスト教の展開とローマ帝国に関する1時間の授業を紹介します。一点目は,そもそもキリスト教とはどのような特徴をもった宗教であったのかという点です。これはおもに,キリスト教信仰の基礎となるイエスの言動を『新約聖書』の記述を通じて考察します。二点目は,キリスト教はローマ帝国に迫害されたにもかかわらず,なぜ公認され,最終的には国教となるにいたったのかという点です。そこには,何らかの必然性があったからだと考えます。いうなれば,為政者であるローマ帝国にとってのキリスト教が,いかなる存在であったかという問いになるかもしれません。

■ある落書きから

　導入として,**資料1**を提示します。「資料をみて何か変なところがありますか?」と生徒に問いかけてみましょう。生徒は馬のような人物が磔にされている点や,それをみている人の表情,またその下に何か文字が書かれている点などに気が付くでしょう。さらに,そのポーズから何か思いつくものはないかと尋ねたり,十字架のポーズなどをヒントに,何を描いた絵なのか推測させても良いかもしれません。

[資料1] パラティーノの丘の落書き(口絵参照)

　資料1はローマの遺跡パラティーノの丘近くの壁に残された落書きで,「アレクサメノスはやつの神を拝んでいる」と書かれています。片手をあげた人物が,十字架にかけられた人物(頭はロバ)を拝んでいるようです。この落書きは,キリスト教の十字架を描いた絵では最初期のものといわれています。

24　イエスは何を語ったのか,そしてどう受け継がれたのか

この絵を通じて、当時のローマの人々がキリスト教を白眼視していたことがうかがえます。それでは、なぜこうした扱いを受けていたキリスト教がローマの国教にまでいたったのでしょうか。キリスト教の成立から始めて、その特徴や展開について説明していきます。

[資料2] イエス時代のパレスチナ

■ **イエスの伝道——「山上の垂訓」**

本稿はユダヤ教の成立をすでに授業で扱っていることを前提としています。まずユダヤ教徒にとって「モーセの十戒」は神ヤハウェとの絶対的な契約であることと、ユダヤ教の支配者（律法学者）はユダヤ人に律法を厳密に遵守させることで、神の救いが得られると説いていた点を確認します。

つぎにイエスの伝道地域を**資料2**で確認します。わずか3年余りのイエスの伝道（後27～30年頃）は、地図で示したガリラヤ地方にほぼ限定されます。ガリラヤはイエスが育った地域でもあり、『新約聖書』の舞台となっています。ここでは、カペナウム近郊でおこなわれたとされるイエスの「山上の垂訓」（**資料3**）を紹介し、生徒に読ませたうえで問1を投げかけます。

（前略）心の貧しい人々は、幸いである。天の国はその人たちのものである。悲しむ人々は、幸いである。その人たちは慰められる。へりくだった人々は、幸いである。その人たちは地を受け継ぐ。…（中略）…憐れみ深い人々は、幸いである。その人たちは憐れみを受ける。心の清い人々は、幸いである。その人たちは神を見る。平和を造る人々は、幸いである。その人たちは神の子と呼ばれる。義のために迫害された人々は、幸いである。天の国はその人たちのものである。（後略）

[資料3]「山上の垂訓」（『新約聖書』「マタイによる福音書」第5章）

問1　イエスは具体的にどういう人たちが天国へ行けるといっているだろう？

この問いは、ガリラヤ地方に暮らす当時の人々がどのような状況であったのか、生徒に考えさせることを狙いとしたものです。資料からうかがえるように、人々の多くは経済的・精神的に満たされない者たちだったのです。

キリスト教の展開とローマ帝国　25

■イエスの救済の教え

　パレスチナのなかでガリラヤは肥沃で人口の多い土地でしたが，当時ローマの属州であり，かつその傀儡（かいらい）であるユダヤ王国（ヘロデ朝）の統治下にありました。多くの土地が王国の支配層（祭司や長老）の所有で，ローマが課した税のほかにユダヤの律法で決められたさまざまな税が課せられ，ガリラヤの農民は税を払いきれず，その搾取にあえいでいたのです。その貧困ゆえに，律法で決められた細かな日常生活での食事の約束事などを守ることができず，また病気で苦しんだとしても，その理由を，本人やその祖先が律法を守らなかったために呪われたとして，ユダヤ教の支配層から不浄とされ，差別されることもありました。

　ローマ帝国がパレスチナのほぼ全域を直接支配下においた後6年頃には，ガリラヤでローマ帝国への不満が強まるとともに，メシア（救世主）到来の期待が高まり，多くの宗派・党派がつくられて新たな運動がおこりました。そのなかから「神の国の到来を告げ知らせる」活動を通してあらわれたのがイエスです。イエスは差別され，虐げられ，貧困にあえぐガリラヤの人たちこそが天国＝「神の国」に行くことができるのだと説きました。

　イエスはローマ帝国とそれを後ろ盾にして律法の権威をふりかざすユダヤ教の支配層をするどく糾弾します。一方，ローマに反発するガリラヤの人々は，イエスをメシアとみなし，彼による変革を期待しました。また，イエスは武力で立ち上がろうとした党派には「隣人愛」や「愛敵」を説きました。そして，過越祭（すぎこしのまつり）がおこなわれる頃に，弟子たちとともにイェルサレムへ入城したのです。

■だれがイエスを十字架にかけたのか？

　当然，危機感をもったユダヤ教の支配層は，イエスを危険人物として逮捕しようと待ち構えていました。そこでつぎに『新約聖書』から，イエスの処刑へといたる部分（資料4）を紹介し，生徒に読ませたうえで，問2を投げかけます。

　ピラトは，祭司長たちと議員たちと民衆とを呼び集めて，言った。「あなたがたは，この男が民衆を惑わしているとして私のところに連れて来た。私はあなたがたの前で取り調べたが，訴えているような罪はこの男には見つからなかった。…（中略）…この男は死刑に当たるようなことは何もしていない。だから，懲らしめたうえで釈放しよう」。…（中略）…ピラトはイエスを釈放しようと，改めて呼びかけた。しかし人々は，「十字架につけろ，十字架につけろ」と叫び続けた。…（中略）…

26　イエスは何を語ったのか，そしてどう受け継がれたのか

> そしてついに，その声がまさった。そこで，ピラトは彼らの要求をいれる決定を下した。…（中略）…イエスを彼らの求めるままに十字架へと引き渡したのである。

［資料４］ イエスが処刑へといたる場面（『新約聖書』「ルカによる福音書」第23章）

問２ イエスを十字架の刑に追いやったのはだれだと考えられるでしょうか。
  ①〜③から選びましょう。
①ローマ総督ピラト（イエスが無罪で，ユダヤ教支配層の陰謀と知りながら，
  民衆の騒乱をおそれ，自分の地位の保全をはかるため死刑を宣告した）
②祭司長たちと議員（自分たちの権威を守るため民衆を扇動した）
③民衆（イエスにメシアを期待しながら，イエスに幻滅し，祭司長らの扇動に
  のせられて「十字架につけろ」とピラトを脅した）

　生徒に考えさせ，挙手させてみても良いでしょう。生徒の意見が分かれるかもしれませんが，実はここにあげたすべての人々が正解とも考えられます。彼らはいわば人間の弱さ（自己中心性）を象徴した人々といえます。イエスの死後，ペテロをはじめとするイエスの弟子たちによって，イエスが救世主（キリスト）として復活するという信仰（キリスト教）が生まれますが，その信仰では，イエスはこうした自己中心性＝人間の罪を背負って十字架にかけられたとされたのです。

■パウロの伝道──イエスの福音を信じればだれもが救われる

　続いて，イエス死後のキリスト教の拡大について説明していきます。
　問３　ペテロの布教は，あくまでもユダヤ教の一派としての教えです。ペテロ
　　はもともと漁師であり，教養がありません。それでは，ローマ帝国にイエ
　　スの教えを広めるために必要な条件は何でしょうか。ヒントはペテロにな
　　いものです。

　ヒントから，ペテロがもつ条件を反対にして「身分の高い人」「教養のある人」「ローマ領内を自由に行動できる人」などの回答が出てくると思います。こうした条件を備えた人物がパウロです。ペテロなどほかの弟子と異なり，パウロはギリシア語が話せる教養人で，しかもローマ市民権をもっていて，自由に移動でき，身の安全が保障されていていました。彼の伝道のルートを教科書や資料集にあるローマ帝国の最大領域図などで確認すると良いでしょう。地中海世界にイエスの教えがいち早く広まったのは，そこがローマ帝国領であったことと関係があるのです。そしてもっとも大事なことは，イエスはユダヤ教の社会で虐げられた

ガリラヤ人こそが救われると説きましたが，パウロは「イエスを神と信じればだれもが救われる」と説いたことです。パウロの伝道は，ガリラヤをこえて，ローマ人，とくに貧しい階層に広がり，さらに貴族や富裕層にも広がりました。最近の研究では，後50年頃のキリスト教徒数は帝国全体で約1400人程度，100年頃では約7500人程度とされています。

　しかし，当時のローマの宗教では，すべてのローマ人が共同体の一員として供犠行為へ参加することが何よりも重要とされていました。さらに帝政期には，そこに皇帝崇拝の要素が付与されました。そのため供犠行為への参加を拒否することは，「不埒な行為」とみなされたのです。ここで資料1をもう一度提示してください。「アレクサメノスはやつの神を拝んでいる」の一文からも想像されるように，前期のキリスト教への迫害は一般民衆によるものでした。

　64年のネロ帝によるキリスト教への迫害は有名ですが，それはローマ市内に限られた一時的なものでした。ネロの迫害の記録を残したタキトゥスは，「放火罪のためというよりむしろ，人類の憎悪ゆえに処刑された」と記しています。この「人類の憎悪」とはキリスト教徒の「反社会性」を非難したものです。自らの神を崇拝し，帝国宗教の供犠行為への参加を拒否するキリスト教徒は，為政者にとって認められざる「反社会的」集団とみなされたのです。

■トラヤヌス帝はキリスト教徒をどのように扱ったのか？

　それでは，2世紀以降のローマ帝国におけるキリスト教への扱いはどのようなものだったのでしょうか。つぎの**資料5**を読み取らせて生徒に問いかけます。

・小アジアの総督からトラヤヌス帝宛キリスト教徒裁判に関する請願（111年）
　（前略）私（総督）は彼らに，キリスト教徒であるかどうか尋ねました。（キリスト教徒と）告白した者たちには，処刑を以て警告しながら，二度，そして三度と問い直しました。それでも固執する者に対しては，処刑に引き立てられるように命じました。なぜならば彼らが告白することが何であれ，強情と曲げられない頑固さは，罰せられるべきであると私は疑わなかったからです。（後略※）
　※資料の後略部には，告発された者のうちローマ市民はローマ市に送還したこと，また匿名の告発状が提出されたことが述べられている。

・トラヤヌス帝から総督へのキリスト教徒裁判に関する訓令（111年）
　（前略）彼ら（キリスト教徒）は捜索されるべきではない。もし彼らが告発され，

28　イエスは何を語ったのか，そしてどう受け継がれたのか

有罪とされたならば，彼らは罰せられるべきである。しかし自分がキリスト教徒であることを否定し，そのことを行い自身によって，すなわち我々の神々に礼拝することで明らかにした者は，たとえ過去において疑わしい者であっても，悔い改めから恩恵を獲得できる（無罪になる）という条件がつく。しかし署名なしに提出された書状は，いかなる犯罪についても受理されるべきではない。（後略）

[資料 5] キリスト教徒の処遇をめぐるトラヤヌス帝と小アジア総督のやりとり

　問 4 　ローマ帝国はキリスト教徒をどう扱ったのだろうか？　資料 5 から，①
　　　　～④のケースについて，有罪（処刑）か無罪かを判断してください。
　①キリスト教徒だと認め，処刑にすると警告しても信仰を捨てない告白者
　②疑わしいが，キリスト教徒ではないと述べる否認者
　③過去にキリスト教徒だったが，今は信仰を捨てたと宣言する者
　④匿名の告発でキリスト教徒とされた者
　①は処刑されました。②は皇帝崇拝を受け入れる条件で無罪とされました。③が問題で，過去の犯罪を問う場合はローマ法では有罪です。しかし，トラヤヌス帝は無罪としました。また，④も無罪とされました。トラヤヌス帝は，キリスト教徒だからといって無条件に処罰することはできるだけ避けようとしています。それはなぜでしょうか。

■迫害に対する殉教という闘い

　ここで資料 4 のイエス処刑の場面を再度確認し，キリスト教の特徴を説明します。イエスは無抵抗のうちに十字架の刑にかけられ，彼の苦難と死は，以後のキリスト教徒のとるべき姿勢を決定付けました。キリスト教徒は，苦難は避けるべきものではなく，むしろ喜んで受け，イエスの苦難を補うべきとされたのです。そのためにはローマ帝国という迫害者の存在なしには苦難の教えも現実的とはなりえません。つまり，キリスト教は迫害への抵抗を軸に教勢を拡大したのです。
　トラヤヌス帝が無条件の弾圧をできるだけ避けようとしたのは，弾圧が逆にキリスト教の教勢拡大へとつながりかねなかったからです。そのため，トラヤヌス帝は「キリスト教徒は捜索されるべきではない」とも述べているのです。

■護教論と最大の迫害，そして公認へ

　飛躍的にキリスト教徒が増加するのは軍人皇帝時代（235～284年）以降のこと

キリスト教の展開とローマ帝国　　29

だといわれています。社会不安にかられたローマの人々は，救済を説くキリスト教にその救いを求めました。

　迫害と戦いながらもキリスト教徒は，ローマ帝国に対して「帝国に繁栄をあたえるものは神々ではなく真の神であるから，真の神をこそ拝すべきだ」として，自らの信仰を守り，その真実性を明確にしようとしました。これを護教論と呼びます。為政者ローマが「帝国の繁栄は供犠行為による」が，これに従わないために迫害をおこなうのだとしていたのを，キリスト教徒は巧みに「ローマの繁栄はキリスト教による」という同じ根拠で批判しました。続いて**資料6**を提示し，生徒へ問いかけます。

それはディオクレティアヌスの治世の第19年目，…（中略）…いたる所に勅令が公示された。それは教会の倒壊と諸書の焼却とを命じ，また，もしキリスト教の主張に固執するならば，元老院議員をはじめとする上層身分の者は公権を奪われ，帝室に仕える解放奴隷や奴隷たちは自由を奪われる旨を宣していた。…（中略）…まもなく別の勅令が加わり，あらゆる地域ごとに教会の長たち全員をまず投獄すべきこと，その後にはあらゆる手段を尽くして彼らに供犠行為を強要すべきことが命じられた。

[資料6] ディオクレティアヌス帝のキリスト教への大迫害（303年）（エウセビオス『教会史』〈324/325年〉より）

　問5　資料6のディオクレティアヌス帝による大迫害は実際には効果がありませんでした。それはなぜでしょうか？　これまでの学習から考えてみよう。

　303年に最後の迫害がおこなわれ，最大規模の殉教者が出ました。しかし，先ほど述べたようにキリスト教は迫害への抵抗を通して教勢を拡大します。その後，この迫害の首謀者である，ディオクレティアヌス帝の副帝であったガレリウスが正帝になると，**資料7**の寛容勅令を出しました。

キリスト教徒迫害は，神々の怒りを鎮めるために始めたのだが，キリスト教の神はその信者に迫害を耐えさせ，いわばその実在性を証明したのだから，国家の安寧のための祭祀はこの神にも捧げられるべきだ。キリスト教徒は国家と皇帝と自分たちのために自分たちの神に祈れ。

[資料7] ガレリウス帝の寛容勅令（311年）

資料中の「キリスト教の神は…（中略）…国家の安寧のための祭祀はこの神にも捧げられるべきだ」という文言に注目させてください。先ほどの護教論で示した内容が受け入れられています。つまり「ローマ帝国の繁栄はローマの供犠行為によるし，キリスト教の神にもよる」とローマ皇帝が認めたのです。

> 最高神が国家と皇帝に愛顧を示してくれるように，キリスト教も含めて信教の自由を与えることで，こういう措置をとれば，神は皇帝の成功を永遠ならしめ，国家に繁栄を与えてくれるだろう。

[資料8] ミラノ勅令（313年）

最後に資料8のミラノ勅令を説明して，授業を締めくくります。勅令自体は，とくにキリスト教に限って公認したものではなく，いずれの宗教も同列に扱うという内容でしたが，結果的にはローマ帝国でキリスト教信仰が認められることとなり，キリスト教に対する弾圧は終わりました。キリスト教は帝国で公認されるとともに，帝国が保護する宗教と位置付けられるようになっていったのです。こうしたキリスト教との関係強化を通じ，ローマ帝国はキリスト教徒を帝国に引きつけて皇帝権の強化をめざしたのです。

■まとめ

本授業では，史資料を用いてキリスト教の成立やその特徴，さらにその展開について，ローマ帝国との関わりの面から考察してきました。

3世紀以降，ローマ帝国の支配が揺らぐなかで，キリスト教徒は，迫害に対して殉教という抵抗を示しつつ護教論を展開し，巧みにローマ帝国に取り入ります。その結果，ローマ帝国もキリスト教を認めることで，その体制を強化しようとするにいたったのです。以上，講義中心で終わってしまいがちなこの単元を，史資料の読み取りを通して生徒の思考力を求めるとともに，歴史を学ぼうとする関心を高めて歴史認識を育めるようにした，1時間の授業を提案しました。

【参考文献】

本村凌二『多神教と一神教──古代地中海世界の宗教ドラマ』（岩波新書）岩波書店　2005
本村凌二『興亡の世界史　地中海世界とローマ帝国』（講談社学術文庫）講談社　2017
弓削達『世界の歴史5　ローマ帝国とキリスト教』（河出文庫）河出書房新社　1989

〈澤邉和浩〉

100万人都市を生み出した人々
唐の文化的発展を支えたもの

■**はじめに**

　文化形成の背景には，対立や融和を含む人々の交流や技術・制度の革新が必ずあります。それを体感できるような，文化史を単なる暗記モノとして孤立させない授業を展開し，生徒に複合的な思考力を身につけてほしい。そのような考えのもと，2時間の授業案を作成しました。

　資料集の隋唐時代のページを開くと，必ずといっていいほど掲載されているのが100万人都市として栄えた長安城の図であり，その地の国際色豊かな建造物や装飾品，華々しい絵画の数々です。なぜ，このような文化の形成と都市の発展が唐代の長安でみられたのでしょうか。本授業では，唐において文化の深化と融合が進んだ背景について多面的に考えていきます。

■**唐代における文化的発展の理由の一端を掴む（1時間目前半）**

　まず，資料集の長安に関するページを開かせ，生徒に長安の特徴を考えさせます。その際，種々の宗教施設が城内にあることに注目させ，浄土宗や諸宗教の伝来について簡単にふれます。また時間に余裕があれば，多くの資料集に掲載されている胡服の流行を描いた絵画と顧愷之の「女史箴図」とを対比し，唐代には，衣服の流行が，すぼまった袖や胸が大きく開いた襟元などに変化したことに着目させても，唐代の多様化した文化を印象づけるのに効果的でしょう。

　このように，従来の文化の深化と外来文化の流入がおこったことを読み取らせたうえで，生徒に本時の学習目標である「唐代の文化の深化や多様化が進んだ背景には何があるのかを考え，理解しよう」を提示し，文化的繁栄の要因を探っていきます。

　唐が国際都市として大きく繁栄することができた背景を理解するには，①唐の羈縻政策，②羈縻政策下のソグド人，③朝貢がもたらした国際秩序，④朝貢による朝貢国内への影響について考えることが効果的です（ムスリム商人の活躍につ

32　100万人都市を生み出した人々

いては割愛していますが，まとめの際にこの点にふれるのも良いかと思います）。

　この授業ではクラスを四つのグループに分け，ジグソー法を使用します。ジグソー法とは，1グループごとにそれぞれ異なる視点から課題や問いを学習・検討し，その結果を別のグループと教え合うことで理解を深める手法です。はじめにつぎのように生徒に説明します。「この授業は今日と次回の2回で1セットの授業です。そしてこれから，二度グループをつくってもらいます。一度目のグループ①〜④には，グループごとに異なるワークシートを配ります。唐の文化的発展の理由のヒントとなるワークシートのQ（問い）に対して，掲載されている史料を読み，Qをグループ内で考えて答えを書いてみましょう。授業後半から，異なるワークシートをもつ人たちを集めて新しい二度目のグループをつくります。持ち寄ったQの答えをそれぞれ説明し合って，唐の文化的発展の理由を考えましょう」。そのうえで各ワークシートを個人で7分ほど検討させ，続いてグループ内での情報共有と一つのまとまった答えをつくる時間を25分程度設けます。

　なお，ワークシートで使用した史料は，難解さを軽減させるために，筆者が意訳したものを使用しています。

■グループ①——文化的発展を支えたのは，やはり皇帝？

　グループ①には，唐がおこなった羈縻政策について検討することを通して唐代の地方統治の方法について考えてもらいます。用意したワークシートは，羈縻政策や突厥降伏時の対応を示したものです（**資料1**）。

　資料1の上段（文章A）は，「トゥルファン文書」にある，羈縻政策下の異民族ソグド人が交通許可証を求める文書です。ここから，移動などに関して唐に管理されており，逐一許可証を発行してもらう必要があったことがわかります。

　資料1の下段（文章B）は，『資治通鑑』『貞観政要』にある，東突厥が崩壊し，その一部が唐に降伏した際の官僚の意見と太宗（李世民）による処置についての文章です。これらを読むと，太宗が，強圧的な直接統治をおこなうのではなく，東突厥の族長を都督とし，異民族を間接的に統治すべきとした温彦博の案を採用したことがわかります。

　これらを読み取り，突き合わせることで，移動などに関しては唐が異民族を管理していたが，基本的には唐は異民族に対して間接統治をおこない，文化を保護するなど，彼らを懐柔・利用しようとしていたことを理解してもらいます。

唐の文化的発展を支えたもの　　**33**

唐の支配下に置かれた異民族はどのような統治を受けたのかを読み取ろう

○次の文章Aは，唐の支配下にいたソグド人という民族の，米巡職（ベイジュンショク）という人物が当時の役所に提出した，「あること」に関する許可願と役人の対応です。

> ・米巡職（※人名）が提出した，とある許可願
> 648年　庭州に住む私，米巡職が申し上げます。
> 米巡職（30歳），奴隷でカタヤシという名の男（15歳），奴隷でパフクという名の女（12歳），ラクダ1頭（黄色の毛並み），トルコ産の去勢された馬で8歳，ヒツジ15頭。
> 州の役人に宛てます。私巡職は，今，先に挙げた奴隷・ラクダ等を率いて，隣の西州の市において交易することを希望しております。ただ，途中にある検問施設が，私の事情をよく知らないで脱走者として捕まえたりすることを恐れております。そこで，ここに通行証明書を請求する次第です。どうか許可をお願いいたします。謹んで申し上げます。
> ・役人の対応
> 巡職は，庭州の住民である。西州に往き，市で交易することを許可する。途中の検問所では，取り調べたうえで巡職を通過させよ。庭州の役人懐信が申す。21日

Q1．許可書を提出しないとソグド人には逮捕される可能性があった。何の容疑で捕まるのだろう…？

> A.　　　　　脱走

Q2．つまり，唐がソグド人などの異民族に対してかけた，許可証がないと解けない「制限」とは…？

> A.（州をまたいだ）移動・通行

○次の文章Bは，突厥という異民族の一部（10万人）が唐に降伏してきたときの，唐の太宗（李世民）の対処と，その参考になった官僚の温彦博（オンゲンハク）の意見です。

> ・皇帝の太宗が決定した突厥（異民族）の処遇
> 降伏してきた突厥の処遇は，華北にある東は幽州，西は霊州に至るまで，統治していた地を分けて四つの都督府を置き，突厥の首長を都督（地方の統轄者）に任じ統轄させる。
> ・太宗の決断の根拠となった官僚の温彦博の意見
> 彼らは華北にある河南に置いていただきたいです。かつて，後漢の光武帝の頃，降伏してきた匈奴を万里の長城付近に置きました。それにならって，彼らの部落を保護してやる代わりに防衛させましょう。彼らの独自の文化や慣習はそのままにさせて，我々はそれを後押ししてやりましょう。そうすることで，河南の人口は増え，彼らの持つ私たちへの疑いの心・怨み妬みの心はなくなります。これこそが彼ら野蛮な民族を育てる道です。突厥の生き残った者たちが命を差し出して唐に降伏してきたのであるから，これを唐内に住まわせ，礼法を教え，その首長を防衛の長に就かせましょう。そうすれば，皇帝の力の大きさに恐れ入って，皇帝の徳の高さに懐き，私たちをわずらわすことは何もなくなるでしょう。

Q3．降伏してきた突厥に対して太宗がおこなったのは…？

> 突厥の持っていた領地は…？　A.四分割　　　　突厥をまとめるのは…？　A.突厥の首長

Q4．太宗が参考にした温彦博の意見の要点は…？

> A.（ 部落を保護 ）する代わりに（ その地を防衛 ）させる。（ 突厥独自の文化や慣習 ）は維持。民族のリーダーには（ 防衛の長 ）をさせる。そうすれば突厥は唐に従順になる。

Q5．こうした唐の異民族対応を「羈縻政策」といいます。二つの資料から羈縻政策をまとめると…？

> A.羈縻政策下では，異民族は… 領地を分割され，移動の制限を受けるとともに，その首長は防衛の任を課されもしたが，部落やその文化・慣習はそのまま守られた。

[資料1]　グループ①用ワークシート　解答枠中のゴチック体の文字は解答例を示したもの。

34　100万人都市を生み出した人々

唐の支配下に置かれたソグド人は何をして，どのように生き抜いたのかを読み取ろう

○次の文章Aは，唐の支配下にいたソグド人という民族の，米巡職（ベイジュンショク）という人物が当時の
役所に提出した，「あること」に関する許可願と役人の対応です。

・米巡職（※人名）が提出した，とある許可願
648年　庭州に住む私，米巡職が申し上げます。
米巡職（30歳），奴隷でカタヤシという名の男（15歳），奴隷でバフクという名の女（12歳），ラクダ1頭（黄色の毛並み），
トルコ産の去勢された馬が8歳，ヒツジ15頭。
州の役人に宛てます。私巡職は，今，先に挙げた奴隷・ラクダ等を率いて，隣の西州の市において交易することを希望し
ております。ただ，途中にある検問施設が，私の事情をよく知らないで脱走者として捕まえたりすることを恐れておりま
す。そこで，ここに通行証明書を請求する次第です。どうか許可をお願いいたします。謹んで申し上げます。
・役人の対応
巡職は，庭州の住民である。西州に往き，市で交易することを許可する。途中の検問所では，取り調べたうえで巡職を通
過させよ。庭州の役人懐信が申す。21日

Q1. 古代や中世では，例えば多くの北方異民族が遊牧騎馬民として牧畜を生業としたように，一つの社会で
現代ほど多様な職業が用意されていたわけではなく，民族単位で大まかな職種が
決まっていました。ソグド人はどんな職業で生活を営んでいただろう…？ | **A. 商業**

Q2. 許可書を提出しないとソグド人には逮捕される可能性があった。何の容疑で捕ま
るのだろう…？ | **A. 脱走**

Q3. つまり，唐がソグド人などの異民族に対してかけた，許可
証がないと解けない「制限」とは…？ | **A. （州をまたいだ）移動・通行**

○次の文章Bは，パトロール中にソグド人の一団を発見した役人が，次の中継地の役人に宛てた文書です。

岸頭府内のパトロールを担っている部署の都遊弈所（トユウエキショ）が，手紙でもって西州の担当者に状況を申し上げ
ます。
・ソグド人の史計思（シケイシ），従者の史胡熬（シコゴウ），羊200頭，牛6頭，軍高官に仕えるソグド人の石阿六（セ
キアロク），従者の羅伏解（ラフクカイ），ロバ2頭
上記の羊などについては，私が預かった手紙には「今日，白水路より来ましたので，今，この手紙とともにお送りいた
します」と書いてあります。
・史計思の従者の安阿達攴（アンアダツシ）
この従者は，私が預かった手紙に「通行許可証に名前はありますが，確認したところ，一行にはいません」とあります。
・牛1頭，馬2匹
これらの牛馬は，私の預かった手紙に「実際にいるものの，交通許可証には載っていない余分の家畜です。今，この手紙
とともにお送りします」とあります。
これまでの内容は，預かった手紙の通りです。史計思等は，異民族であるので，手紙を書いた役人の張徳質（チョウトク
シツ）をつかわして，彼らをそちらまで責任をもって送らせる予定です。どうかご許可を。謹んで申し上げます。

Q4. 史計思はソグド人ですが，Q3のような制限があるなか，長距離の移動はなかなか許可を得づらいもの
でした。そんななか，彼らは石阿六を随行させることで，その許可をもらいやすくしていました。石阿
六のような人物を随行させると，なぜ許可を得やすかったのか，理由を考えてみよう。

A. 軍高官に仕えていたから（唐の偉い人とのコネがあったから）

Q5. ソグド人について，受けた制限やそれをかいくぐる工夫，仕事内容に注目してまとめてみよう。

A. ソグド人は（　商人　）として活躍した民族である。普段は（　移動・通行　）に制限を受けて
いるが，（　ソグド人出身者を軍に入れてコネをつくる　）などして許可を得やすくし，活発な
（　商業活動　）をおこなった。

［資料2］　グループ②用ワークシート

唐の文化的発展を支えたもの　**35**

■グループ②——文化的発展を支えたのはソグド商人？

　グループ②には，唐の支配下におかれた民族の一つであるソグド人の民族的特徴とソグド人の商業活動の工夫について考えてもらいます。ワークシートは，ソグド人が唐に交通許可証を求める二通の文書です（**資料２**）。

　資料２の上段（文章A）は，資料１の上段と同じ文書を用いています。ただし，読み取らせる内容をより細かくし，ソグド人の移動が制限されていたことに加え，ソグド人が交易を生業とした人々だということを読み取ってもらいます。

　資料２の下段（文章B）で用いる文書は前掲のものとは異なる「トゥルファン文書」です。文書だけでは読解に必要な知識が不足するので，問題文自体に注釈を加えてあります。この文書から，唐の軍高官に仕えることで移動の大義名分を得ていたソグド人のしたたかさを生徒たちに読み取ってもらいます。

　これらを読み取ることで，移動を制限されていたソグド人が，唐に取り入ることで移動の自由度を高め，商業活動に努めていたことを理解してもらいます。

■グループ③——文化的発展を支えたのは周辺諸国にとっての外政的魅力？

　グループ③には，唐代の東アジアの国際関係に関するワークシートを配布し，朝貢がさかんにおこなわれた背景を理解してもらいます（**資料３**）。

　資料中の地図とこれまでの授業内容から，周辺諸国は，各国の対立のなかで唐を味方に引き入れたかったこと，唐の内政安定後の対外進出の活発化に対する防衛手段として関係を良好に保ちたかったことの二つが推測できるかと思います。

　また，唐における各国使節間の待遇差をめぐる争いについても扱います。これを争長事件と呼びますが，東アジア諸国は，元日や冬至などの特別な朝貢儀式で各国使節が一堂に会した時に，上座を争うことがあったのです。ここから，朝貢を通して各国は，新しい文化やモノを求めただけではなく，後ろ盾としての役割を唐に求めたこと，朝貢儀式での序列を利用し，ほかの周辺諸国に対して外交的優位に立とうという思惑があったことを生徒たちに読み取ってもらいます。

■グループ④——文化的発展を支えたのは朝貢返礼品の魅力？

　最後は，朝貢があたえる周辺諸国の国内政治への影響を考察するグループです。このグループには，朝貢国が唐から得た招来品・返礼品の国内での用途について記載したワークシートを配布し，朝貢国における朝貢の意義について考えてもらいます。用意した史料は，『日本紀略』『宇津保物語』の一節です（**資料４**）。

ここから，朝貢によって得た招来品が「唐物」と称され，遠距離交易によってもたらされたという意味に加え，「唐の帝からいただいた高麗笛」とあるように，唐からあたえられたモノという意味で高い価値を保有していたことがわかります。また，所有者がそれを顕示することで威信を高めたり，誰かに分配することで紐帯を作り出したりするために活用されたことを生徒たちに読み取ってもらいます。

周辺諸国が唐に対して積極的に使節を送った理由を読み取ろう

○７～９世紀頃，アジア諸国は各国の特産品を携えて唐へさかんに使節を送りました（これを朝貢といいます）。もちろん，遣唐使もその一つです。

Q1. なぜ周辺諸国はそれほど唐と交流をもちたがったのだろう…？　下の７世紀後半の国際関係を示した地図をみて，その理由を考えよう。

※ヒント・右図は何を示した地図かを考えてみよう。
・律令体制を完成させた後，（第３代皇帝の頃）唐がおこなったのは…？

A.
・対立国の味方になられる前に，自国に引き入れたかったから
・領域拡大をはかる唐に飲み込まれないため

○次の文章は，８世紀半ばに起こった争長事件と呼ばれる使節同士でのいざこざに関する記録です。

> 遣唐使の副使である大伴古麻呂（オオトモノコマロ）が唐から日本に帰国した。
> 古麻呂は天皇に，「753年の正月，多くの国の使節が唐の元旦の朝貢の儀式に参列しました。蓬莱宮（ホウライキュウ）という宮殿の含元殿という場所で玄宗皇帝が儀式を執り行いました」と申し上げた。
> また，続けて，「私の席が宮殿に向かって西側の吐蕃の下座に準備され，新羅の席は最も東側の上座の席に用意されました」と天皇に申し上げた。
> 古麻呂はそれに対し，こう論じたという。「古くから今に至るまで，新羅は朝貢を日本に対しても長くおこなっている。今，新羅は東側の上座にあり，私は反対の下座にいるが，これでは道理が通らない」と。
> 時に唐の将軍の呉懐実（ゴカイジツ）は，古麻呂が納得いっていないのを見て，新羅の使節を吐蕃の下座に置き，日本の使節を一番の上座に置いたという。

Q2. このいざこざは，どの国とどの国が何を争ったもの…？

A. 日本と新羅が，朝貢の儀式における座席（上座）を争ったもの

Q3. つまり，各国の使節にとって，「中国へ朝貢することでQ１のような目的をはたす」ということ以外に，朝貢の儀式に参加することには，どのような目的があったと考えられる…？

A. 周辺諸国に対する優位性を示すという目的

Q4. 周辺諸国が唐に積極的に使節を送った理由をQ１とQ２を踏まえてまとめてみよう。

A. 唐に積極的に使節を送ることで，対外侵略をさかんにおこなう唐から敵とみなされないようにし，対立国に対抗するために唐を味方につけようとした。また，儀式で上座を奪うことで，他国に優位性を示そうとした。

Q5. 反対に，こうした周辺諸国からの使節を受け入れることの唐にとってのメリットを考えよう。

A. 貢物としてさまざまな特産品が流入したり，唐に貢ぐ国が増えて唐の権威が高まる。

［資料３］　グループ③用ワークシート

> **唐に使節を送ることは，周辺諸国の国内政治にどのような意味をもっていたのか読み取ろう**
>
> ○唐の周辺諸国は，積極的に唐に使節を送るなかで，貢物をする一方，贈答品・返礼品を貰っていました。日本では，遣唐使が持って帰ってきた唐皇室からの贈答品・返礼品を「唐物」と呼びます。以下は，その唐物に関する記述と唐物の一つである栴檀香（センダンコウ）と呼ばれるお香に関連する資料です。
>
> ・歴史書『日本紀略』
> 天皇は唐の返礼品のうち，織物やお香や薬などを（家臣のなかで）参議という位より高い人々に分けておあたえになった。
>
> ・平安期の物語『宇津保物語』…遣唐使の祖父をもつ琴の名手の下に二人の上皇が訪れたときの場面を描いた一節
> 唐物のなかに，所々絵の入り，歌の詠われた冊子が三巻あったのだが，そのうちの一つを朱雀上皇に差し上げた。嵯峨上皇には何を差し上げたかというと，高麗笛をお好みだったので，唐の帝からいただいた高麗笛を差し上げた。唐物の冊子は…（中略）…黄金で縁を装飾した紫檀（シダン）の箱に入れておいた。
>
> 全体図　　　　　　　　　　　文字近影　　　　　　　　　栴檀香
> 　　日本にもたらされた唐物の一つ。インド・東南アジア原産のお香でそこにはソグド文字が彫られている。
>
> Q1．唐物は日本に持ち込まれた後，どのような使われ方をしていた…？
>
> A．天皇から家臣へあたえられたり，遣唐使の一族から上皇へ献上されたりした。
>
> Q2．日本に持ち込まれた唐物は，高い価値をもっていた。唐物に関する文章や栴檀香の情報から，唐物の価値が高いとされた理由を複数考えよう。※ヒント：モノがどういう時に価値がつく…？
>
> A．・インド原産→遠い地域でしか取れない希少さ？　・唐の帝から頂く→偉い人からもらったから？
> 　　・ソグド文字の彫刻→流通のなかでさまざまな人が関与しているから？　など
>
> Q3．なぜ価値の高い唐物をQ1のように使ったのだろう。どんな意図・目的があったと考えられる…？
>
> A．・家臣にあたえることで自分の権威が高まるのではないか　・家臣との間に紐帯をつくりたかったのでは
> 　　・皇族へ献上することで，家臣としての忠義を示したかったのではないか　など
>
> Q4．Q1～Q3を踏まえ，日本などの唐の周辺諸国が積極的に唐に使節を送った理由をまとめてみよう。
>
> A．唐からの返礼品は，（日本では得難い希少な品々であったり，東アジアの大国である唐の帝から授かる品）という点で高い価値をもっており，持ち帰った後，（君主は家臣へあたえることでその威光を示し，家臣は君主へ献上することで忠義を示す）といったことに活用できるので，それらを獲得するために周辺諸国は積極的に唐へ使節を送った。

[資料4]　グループ④用ワークシート

■クロストーク活動（1時間目終盤・2時間目）

　各グループに検討をしてもらったら，それぞれの資料を検討した生徒が1グループに一人は含まれるよう4～5人のグループに組み替えます。続いて四つの資料を組み合わせ，唐の多様な文化と都市の繁栄の理由を検討させます。まず，1時間目の残りの時間と2時間目の冒頭で，最初のグループで検討した成果を共有させます。その際，簡単にしか情報共有していないグループが出てきたら，「ここでしっかりと情報共有しておくと，つぎのワークがぐっと楽しくなるよ」，「こ

こ，どういう意味？」などと声かけをしていきましょう。その後，10分ほど時間をあたえ，グループとしての「唐の文化的発展の理由」に関する結論を文章化させます。つぎに，各班にそれらを発表させることで全体での共有をはかります。その際，他グループの良いと思った発言はメモを取らせておきましょう。そして，発表を聞いたうえで，改めて個人で「唐の文化的発展の理由」を書かせます。繰り返し文章化させることで，よりわかりやすい結論の文章をつくらせます。

　最後に教員から，グループ①・②で考察した唐の異民族支配の方法を羈縻政策と呼ぶこと，③・④で考察した，周辺諸国が貢物とともに使節を送り，返礼を貰う外交方式を朝貢と呼ぶこと，これらを通して中華王朝が周辺諸国・民族の頂点に立つ東アジアの国際秩序を冊封体制と呼ぶことを補足説明し，生徒の意見を踏まえたまとめをおこなって，授業を終えます。

■まとめ

　以下は，生徒の意見をもとに授業実践時におこなったまとめです。

> 羈縻政策と呼ばれる緩やかな異民族統治策により，唐内で異民族の文化が保護されました。また，一部唐の支配下にあったソグド人の商業活動を通して，唐は西方の文化を受容することができました。そうした文化の多様性や先進性，加えて，自国内での支配力強化や他国への外交的優位を求めて，周辺諸国は朝貢をおこない，他方の唐は，それを受け入れることで各国から朝貢品として特産物を流入させたのです。そして，このように国内外において唐が周辺諸国や異民族を間接的に支配しようとするなかで，時に異文化に刺激を受け，時に異文化を吸収し，深く，多様な文化になっていったのです。

　本稿では，文化史的な観点から，史資料を用いた授業を提案しましたが，ほかにも羈縻政策に関する史料を用いた政治史の授業などの展開も考えられるでしょう。いずれにせよ，単一民族により国家が形成されていたわけではないという視点を，これらの史資料を活用することで，示せるのではと思います。

【参考文献】

石見清裕『唐代の国際関係』（世界史リブレット97）山川出版社　2009

河添房江他編『唐物と東アジア——舶載品をめぐる文化交流史』（新装版）勉誠出版　2016

森部豊編『ソグド人と東ユーラシアの文化交渉』勉誠出版　2014

〈遠藤晃太〉

5

『マカーマート』の挿絵から
読み解くイスラーム
イスラームの社会と文化

■はじめに

　イスラームを授業で教える時，「イスラームって，何だか理解できない」とか，「不可思議な宗教」のように思ってしまうことはないでしょうか。生徒にイスラームからイメージすることを聞くと，「危険」「紛争が多い」「過激派組織」などの答えが返ってくることがあります。テロなどの報道がされるたびに「怖い」とか，「あぶない宗教」などの印象が刷り込まれているようです。しかし，これは今後の国際社会で活躍すべき生徒にとって，差別や偏見となっているのではないでしょうか。日本のムスリム人口は，早稲田大学の店田廣文氏によれば約11万人（外国人ムスリム10万人，日本人ムスリム１万人〈2012年現在〉）とされています。また，宗教別人口推計では，キリスト教徒につぐ16億人弱のムスリムが世界で生活しています。彼らと良い関係を築くため，イスラームへの理解を深めることをめざす１時間の授業を考えたいと思います。

■イスラーム理解のためのエピソード

　イスラームは，アラビア語で「服従」「平和」の意味ですと教えると，生徒たちはびっくりします。意外と知らないイスラームについて，クイズ形式で出題し，関心をもってもらうのも良いと思います。例えば，

　Q：日本の書物にペルシアやアラブが登場するのは，いつ頃だと思いますか？

　『日本書紀』や『続日本紀』には，ペルシアを意味する「波斯」やアラブを意味する「大食」の語が記されています。これらは，中国を経由して入ってきた言葉です。

　Q：日本で最初にムハンマドやイスラームについて記した人物は誰でしょう？

　新井白石の『采覧異言』（1713年）は，ムハンマドやイスラームについて言及しています。彼の情報源は，マテオ＝リッチの世界地図「坤輿万国全図」の解説をはじめとする漢文の書物や，鎖国下の日本にやってきて幽閉されたカトリック

40　『マカーマート』の挿絵から読み解くイスラーム

宣教師シドッチの報告などでした。新井白石は，イスラームの教えを「天主教法と源を同じうして派を異にするものなり」と説明しています。天主教というのはキリスト教のことで，同じ一神教であり，派（教義）は違うだけで両宗教は近いのだと理解していたことになります。また彼は世界の宗教を，キリスト教，仏教を含む多神教，イスラームの三つに大別していたそうです。新井白石の生きた時代を考えると，そのイスラーム認識や宗教観が，当時の日本人としてはずば抜けて早く，優れた分析であったといわざるをえません。

■イスラームの授業の導入教材例

　それでは，イスラームの授業をおこなう場合，どのような資料が使えるでしょうか。Ａ２版の大きな写真図版をみせたり，実物教材として『コーラン』やアザーン（目覚まし）時計，ミニアチュール，アラベスクの壁掛けなどを授業に持ち込んだりしています。そのなかでとくに生徒たちに人気なのは，**資料１**のアザーン時計です。インターネット通販を利用すれば，2000円前後で手に入ります。目覚ましのベルのかわりに「アッラーは偉大なり」という意味の「アッラーフ・アクバル」がまず大音量で流れ，五行の一つである信仰告白の内容がそれに続きます。これは，人々に礼拝の時刻を告げる呼びかけで，仏教やキリスト教の鐘に相当するそうです。筆者のもっているものは，「礼拝は眠りに勝る」の文句が入った朝バージョンと，入っていない昼バージョンの切り替えができるようになっています。ムスリムが多く住む地域を旅すると，都会でも田舎でも，アザーンがモスクから流れてきます。都会の喧騒のなかで，どこからともなく聞こえてくるこの音は，異国情緒あふれる街をさらに魅力的にみせてくれるのです。現代のアザーンにはスピーカーが用いられますが，かつてはミナレット（尖塔）の上から，良く響き渡る肉声で朗々と吟じられ，人々を礼拝へと誘いました。時計にはミナレット風の飾りもついており，大小のドームもイスラーム風で，生徒に回覧すると，興味深げに見入ります。なかには，突然アザーンを流してしまう生徒もいて，和やかな雰囲気に教室が包まれることもあります。一年間の授業の終わりに，もっとも印象に残った授業をたずねると，毎年数名の生徒がこの時計のことをあげています。

[資料１] アザーン時計

イスラームの社会と文化　41

■世界史教科書中の『マカーマート』図版

　つぎにイスラーム学習の一例として，世界史教科書中の図版を用いた授業を紹介します。**資料２**のプリントは，現在使われている世界史Ｂの教科書（2019年度版）から作成したものです。教科書によって取り上げる図版は異なりますが，現在使われている世界史Ｂの教科書に，この絵のどれか，あるいはすべてが掲載されています。実はこれらの図版はすべて『マカーマート』というアラブ文学の一ジャンルである書物に描かれた挿絵です。ハマザーニー（969～1008）が創始し，ハリーリー（1054～1122）が大成したもので，題名は人の集まる所という意味の「マカーマ」の複数形である「マカーマート」からつけられています。学識・機知に富んだ主人公が，さまざまな身分や職業の人物に扮して各地を遍歴し，人をだましながら金品をせしめていく小話集です。話の舞台は，モスクや広場・辻・宴会場・学校・隊商宿・公衆浴場・墓地などの人々が集う場所，つまりはたまり場です。そうした場所で主人公の標的となるのは，地方長官や太守，裁判官をはじめ，その場に集まった人々です。主人公は，ある時は貧者や乞食，またある時は説教師・旅人・商人などに扮して，「だまし」をしていくのです。それを目撃した語り手が，その顛末を回想して話すのが一篇の短い物語（マカーマ）で，その集大成がマカーマートなのです。

　『マカーマート』は，アラビア語の技巧の限りをつくした詩やなぞかけ話なども含み，当時のイスラーム世界の教養人に必須の読み物として，もてはやされたそうです。日本語にも訳されていて，東洋文庫から全３巻で刊行されています。丁寧な注釈や解説がついていて，ストーリー展開の楽しさを味わえるとともに，その頃のアラブ世界の情報も満載です。しかし一方で，『マカーマート』が男性目線で著されていることも痛感します。信仰心や好奇心が旺盛なアラブ人男性には必読書であったようですが，女性の読者は考えていなかったようです。

　さて，ここで注目すべきは，場面にあわせて描かれた挿絵です。イスラーム世界では，写本による出版が盛んでした。挿絵入りの写本は，美術作品としても価値があり，豪華なものは重要な外交での贈り物となったり，戦利品として略奪の対象となることもありました。その制作は，王朝の研究所や図書館はもちろん，富裕層も独自の書画院でおこなっていました。アッバース朝の都バグダードには，紙や書物専門の市場があったそうです。また，オスマン帝国の都イスタンブルでは，盛時に２万人の書写従事者がいたというのですから，イスラーム文化の発展と写本による書物の流通には，深い関係があったと考えられます。ハリーリーの

4枚の図版…『マカーマート』という書物の挿絵で，1237年に制作されたもの

図版A 「ムスリム商人と村の隊商宿」
左上…モスクとミナレット
手前の二人…旅人，上の人々…村人

図版B 「ウラマー」
図書館で議論

図版C 「奴隷市場の取り引き」
上の三人…商人
下の座っている四人…奴隷

図版D 「ダウ船」
船倉には，さまざまな乗客

[資料2] 教科書掲載の図版を用いたプリント（口絵参照）

イスラームの社会と文化　43

『マカーマート』も，多くの写本が制作されたようです。なお，教科書に掲載されている図版は，フランス国立図書館に収蔵されていて，実物を閲覧することができます。この図版には，当時の人々の日常生活や考え方が表現されています。人々の服装や立ち居振る舞い，建物や交流の様子など，社会の様子を知るための情報がたくさん盛り込まれているのです。

■授業展開例

　7〜8世紀の「イスラーム世界の形成と拡大」でおもに宗教や政治を，その後のアッバース朝の繁栄とからめて国際商業ネットワークの形成と文化についてふれたうえで，グループ学習として資料2の図版の読み解きを実施します。「資料2からどんなことが読み取れるか，考えてみよう」と生徒に投げかけます。教科書掲載の『マカーマート』の図版をカラーコピーして配り，4〜5人のグループで話し合ってもらいましょう。各グループに大判のホワイトボードを渡し，時間を区切って，思いついたものをどんどん書いてもらいます。はじめは戸惑っていた生徒たちですが，「〜がいる」「〜がある」から始まって，しだいにその絵をどう解釈するかという話へと盛りあがり，授業はつぎのように進んでいきました。

　①まず，図版A〜Dのなかに描かれたものについての観察が出てきました。

> 建物がある。ラクダがいる。ヤギみたい。本がある。ターバンを巻いている。
> ヒゲをはやしている。天びんが使われている。ワンピースみたいな服を着ている。
> 船がある。魚がいる。色がカラフル。……など

図版を観察することで，具体的なものをみつける作業です。それを視覚的に捉えて判断し，表現することは，歴史のイメージづくりに役立つと思います。このなかで，「ワンピースみたいな服」と話したグループに「なぜだと思いますか」と聞いたところ，「その方が涼しいのでは…」という答えが返ってきました。これは，具体的なものから状況を考え，判断した良い反応だと思いました。

　②つぎに，図版A〜Dに描かれたものそのままではなく，生徒の考察も含んだ理解が出てきました。

> 建造物が丸屋根で独特である。家畜を飼い，使う技術がある。移動や荷物運びにラクダを使っていた。本からたくさんの知識を得ている。テーブルやイスがない。黒人と白人の奴隷がいる。操船する人が独特。……など

44　『マカーマート』の挿絵から読み解くイスラーム

これらは，「〜がある」というのではなく，生徒たちの読み解きが含まれています。たとえば，テーブルやイスがあった方が自然なのに，それがないというように考えているのです。また，「ラクダがいる」ではなくて，移動や荷物運びに使ったと解釈しています。さらに「家畜がいる」というのではなく，飼っていて，使う技術があると考えてもいます。ここからは，生徒たちが既存の知識と異なる部分に注目していることがわかります。

　③さらに，図版A〜Dからわかる複数の事柄を比較したり，関連付けたりして解釈しているケースも出てきました。

> 男の人だけで政治をおこなっているようだ（図版B）。ヒゲが生えている人と生えていない人がいる（図版C）。人々の移動が活発で商人たちは，天びんを使い，公正な商売をしようとしている（図版C）。奴隷以外は，全員が頭に何かをまいている（図版C）。肌の色や髪型が違う人がいて，大きな船があるから広い範囲で貿易がおこなわれていた。（図版C・D）。……など

このような答えは，必ずしも①→③の順に出てくるわけではありません。ホワイトボードを黒板につけ，最後にクラス全員で共有しました。ほかのグループが気付かなかった点を発表した班は得意げで，似ている点を指摘し合ったグループは，互いにアイコンタクトをとったりして，楽しげに取り組んでいました。例えば，「図版Aからヤギや牛などの家畜を大切に育てているのだけど，豚はいない」とか，「図版Bからたくさんの本があるのだから文化を大切にしていたし，知識を深めた人がほかの人に伝えていてどこか学校につながるものを感じる」などの意見には，多くの生徒が感心していました。

　あたえられた図版から得られる多くの情報を組み合わせ，読み解いていくことは，生徒にとって新鮮だったようです。4枚の図版が多いと感じる場合には，2枚程度に減らしたり，グループごとに「政治面」「経済面」「生活面」「文化面」などに分けたりして考察しても良いかと思います。

　グループワーク後の生徒の振り返りシートをみると，図版から読み解いてイメージすることの楽しさや，自分だけでは思いつかない考えを友達と共有することで生まれた喜びの感想などがありました。例えば，つぎのような記述もあって，生徒たちのイスラーム認識への変化を感じました。

> ・当時の人が着ていた服とか道具，読んでいた本などがわかると色々な事がわか

イスラームの社会と文化　　**45**

って楽しい。友達の意見を比べると，新しい発見があって面白い。
・今まではテロとか過激派とかのイメージが強くてあまり良くないイメージだっ
たけど，そんなことはなくてイスラーム世界はとても活発に商業などをしてい
て交流が盛んだったんだなと思った。

■イスラーム社会の奴隷

　資料２の図版Ｃに登場したイスラーム社会の奴隷は，生徒の多くが考える大西
洋三角貿易の黒人奴隷とは，事情が少し異なります。マムルーク朝や奴隷王朝の
存在が示すように，イスラーム世界では実力次第で奴隷身分から大臣やスルタン
にまで出世することができましたが，それはなぜでしょうか。イスラーム法の規
定では，奴隷はつぎの二つの場合に限られていました。一つは，生まれつきの奴
隷です。子どもは母親の身分に従うのが原則で，たとえ父親が自由人でも，母親
が奴隷であれば奴隷身分とされました。ただし，父親がその子どもを認知すれば，
その時点で子どもは自由人となることができたそうです。もう一つは，異教徒が
戦争捕虜となった場合です。ですから，ムスリムの自由人が借金のかたに人を奴
隷とする債務奴隷はありません。ムスリムを奴隷にすることができなかったので，
外部から購入し，中央アジアのトルコ系の人々などが奴隷としてイスラーム社会
に入ったのです。奴隷は，主人の「モノ」として所有され，売買されたり，相
続・贈与の対象となったりしましたが，「人間」としての権利は認められ，主人
の許可を得て結婚することも可能でした。また，奴隷を解放することは，死後に
天国へ行くための善行として奨励されたので，死の床についた奴隷所有者がまと
めて奴隷の解放をおこなうこともあったそうです。

　マムルークは奴隷出身の軍人を指しますが，そのなかには出世のために自ら身
を売る者もいたそうです。こうしたマムルークは，アラビア語やイスラームにつ
いての教育と軍事訓練を受け，奴隷身分から解放されてマムルーク軍団に編入さ
れました。彼らは，自分を購入し，教育を授け，奴隷身分から解放してくれた主
人に対して忠誠を尽くしたのです。少年時代に同じ兵舎で教育を受けた仲間との
あいだには連帯心が生じ，それは戦場でも，政治の場でも発揮されたようです。
資料２の図版からは，肌の色の異なる人々が奴隷として売買されたことがうかが
われます。当時，奴隷たちは出身地や肌・髪の色，体型などで区別され，それぞ
れどのような適性があるかを記した奴隷購入のための手引書も残されています。

　生徒に，「奴隷はどこから連れてこられたのでしょうか？」と質問しても良い

46　『マカーマート』の挿絵から読み解くイスラーム

でしょう。イスラーム世界の広大なネットワークの解説へとつなげることができます。また，生徒たちが「奴隷」からイメージする大西洋三角貿易の黒人奴隷とイスラーム社会の奴隷の違いを，授業で取り上げることもできると思います。

■まとめ——さらにイスラーム理解を深めるために

　グループ学習を通じて興味や関心が高まれば，身近にあるイスラーム世界と関連する施設を紹介するのも良いと思います。文化庁が発行している『宗教時報』のリストによれば，2014年11月現在で，日本には80をこえるモスクがあります。異文化理解というテーマで，訪問するのはどうでしょうか。代々木上原にある東京ジャーミイでは，さまざまなワークショップが開催されています。校外学習を利用してクラス全員で訪問した際は，渋谷近郊の街並みのなかにミナレットをともなったイスラーム建築を見上げたり，内部の美しいイスラーム装飾や沐浴場などを見学したりして，関心をもつ生徒がたくさんいました。

　本授業を終えて，生徒からは「イスラームって難しいイメージがあって敬遠していたけど，調べると人間的でおもしろい」とか，「先入観での判断は危険，ちゃんと知ることが大事」などの意見があがりました。資料2のような図版の活用によって当時の社会を探る方法は，観察力や発想力が鍛えられるという肯定的意見や，その読み取りの自由度から事実を見誤るのではないかという否定的意見もあると思います。しかし，長所・短所を含めて，歴史リテラシーについて考える貴重な機会になるのではないでしょうか。図版を比較し，グループごとに解釈しながら，クラス全体で共有していく作業を通して，情報を読み取って分析する力を育み，それまでは遠い存在であったイスラーム世界を身近なところまで引き寄せることができたという手ごたえを感じました。

【参考文献】

アル゠ハリーリー，堀内勝訳注『マカーマート——中世アラブの語り物　1～3』平凡社
　2008～09

佐藤次高『イスラームの国家と王権』岩波書店　2004

杉田英明『日本人の中東発見——逆遠近法のなかの比較文化史』東京大学出版会　1995

三浦徹編著『イスラーム世界の歴史的展開』放送大学教育振興会　2011

〈廣川みどり〉

6

何が中世の秩序を揺るがせたのか

叙任権闘争

■はじめに

　「われわれはカノッサには行かない——肉体的に精神的にも」。これはプロイセンによるドイツ統一の直後，中央党ないしカトリック教会とのあいだにおこった文化闘争に際して，ビスマルクが発した言葉です。これ以降，「カノッサ」という言葉は，ドイツにおいて「教会に対する国家の屈服」の同義語として広く使用されることになりました。

　後世の人々の記憶にも刻まれる「カノッサの屈辱」がおこった中世ヨーロッパ世界，その成立には以下の三つの要素があります。それは「皇帝権」，「教皇権」，そして「封建権力」です。11〜12世紀に高位聖職者の叙任権をめぐって皇帝と教皇とのあいだに生じた「叙任権闘争」は，これら三つの要素を内包する中世ヨーロッパのあるべき秩序とは何かをめぐって争われた事件でした。聖俗が絡み合う中世の支配権はどのような制約のもとで行使されていたのか，そして何が中世の秩序を揺るがせたのか。これらを2時間の授業のなかで「叙任権闘争」を通して理解させ，一連の争いの結果としてローマ＝カトリック教会が発展していくことを捉えさせます。

■カノッサの屈辱

　まず導入として，カノッサの屈辱がおこった1077年1月当時の気候について簡単に確認しましょう。地理的にイタリアは日本より高緯度に位置しますが，暖流である北大西洋海流や偏西風の影響により，緯度のわりに日本と比べると，冬の寒さは厳しくなく，雪もあまり降りません。しかし，11世紀の最後の30年は寒冷期に入り，厳冬がしばしば訪れました。そのため1077年初頭の北イタリア一帯は記録的な寒気におそわれ，なかでも76年11月から77年3月は川が凍てつき，大雪で厚く覆われたほどであったといわれています。これらを踏まえたうえで，**資料1**を提示し「叙任権闘争」の対立軸を考えさせましょう。

48　何が中世の秩序を揺るがせたのか

> 彼はついに，みずから進んで，いかなる敵意をも不遜な心持をも示すことなく，僅かの従者と共に余の滞在していたカノッサの城に来たった。そこで彼はすべての王者の飾をすて，みじめな姿で，すなわち裸足で身には羊毛の長衣をまとって，3日の間城門の前に立ちつくした。

[資料1] カノッサ事件に関するグレゴリウス7世のドイツ聖俗諸侯宛書簡（1077年）

　資料1のうち「王者の飾」などに注目させて，「彼」とは国王であり，国王が「余」に対して許しを乞いに来ていることを気付かせましょう。ここでの「彼」とはハインリヒ4世（ドイツ国王位1056〜1106，皇帝位1084〜1106）であり，「余」とは教皇グレゴリウス7世であることを伝えます。この資料から「皇帝権」と「教皇権」が何かしらを理由に対立していたことが読み取れます。さらに資料名から，教皇がこのできごとをドイツ聖俗諸侯（「封建権力」）に伝えていることもわかります。なおハインリヒ4世は，1077年当時はドイツ国王ではありますが，まだ皇帝位に就いていないのでその地位の扱い方に注意が必要です。

　ここでつぎの問いを生徒に投げかけてみましょう。

　問1　「皇帝権」と「教皇権」の対立の勝者はどちらだろう？

　なお問1から問3は，問4へつながるように，あえて同じ発問内容にしています。ワークシート（資料2）にその理由をあわせて記述させましょう。その際の留意点として，理由については「何となくそう思った」ではなく，資料中の記述や学習内容の具体的なできごとから判断するように伝えます。国王が許しを乞うたことから「教皇権」を選択する生徒が多いと思われます。その理由を自身の言葉であらわすことができるかも評価の対象とします。生徒の実態に応じて，ペアあるいはグループワークをおこなって考えさせたり，数人を指名してその記述内容を発表させたりしても良いでしょう。いずれにしても，どちらを勝者としたかの票数は板書して残しておきましょう。この票数が以降の学習を通してどのように変化していくかが重要になります。

■中世ヨーロッパにおける支配権

　続いて，神聖ローマの「皇帝権」について基本的な事項を生徒へ解説しますが，その取り扱いには注意が必要です。そもそも中世ヨーロッパにおける支配権の特徴を理解するためには，近現代の支配形態との違いを意識することが大切です。中世封建社会は大小さまざまなグループの集合体で形成され，国王や諸侯らは個

叙任権闘争　　49

ワークシート　　年　　組　　番　氏名	
問1　「皇帝権」と「教皇権」の対立の勝者はどちらだろう？ ※どちらかを〇で囲み，その理由を記述してみよう 皇帝権　　　　　　　　　　　　　教皇権	問2　「皇帝権」と「教皇権」の対立の勝者はどちらだろう？ ※どちらかを〇で囲み，その理由を記述してみよう 皇帝権　　　　　　　　　　　　　教皇権
問3　「皇帝権」と「教皇権」の対立の勝者はどちらだろう？ ※どちらかを〇で囲み，その理由を記述してみよう 皇帝権　　　　　　　　　　　　　教皇権	問4　なぜ問1から問3の票数に変化があるのだろう？

［資料2］ ワークシートの例

人的に信頼できる人物を身のまわりに配置し，助言や調整を依頼していました。彼らは近現代のように指令と実施，命令と服従というスタイルで統治をおこなっていたのではありません。そこには「功績と報酬」「奉仕と見返り」に基づくシステムがあり，反発を受けないよう，主君は寵愛の配分をおこなう必要がありました。また家臣といえども，主君の窮状を容赦なく利用する側面もあります。例えば，窮地に立つ主君に対し，武力援助と引き換えに領地の委譲を迫ることは珍しくありませんでした。このように中世の支配者は，支配を支える人々の合意を必要としていたのです。

　この助言と合意形成のシステムは，とくにドイツでは王権を左右する決定的要素でもありました。ドイツ国王の地位は，諸侯の合意によって選出される選挙王制であり，聖俗の諸侯らが王権の助言者の地位にありました。彼らは国王を「第一人者」として認めてはいましたが，それは「同輩中の第一人者」という意味合いが強かったのです。

　しかしその一方で，国王の支配権は神の定めたものであり，また神聖ローマ皇帝とはローマ＝カトリック教会の「保護者」かつ，みずからも聖性を備える存在だとされてきました。神聖ローマ帝国の初代皇帝とされるオットー1世は，教皇と交わした「オットーの特許状」において，教皇選出に皇帝が介入する権利を明記させました。このようにして皇帝は教皇に対する優位性を保持し，聖俗双方の

頂点にあったのです。

　さらにドイツ国王は，ローマでの皇帝位の戴冠や，教皇と教皇領の保護などを理由にしばしばアルプスをこえて，北・中部イタリアを軍事的に制圧しようとしました（イタリア政策）。しかしこの政策により，ドイツ国王は国内の統治に専念できず，ドイツ国内における諸侯勢力の台頭が進むことになったのです。ここにドイツ国内における「皇帝権」と「封建権力」の対立がみられることも生徒に理解させましょう。

　それでは，台頭する諸侯勢力を抑えるためにドイツ国王はどのような政策をとったのでしょうか。フランク王国の時代から，慣習として国王や諸侯がその領内に教会や修道院を建てると，自らその長を任命して支配下においていました。ドイツ国王も同様に，帝国直属の教会や修道院を設立してその司教や修道院長らを任命し支配下におくことで，自立性の強い諸侯を相対的に抑えようとしました。また聖職者は文書作成に通じていたので，いわば国王の地方行政官としての役割もはたします。この政策の鍵は聖職者の任命権であり，そのなかにはドイツ国王が支配できた範囲のイタリアの聖職者の任命権も含まれたのです。

■中世的秩序の動揺

　前述の皇帝による教皇選出への介入や国王・諸侯による聖職者の任命，つまり俗権の介入による教会の世俗化に対して，ローマ＝カトリック教会はどのような動きをおこしていくのかを，資料3から生徒に読み取らせましょう。

> 　私たちは，司祭，助祭，副助祭にして祭壇に仕えるものは誰であれ，もし妻または妾をもつものは，彼女たちから完全に離別し，ふさわしい償いを果たさない限り，祭壇で奉仕してはならないばかりでなく，それ以後引きつづき，ある教会財産を所有したり，すでに所有しているものを享受することはゆるされない。……また聖職売買，すなわち金銭によって叙階されたものは，かれらの聖職を剝奪し，再びかれらが復職できぬよう，使徒の権威により決議した。

[資料3] グレゴリウス7世の改革（ラテラン会議の議決を報じた書簡）

　資料3から，「聖職者の妻帯」や「聖職売買」を禁止していることに気付かせます。「禁止される」ということは，当時それが「おこなわれていた」ということにもふれて生徒に気付かせましょう。皇帝や国王などの世俗権力は，しばしば聖職者ではない者を高位聖職者の地位に任命し，教会に介入するようになりまし

叙任権闘争　51

た。教会の世俗化が進むなかで，11世紀頃には「聖職者の妻帯」や「聖職売買」といった行為は慣行として平然とおこなわれていました。

このような教会の世俗化に対して，教会の改革運動の中心を担ったのがクリュニー修道院でした。クリュニー修道院は910年にフランス中東部ブルゴーニュ地方に建てられ，初期修道院の精神に立ち返ることをめざし，聖職者の妻帯や聖職売買を激しく批判しました。クリュニー修道院の勢力はフランスやイタリアに広まり，12世紀初めには1500以上のクリュニーの支修道院がありました。また教皇側からの改革として，教会改革派から選出された教皇ニコラウス 2 世（在位1059〜61）は，1059年「教皇選挙教令」を出し，皇帝のもつ教皇選出の権利を制限しようとしました。

つぎにグレゴリウス 7 世の改革では，教皇に対する皇帝の優位性を，どのように変化させようとしていたのかを**資料 4** の「教皇訓令書」から生徒に読み取らせましょう。なお，この資料は実際にどのようなかたちで利用されたかは不明ですが，教皇の政策目標を記したものと考えられています。

第12条　ローマ教皇は皇帝を退位させることができる。
第19条　ローマ教皇は誰によっても裁かれない。
第26条　ローマ教会と協調しない者はカトリック教徒とはみなされてはならない。

[資料 4] グレゴリウス 7 世の「**教皇訓令書**」(1075年)

この資料では，皇帝に対する教皇の優位性が示され，聖俗双方の頂点に皇帝が立つという考えと正面から対立していることに気付かせます。異議を唱える者は「カトリック教徒とはみなされてはならない（第26条）」，皇帝でさえも「退位させることができる（第12条）」としたのです。もちろん，グレゴリウス 7 世がこの目標をすぐに実行に移したわけではありません。しかし，この目標には神聖ローマ皇帝の聖性を備える支配者という地位を覆そうとする意図がみえます。

それではつぎに，なぜこのような「皇帝権」と「教皇権」の対立が「カノッサの屈辱」につながったのかを生徒に理解させましょう。このできごとはミラノ大司教の選任をめぐる争いに端を発します。当時，ミラノは宗教的に多くの点でローマ司教座と同等であるとされており，政治的には皇帝のイタリア政策の拠点であったことから，皇帝と教皇のどちらがその任命権をもつかは，極めて重大な問題であったのです。これに対してグレゴリウス 7 世は，1076年に教会会議においてハインリヒ 4 世の破門を決定し，また同年10月にドイツ諸侯らは帝国議会にお

いて，ハインリヒ4世が4カ月以内に破門を解かれなければ，彼を退位させると宣告しています。「封建権力」は「教皇権」に同調し，この宣告によってハインリヒ4世を追いつめたのです。そのためハインリヒ4世はグレゴリウス7世に破門を解いてもらって自らの政治権力を回復させるべく，77年1月に雪のなかでカノッサ城の城門の前に立ちつくすことを選んだのです。皇帝が聖俗の頂点に立ち，また支配権の確立・維持に諸侯らの合意を必要とする中世社会において，教皇による破門からカノッサの屈辱にいたるまでの一連のできごとは，まさに中世の秩序を揺るがしたのだといえるでしょう。

　さらに破門解除後の展開を生徒に紹介しましょう。ハインリヒ4世はその思惑通りにみずからのドイツ国王としての支配権を取り戻します。しかし，ドイツの反国王派はこれを認めず，対立国王を選出し，グレゴリウス7世もその対立国王を承認します。一方，ハインリヒ4世はグレゴリウス7世を廃位し，新たな教皇を任命しました。二人の国王と二人の教皇が並立したのです。やがて戦いのなかで対立国王は死亡し，ハインリヒ4世はローマに進軍します。それに押し出されるかたちでグレゴリウス7世はサレルノに逃れ，その地で没しました。

　ここで，再び対立の勝者はどちらか，という問いを生徒に投げかけ，あわせてワークシートにその理由を記述させましょう。今回は国王の支配権の回復や教皇の死から「皇帝権」を選択する生徒が多いかと思います。再びその票数を板書し，最初の問いと票数がどのように変化しているのかを視覚的にも捉えさせましょう。ここまでが1時間目の内容です。

■ローマ＝カトリック教会の発展

　2時間目は，まず叙任権闘争の終着点である1122年のヴォルムス協約を確認することから始めます。その内容は，①司教や修道院長は教会によって選出されること，②選出された者に対して，指輪や杖に象徴される霊的権威の授与は教皇が，笏に象徴される教会領などの世俗的権利の授与は皇帝がおこなうというものです。皇帝が聖職叙任権を放棄したことは，教皇側からすればめざましい成功であり，こうして教皇の首位権が確立します。

　また，叙任権闘争と並行して，1095年，教皇ウルバヌス2世によってクレルモン宗教会議が開かれます。東方教会や聖地イェルサレムがセルジューク朝による危機にさらされているとして，会議では第1回十字軍遠征の実施が決議されました。十字軍についての詳細はこれ以降の授業で扱いますが，叙任権闘争のさなか

叙任権闘争　**53**

皇帝権に対する教皇権の優位を確立するため，さらに1054年以降東西に分裂した教会を再び吸収・統合するために教皇にとって絶好の機会でもあったことを生徒に解説します。さらにその後の展開として，教皇インノケンティウス3世がドイツ国王の選任問題に関してオットー4世を，離婚問題でフランス国王フィリップ2世を，カンタベリ大司教選任問題でイングランド国王ジョンをそれぞれ破門するなどしてその権威を高め，教皇権が絶頂を迎えることも生徒に補足します。

　ここまでの学習を終えて，生徒に三度目の，対立の勝者はどちらかの問いを投げかけます。ワークシートにその理由をあわせて記述させましょう。今回は教皇権が絶頂を迎えることから「教皇権」を選択する生徒が多いかと思います。同様にその理由を自身の言葉であらわすことができるかを評価の対象とします。その際，再びその票数を板書し，最初の問いからの票数の変化を確認しましょう。

■歴史をみる視点
　最後に三度の問いを踏まえて，つぎの問いを生徒に投げかけ，ワークシートへ記述させます。
　問4　なぜ問1から問3までの票数に変化があるのだろう？
　いきなり記述させることが難しいようであれば，「問1から問3は，どのような場面・期間で判断していましたか」といった補助的な発問をおこなったり，あるいは一緒に学習内容を振り返ったりしても良いでしょう。問1はカノッサ城の前での場面（1077年）をみて，問2は破門の決定からグレゴリウス7世の死までの展開（76～85年）をみて，そして問3は11世紀末から13世紀初めにかけてのローマ＝カトリック教会の発展をみて記述をしています。「皇帝権」と「教皇権」の対立という事象を考察するにあたって，少しずつ歴史的な視野を広げていたことに気付くことができるかが評価のポイントになるでしょう。

　ここまで「「皇帝権」と「教皇権」の対立の勝者はどちらだろう？」という発

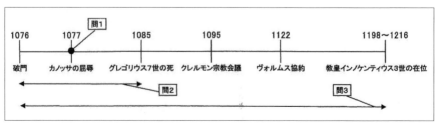

［資料5］問1～3の時間軸を図示したもの

問を軸に授業を展開してきました。生徒は歴史を学習するなかで戦いあるいは対立があると，その一つのできごとや結果だけを取り出して「どちらが勝者か」を判断しがちです。しかし，歴史という連続した時間の経過において，いわゆるミクロな視点のみならずマクロな視点で歴史を捉えることは，重要な技能でしょう。問4への生徒の反応をみると，「それぞれの問いで，どちらが勝者かを判断する時間の幅・長さが違うから」という記述もあれば，単純に「いろいろなできごとがあったから」にとどまる記述もありました。生徒の実態に応じて，**資料5**を図示することで理解が深められるかと思います。問4を通して，歴史的な見方・考え方を考察させ，歴史の学び方を身に付けさせましょう。

■まとめ

　序列やヒエラルキーが重要な中世社会において，絶えず協議をおこない人々の合意を得ることは極めて重要なことでした。合意を得ない支配権は危機に瀕します。近現代とは異なる中世社会の特徴を理解させたいところです。「歴史をみる視点」に関連すれば，絶頂期を迎えた教皇権が十字軍運動の失敗や封建社会の衰退などによって変容していくことについても，当然ながらこれ以降の授業のなかでふれていく必要があるでしょう。

［資料6］「カノッサの屈辱」を描いた絵画

　紙幅の関係で扱えませんでしたが，多くの教科書や資料集に掲載されている**資料6**に関して，「なぜこの場にハインリヒ4世以外の二人の人物がいたのか」という問いは，本稿で扱った政治史的な視点とは異なる，社会史・文化史的な視点から中世ヨーロッパを理解することにつながります。なお，この視点については参考文献にあげた池上俊一『儀礼と象徴の中世』を参考にしてください。

【参考文献】

池上俊一『儀礼と象徴の中世』岩波書店　2008
木村靖二編『新版世界各国史13　ドイツ史』山川出版社　2001
ゲルト・アルトホフ著，柳井尚子訳『中世人と権力——「国家なき時代」のルールと駆引』八坂書房　2004
G・バラクロウ著，藤崎衛訳『中世教皇史』八坂書房　2012

〈宮﨑信伍〉

7

青花の時代
モンゴルが残した東西の文化交流

■はじめに

　13世紀にユーラシア大陸を席巻したモンゴル帝国は，中国の元を筆頭にいくつかの国に分裂しましたが，東西交通路は安定して自由に，また安全に往来することができました。マルコ＝ポーロもこの時期に『世界の記述』に著されているように旅ができたのは，「パクス＝タタリカ（モンゴルの平和）」と呼ばれる安定のためです。人の往来だけでなく，ユーラシア大陸の安定は文化交流の面でも大きな影響を諸方面におよぼしました。本稿では，元代に完成された青花磁器（以下，青花）に焦点をあて，モンゴルによる東西の一体化がもたらした文化交流について考察する1時間の授業を提案します。なお，本授業はモンゴル帝国に関する学習をすでに終えていることを前提としています。

［資料1］　サントス宮殿「磁器の間」の天井（口絵参照）

■サントス宮殿「磁器の間」にみる東西の文化交流

　まず導入として，**資料1**を生徒にみせて，「これは何だろうか？」と生徒に問いかけてみてください（実際にはカラーコピーしたものを提示しています）。最初はよくわからないかもしれませんが，お皿がたくさん並んでいることがだんだんとわかってくるかと思います。

　資料1はポルトガルのリスボンにあるサントス宮殿（現フランス大使館）の「磁器の間」の写真で，天井にたくさんのお皿（約260点）が並べられています。これらのほとんどは青花と呼ばれる陶磁器で，中国・景徳鎮産の輸入品です。元代以後の明・清代のものが中心で，数点，赤・黄・緑で絵付けされたもの（これを五彩磁器と呼びます）があり，アクセントになっています。また，背景には金色のアラベスク文様もみられます。写真ではみづらいかもしれませんが，続けて「天井にお皿はどのようにくっついているのだろうか？」と聞くと，生徒からは接着剤で貼ったとか，埋め込んでいるのでは，などの回答がありました。

　詳細を説明すると，尖塔状の屋根の内部が資料1の様子です。屋根の形状は中世ヨーロッパの教会建築を思い出してもらえるとわかりやすいでしょう。屋根の内部には，いくつも窪みがあり，そこにフックがついていて，すべてのお皿がそれぞれ留められています。この「磁器の間」は狭く，7～8人が入れば，いっぱいになってしまいます。当初は貴婦人たちがパーティーの際に着替えをするために使用した，男子禁制の部屋でした。この部屋はおそらく17世紀半ばにつくられたと考えられています。1981年に天井の調査がおこなわれましたが，皿の裏の埃は1cmもあったそうです。また，ポルトガルということから，お皿の飾り方はイスラーム文化の影響を受けているようにもみえ，隣国スペインのグラナダにあるアルハンブラ宮殿の，アラベスクが連なるハチの巣のような鍾乳石飾り（**資料2**）を連想させます。資料1・2をあわせて生徒に提示して，特徴を見比べさせても良いでしょう。

　それではここで，「なぜ青花はこのように天井に飾られ，また，どのようにポルトガルへもたらされたのだろうか」と発問します。

　当時，青花をはじめとする陶磁器は中国でしか生産されず，東西交易を介してヨーロッパへもたらされたことから，非常に高価なものでした。また，つくられた時期や品質によっても異なります

[資料2] アルハンブラ宮殿「二姉妹の間」（鍾乳石飾り）

モンゴルが残した東西の文化交流　　57

が，青花が完成された元代のものはとくに青色が鮮やかで評価が高く，現代においても非常に価値があるとされています。こうした背景については，生徒の実態にあわせて以下のようにクイズ形式で問いかけても良いでしょう。なお，Ｑ２で紹介したフリードリヒ＝アウグスト１世は，ヨーロッパ最初の磁器であるマイセン磁器の生みの親ともされる人物です。

問　それではクイズです。つぎの三択から答えを一つ選んでみましょう。
　Ｑ１　オスマン帝国は，磁器を（　金　銀　銅　）と同じ価値で取引しました。
　Ｑ２　17世紀後半，ザクセン選帝侯フリードリヒ＝アウグスト１世は，兵士
　　　（　6　60　600　）人と引き換えに，プロイセン王から151個の磁器を得た
　　　と伝えられています。
　Ｑ３　2017年４月，香港のオークションで，日本人が所有していた青花の大椀
　　　１点が，台湾人のコレクターに（　12　22　32　）億円で落札されました。
　　　　　　　　　　　　　　　〈答え　Ｑ１：金　Ｑ２：600人　Ｑ３：32億円〉

　また，ポルトガルはスペインとともに，世界史における「大航海時代」の先駆けとなり，ほかのヨーロッパ諸国よりも早い時期に，磁器を中国から輸入していました。「磁器の間」に飾られた青花は，この宮殿を所有していたポルトガル国王マヌエル１世や，その後に所有者となった貴族（ランカスター家，とくに17世紀後半の当主のホセ＝ルイス＝ランカスター）が収集したものと考えられています。とくにマヌエル１世は，自ら景徳鎮窯に磁器を発注しています。こうしたポルトガルから中国への発注は，16世紀半ばにポルトガルが広州やマカオに貿易の拠点をおいてから増加しているので，この点と関連させて説明しても良いでしょう。

■青花の完成──モンゴルによるユーラシア安定期の文化交流

　続いて，青花の詳細とその成立について説明をおこないます。生徒にはカラーコピーした資料３を提示し，実際の青花の色や模様をよく確認してもらいます。青花は日本では染付と呼ばれます。それは，白い磁器に青い美しい染付（絵）が描かれているからです。また，見た目が藍染に似ているからでもあります。青花の「花」は模様の意味で，植物のほか，魚・鳥・伝説上の竜（中国では皇帝をあらわす場合は五爪の竜）などが描かれました。青花は元の後半期，現在でも窯業で有名な長江中流の景徳鎮で完成されました。その後，一挙に産業化し，明・清

58　　青花の時代

［資料3］青花蓮池魚藻文壺（口絵参照）　［資料4］青花宝相華唐草文盤（同左）

代には全世界へ輸出されていきます。それでは，なぜ元代に青花は完成されたのでしょうか。

　元代の一つ前の宋代，とくに南宋では貴族趣味の文化が流行しました。また喫茶の風習が庶民にまで広がり，これと並行して茶道具をはじめとして，青磁・白磁・青白磁などの小型の優れた陶磁器が景徳鎮を中心につくられました。日本にも当時多くが輸出されています。磁器は割れやすいため，陸路よりも大量かつ安全に運ぶことができる海路によっておもに運搬されました。その点でも，景徳鎮は長江の運河づたいに外海（南シナ海）へ出ることができ，それが同市の発展の一因となったのです。

　さらに13世紀には，モンゴル帝国によって駅伝制（ジャムチ）が整備されて東西交易路が整備されるとともに，その遠征によって西アジアにイル＝ハン国が成立しました。じつは西アジアには当時，陶器はありましたが磁器はありませんでした。中国にしか磁器はなかったのです。

　なお，このように説明しても高校生の場合，陶器と磁器の違いがなかなかわかりにくかったり，イメージしづらかったりするので，簡単な説明を加えても良いでしょう。陶器は粘土質の土を低温で焼成したもので，厚いが割れやすいという特徴をもっています。他方，磁器は石質の土を高温で焼成したもので，薄く，陽にかざすと透き通ってみえるなどガラス質のものです。とくに白磁は，景徳鎮近郊にある高嶺山の土が用いられ，この土はカオリン（高嶺土）と呼ばれます。13世紀頃，白磁は，中国絵画とともに西アジアへ伝来しました。また，中国絵画はイスラームの細密画（ミニアチュール）へ影響をあたえてもいます。

　青花の青色は酸化コバルトの顔料によるものですが，当初，中国では鮮明な青

モンゴルが残した東西の文化交流　　59

色を発色する顔料はあまり知られておらず，また，磁器は絵のない簡素なものが品格があるとして好まれていました。一方，西アジアでは，アラベスク文様やモスク建築にみられるように，青色の模様が好んで用いられていました。ここで，生徒に**資料4**を提示し，その連続模様に注目させて気付くことがないか，問いかけてみましょう。場合によっては，これまでの学習で似たような文様はみかけなかったかとヒントをあたえても良いかもしれません。この回答としては，イスラーム圏のアラベスク文様があげられます。じつのところ，青花の成立には，イスラーム圏の文様構成の影響が指摘されているのです。

また，イラン地域には，青花以前からコバルトの顔料を用いて陶器に絵を描く技法があり，コバルトがイラン・アフガニスタンなどで産出されていました。さらに，元代の青花を分析したところ，それに用いられたコバルトの顔料は，西アジアからもたらされた可能性が高いことがわかっています。

このように説明したうえで，生徒には「これまでの学習を総合して，青花が成立した背景と，そこにモンゴルがはたした役割を，自分の言葉で説明してみよう」と発問して，本授業のまとめへ移ります。ここも，生徒の実態にあわせて以下のように図式化して示しても良いでしょう。

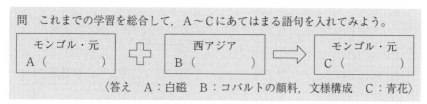

このように元代の青花は，中国の白磁と西アジアのコバルト顔料や文様構成が合わさって完成されたものであり，モンゴルによるユーラシア東西の一体化のもとで成立したともいえます。中国では当時，磁器は絵のないものが好まれたため，青花は輸出用としての役割が強いものでした。そして，多くのイスラーム商人たちが，青花をはじめとする磁器を買い付けに中国へやって来ました。青花は，イスラーム商人によって，「海の道」（これを「陶磁の道」とも呼びます）経由で多数，西アジアに運ばれたのです。現在のエジプト・カイロの郊外にかつてあった都市フスタートは，7世紀に成立した中世イスラーム世界の大都市でした。この都市は12世紀に最盛期をむかえましたが，十字軍やペストなどで都市が荒廃し，放棄されたと考えられています。このフスタートからは，元代以降の青花の破片が多数，20世紀に発掘されており，当時の交易の様子がうかがえます。

またヨーロッパにも，青花は受け入れられていきます。フスタート経由でイタリア半島にもまず，陶器のフィレンツェ焼（メディチ焼）などのかたちで影響をおよぼしていますが，前述したように「大航海時代」の到来によって多くの青花が商船でヨーロッパに運ばれました。とくに17世紀になると，ポルトガル・スペイン，続いて繁栄したオランダを中心に需要が高まり，飲食器のほかに部屋飾りとして，王侯貴族や大商人など富裕層に青花が流行しました。なお，こうした動きはヨーロッパにおける中国趣味（シノワズリ）の一つととらえられています。

■まとめ——青花とオスマン帝国

　現在，世界最大の青花コレクションは，トルコのトプカプ宮殿の美術館に所蔵されている，オスマン帝国時代のものです。多くの大型の青花や，中国からの贈物の可能性も高い新品同様のものも所蔵されています。オスマン帝国では，青花が金・銀・宝石などと同じか，それ以上の価値があるとされていました。また青と白の色鮮やかな青花は，歴代のスルタンに大変好まれました。オスマン帝国を建設したトルコ人の源流がもともとモンゴル高原にあることを考えると，青花から，モンゴルが残した東西の文化交流の名残が垣間見えます。

　以上，青花を軸に東西の文化交流について考察してきました。チンギス＝ハンに始まるモンゴルの征服活動と東西交易路の整備は，東西のユーラシアをネットワークで結ぶ一体化を推進しました。その安定のもとで，さまざまな文化交流がおこなわれたのです。生徒にとってあまりなじみのない磁器かもしれませんが，あえて取り上げることで，身近な生活のなかの歴史を知ってもらいたいと思います。また，今回の授業に際してはワークシートを使用し，それへの生徒の取り組みを評価の対象としました。なお，もう1時間を確保して，日本の伊万里焼やドイツのマイセン焼へとつなげる授業を展開しても良いかもしれません。

【参考文献】
出光美術館編『染付——世界に花咲く青のうつわ』出光美術館　2019
中沢富士雄，長谷川祥子『中国の陶磁8　元・明の青花』平凡社　1995
三杉隆敏『世界・染付の旅』新潮社　1998
弓場紀知『青花の道——中国陶磁器が語る東西交流』日本放送出版協会　2008

〈井上明美〉

高麗の独自の世界観とは？

10〜14世紀における東アジアの国際関係

■はじめに

　907年に唐が滅ぶと，東アジアの各地域で王朝交替が生じ，朝鮮半島では，新羅から高麗へ政権が交替しました。高麗は五代十国の各王朝や宋，そして遼・金・モンゴル（元）と冊封関係を結び，それらの侵攻を受けるなかで外交を通して独自の世界観を築いていきました。日本では平安時代から南北朝時代にあたりますが，高麗と日本の交流は民間レベルでは盛んでも公式な国交はなく，元寇や倭寇により関係が悪化した時代もありました。本稿では，高麗の外交に着目して，高麗が築き上げた東アジア世界のなかでの独自の世界観（これは多元的天下観とも呼ばれます）を学ぶ1時間の授業を提案します。

■導入──高麗の『大蔵経』

　まず授業の導入として，「高麗がモンゴルに攻められた時にしたことは，つぎのうちどれでしょうか？」という簡単な問題を出します。

　①大仏をつくる

　②各地にお寺を建てる

　③木版にお経を彫って印刷する

　正解の③を発表した後，教科書や資料集に掲載されている『大蔵経』の写真を生徒に確認させます。高麗の『大蔵経』は，印刷に使われた経板が8万枚以上であることから「八万大蔵経」とも呼ばれています。このお経は，遼の侵入を受けた際に作成された『初雕大蔵経』と『続蔵経』がモンゴルの侵入で焼失したため，仏の力でモンゴルを撃退しようと新しく作成されたもので，現在，韓国南東部にある海印寺に保管されています。

　高麗は遼やモンゴルなど周辺諸国からの攻撃を受けながらも，国家の独立を維持した歴史をもちます。高麗が周辺諸国とどのような関係を築いていったのか学習するという授業の狙いを生徒に提示したうえで，授業へ入ります。

東アジアの情勢	朝鮮半島
907　唐滅亡　五代十国時代へ	918　王建が高麗を建国
916　遼（契丹）建国	936　高麗が朝鮮半島を統一
960　趙匡胤が宋を建国（979 中国統一）	958　科挙の実施
1115　金（女真）成立	10 世紀末～11 世紀初め　断続的に遼の侵
1125　金が遼を滅ぼす	入を受ける
1126　金が宋の都開封を占領（靖康の変）	
1127　南宋建国	1128　金と冊封関係を結ぶ
12 世紀末　日本で鎌倉幕府が成立	1170　庚寅の乱
1206　モンゴル帝国成立	1196　崔氏政権（～1258）
1234　オゴタイが金を滅ぼす	
1271　フビライが元を建国	1231　モンゴルによる攻撃が始まる
	1259　モンゴルに服属する
1274・81　元の日本遠征（元寇）	
	14 世紀後半～　倭寇の侵入
1336～　日本で南北朝時代が始まる	1392　李成桂が朝鮮王朝を建国

[資料1]　高麗時代の東アジアに関する年表

■高麗時代の東アジア情勢

　まず，高麗が朝鮮半島を統一していた936年から1392年まで，東アジアはどのような情勢にあったのでしょうか。

　生徒に資料1の年表をみせ，高麗の時代には中国や日本がどのような情勢であったかを確認させます。年表のなかの王朝名に線を引かせるのも良いでしょう。中国では五代十国から宋，中国東北地方では渤海を倒した遼から金へと勢力が推移したのち，ユーラシア大陸全体を支配するモンゴル帝国（元）が登場します。宋と同じく高麗もこれらの勢力に苦しんでいましたが，それに抵抗しながら国の独自性を保ちました。また，日本は平安時代から鎌倉時代，南北朝の動乱の時代にあたります。本授業では，遼・日本・モンゴルと高麗の関係を取り上げ，高麗の外交のあり方について考察していきます。

■高麗の遼に対する姿勢にみる自国意識

　高麗は，五代十国時代の後唐・後晋・後漢・後周，宋，遼，元とは冊封関係を結んでいました。つまり，これらの王朝の皇帝に対して臣下の礼をとっていたの

10～14世紀における東アジアの国際関係　63

です。しかし、高麗が遼の皇帝の使節を迎えた際の儀式をみてみると、高麗の遼に対する姿勢の特徴がわかります。つぎの**資料2**は、高麗の王が遼の皇帝の詔勅を伝える使節を迎え入れた際の儀式の様子です。

> （前略）（遼の）使臣、伝命位に就き、南を向き立ち定まる。（高麗の）王、西を向いて皇帝の健康を尋ねる。使臣（遼の使節）は答え、王は喜んで舞い、ついで拝礼する。…（中略）…（勅令を渡す儀礼が終わった後）王は門を出て、拝礼して殿上に入る。使臣も拝礼し、「聖体」と申し上げてまた拝礼をし、…（後略）

[資料2]『高麗史』「礼志」にみえる高麗王が遼の使節を迎え入れる様子

　中国王朝における使節迎接のルールによれば、南面・北面の面位は君臣関係を、東面・西面は賓客と主人の関係をあらわすとされています（図1・2）。これを説明したうえで、「この資料からわかる高麗の遼に対する姿勢は、どのような関係を示すでしょうか？」と問いかけます。

　遼の使節は南を向いて立ち止まった、つまり宗主国である遼から、冊封を受ける高麗に対して皇帝の命令を伝える本来の位置についています。しかしそれに対して高麗の王は、本来とるべき北面ではなく西面をとっています（図3）。つまり遼に対して賓客を迎える主人の面についたということになり、対等の姿勢を示したものであるとわかります。本来、高麗は遼の冊封を受けていて臣従する立場であるにもかかわらず、です。

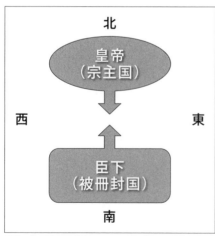

[図1] 君臣関係における面位

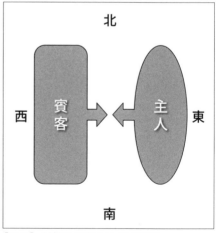

[図2] 対等の関係における面位

また、高麗では国王を皇帝や天子と呼び、王命を聖旨（高麗皇帝の命令）としていました。資料2でも、遼の使節が高麗の王を「聖体」（皇帝に対してと同様の敬称）と呼んでいます。冊封関係を結んではいますが、自国を中国とは別の独自世界の中心とする高麗の外交姿勢（多元的天下観）が資料から読み取れることを、生徒に気付かせます。なお、1125年に金が遼を滅ぼすと、金の強大化を無視できなかった高麗は、今度は金と冊封関係を結びます。

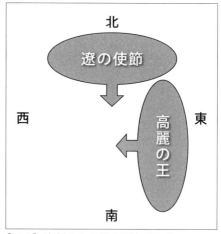

[図3] 資料2から読み取れる面位

■高麗と日本との関係

　つぎに、「日本と高麗はどのような関係にあったのでしょうか？」と問いかけて**資料3**を提示します。日本は8世紀末に新羅と外交関係を断ち、また894年には唐への遣唐使も廃止します。さらに渤海が926年に滅びると、日本は東アジア諸国と公式な交流がない状態となりました。高麗と日本も公式な国交をもつことはありませんでしたが、つぎの資料3にあるような日本人捕虜の送還などを通して、民間レベルでの交流はさかんにおこなわれていました。資料3は1019年、女真族に捕らえられていた日本人捕虜259人が高麗によって救出され、日本の対馬へ送られた際のある女性による報告です。

> 私たちは九州北部や対馬に住んでいた者です。刀伊（女真族）の賊徒に捕らえられ、海賊船に乗せられてから、高麗に向かうまでの海路では大変に恐ろしいことがありました。捕虜とされて20日余りを送った5月中旬のころ、高麗の兵船数百艘が襲来して刀伊の賊徒を撃ちました。私たちは、高麗船に助けられ、…（中略）…介抱されて生き返ることができました。…（中略）…こうした労いについて、高麗の役人は、ひとえに汝らを労うのではなく、ただ日本を尊重するためであるとの仰せでした。（後略）

[資料3] 高麗軍により救出された女性の報告（『小右記』寛仁三〈1019〉年八月三日条裏書）

10〜14世紀における東アジアの国際関係

続いて「資料3を読んで，高麗に対してどのような印象をもちますか？」と生徒に問いかけます。あなたが捕虜にされた家族だったら高麗の人たちのことをどう感じるでしょうか，と考えさせても良いでしょう。資料3からは，高麗軍が捕虜となった日本人を救出し，手厚く保護したことが読み取れます。

　これ以降，対馬と金海府（高麗南部の行政区画）のあいだでは日本商人と高麗商人の往来がいっそうさかんになります。しかし商人の往来が続いても，日本は高麗と公式な外交関係を結びませんでした。ここで「なぜ公式な外交関係が成立しなかったのでしょうか？」と問いかけて自由に考えさせてから，つぎの**資料4**を提示します。

　（高麗の）礼賓省は伏して聖旨（高麗の王の命令）を受けました。聞くところでは，貴国に風疾（リウマチ・痛風など）をよく治す医師がいるそうです。今回，商客の王則貞が故郷の日本に帰る機会に，牒（国書）を託し，あわせて彼に風疾の状況を話しました。請うるに，そちらで優秀な医師を選りすぐって，来年の早春までに送ってきて（皇帝の）風疾を治してください。もし効果があれば，その報酬は軽くないはずであります。

己未年十一月　日牒

[資料4] 高麗が太宰府に送った国書（1079年）（『朝野群載』巻二十，「異国」）

　この文書を受け取った大宰府は太政官へ送付し，そこでの半年間の審議の末に，高麗からの要請である医師の派遣を拒否することが決定されました。「なぜ，日本は拒否したのでしょうか？」と生徒に考えさせます。三つのポイントがあるのですが，この読み取りは難しいので，文中に下線を引くなどのヒントをあたえたほうが良いかもしれません。

　まず一つ目は，「聖旨」という言葉を用いていることです。資料2の解説で学習した「聖旨」の意味を思い出させ，この言葉が皇帝に使われるものであることに生徒が気付いたあとで，改めてなぜ日本が医師の派遣を拒否したのかを考えさせます。そして二つ目は，この文書を王則貞という一介の商人に託したこと，三つ目は年号が干支表記であることです。遼の冊封を受けて臣従しているにもかかわらず，国王の命令に「聖旨」を用い，正式な使節ではない人物に文書をもたせ，遼の年号ではなく干支のみを表記している，という高麗の姿勢を，日本は受け入れなかったのです。高麗のこのような日本に対する姿勢は，資料2で読み取れた高麗の外交姿勢（多元的天下観）を日本に向けて示したものといえます。自国を

中国とは別の独自世界の中心と考え，日本を対等または下位の国として認識している高麗に対し，日本は医師の派遣を拒否し，正式な国交を結ばなかったのでした。国家間の儀礼上の問題で，極めて政治的な理由が原因であったことがうかがえます。

　しかしその後，安定した日宋貿易をめざす平氏政権の思惑を背景に，12世紀後半には公式な関係といえる進奉関係が高麗と日本のあいだに成立します。進奉関係とは，朝貢の形式をとって来着した商船に対して高麗が回賜するというものです。対馬島主に高麗が官職をあたえ，特別に待遇して客館で貿易をさせていました。のちに対馬の進奉船を1年に1回・2隻にするという制限もありましたが，大宰府が高麗との貿易を監督することを，平氏政権やその後の鎌倉幕府も認めていました。

■モンゴルと高麗・日本との関係

　12世紀後半，公式な貿易関係が成立した高麗と日本ですが，この友好的な関係を悪化させるできごとがおこります。生徒に，「高麗と日本の関係悪化の原因を，年表（資料1）から探してみましょう」と問いかけます。一つ目が，日本遠征（元寇）です。1216年にモンゴルが契丹族を追って高麗に侵入した際，高麗はモンゴルと，両国を「兄弟」とする関係を結びます。しかし，25年にモンゴルの使者が帰国途中に殺害されて関係が悪化し，31年からモンゴルの高麗への攻撃が始まりました。当時の崔氏政権は開京から江華島に遷都し，約40年にわたって抗戦を続けます。長年の戦争で国土は荒廃し，政権内部ではモンゴルとの講和を主張する講和派が台頭しました。ついに58年，講和派の官僚が崔氏政権を倒して国王に元宗が就き，翌59年モンゴルと講和して首都を開京に戻しました。こうして，高麗はモンゴルに服属することになるのです。

　またこの講和に反対し，モンゴルへの抗戦を主張しつづけた人々がいます。崔氏政権のもとで編成された軍隊である三別抄です。彼らは日本へ文書を送り，一緒にモンゴルと戦うことを提案しますが，日本はこの提案を無視してしまいます。なぜかというと，日本は当時の高麗の状況をよく把握できていなかったからです。結局，三別抄による抗戦はモンゴルと高麗の連合軍により平定され，モンゴルは高麗に協力させて日本へ朝貢を要請しました。しかし日本は受け入れず，1271年には元の日本遠征が始まります。高麗は前線基地となり，数万におよぶ徴兵，900隻もの造船など多大な負担に苦しみます。日本は高麗を，元と同じように日

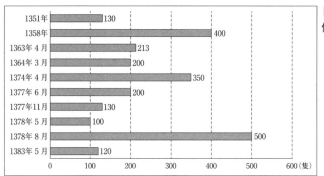

[資料5] 高麗末期の倭寇の規模（船舶数）

本を侵略しようとする国家として認識したのだ，ということを生徒に説明します。

関係悪化の二つ目の原因は，倭寇です。**資料5**をみせ，14世紀後半は倭寇による侵略が多かったことを説明します。高麗は倭寇の取り締まりを日本に求め，使節を送りますが，南北朝の動乱の時代にあった幕府は倭寇を統制できませんでした。生徒には，なぜ幕府は統制することができなかったのか，あるいは当時の日本はどのような時代だっただろうかと問いかけてみましょう。倭寇は租税として納められた米を運搬する船を襲撃したり，人々を捕虜にして労働力として売り払ったりしたので，倭寇の侵入は高麗の国家財政が破綻するおもな原因の一つとなりました。なお，倭寇鎮圧の過程で台頭した武将の一人が，のちに朝鮮王朝を建国する李成桂です。

■まとめ

自国を中国とは別の独自世界の中心とする高麗の外交姿勢（多元的天下観）を生徒に理解させ，たびかさなる侵攻のなかでも高麗が維持しつづけた独自性に気付かせることが，本授業の目的です。また，こうした高麗時代の外交のあり方を知ることは，高麗を中国の「周辺」としてではなく，主体的な国家としてとらえることにもつながります。

今回の授業は高麗の外交に着目しましたが，高麗では両班体制の基礎が確立し，新羅時代に始まった科挙もこの時代に整備されました。それらは朝鮮王朝にも引き継がれていきます。また，『大蔵経』の存在に示されるように仏教を精神的支柱としていた高麗でしたが，科挙に合格した儒教的教養をもつ新勢力が台頭した時代でもありました。このように政治・社会面から高麗を学習するのも，その後の朝鮮王朝時代につながって興味深いと思います。また本授業の展開例としては，

政治・社会面について，高麗時代と朝鮮王朝時代ではどのようなつながり，または変化があるのかを，生徒に比較させてみるのも良いでしょう。

　中国との関わりのなかで取り上げることが多い朝鮮史ですが，こうした授業を通して朝鮮の独自性に目を向けることも，東アジアを生きる日本の高校生にとって必要ではないかと考えます。

【参考文献】

徐毅植・安智源・李元淳・鄭在貞著，君島和彦・國分麻里・山崎雅稔訳『日韓でいっしょに読みたい韓国史──未来に開かれた共通の歴史認識に向けて』明石書店　2014

歴史教育研究会（日本）・歴史教科書研究会（韓国）編『日韓歴史共通教材　日韓交流の歴史──先史から現代まで』明石書店　2007

〈山口彩実〉

紙幣に刻まれた「輝かしき」歴史

ポルトガルの「大航海時代」

■はじめに

　「世界史探究」の授業をどこから始めるか。「世界の一体化」の先駆けとなる「大航海時代」は，世界史の「授業開き」の有力候補の一つでしょう。ある国のできごとが，距離的には大きく離れた世界を激変させる。そんなダイナミックな動きが世界史の魅力です。その魅力を実感し，世界史を好きになってほしい。生徒の五感を刺激して，生徒自らが「何だろう」「どうしてだろう」と考えることができるような2時間の授業を紹介します。「大航海時代」には，生徒自身が触り，感じ，考えるなかで，「世界史」を実感できる教材がたくさんあります。

■紙幣をめぐるアクティブ・ラーニング

　1時間目は最初に，「今日はグループ学習から始めます」と生徒に伝え，1班4人のグループで，話し合いができるように机を動かします。生徒全員にある紙幣の表・裏のコピー（**資料1**）とワークシート（**資料2**）を配布し，あらかじめ，紙幣からは「銀行名」と「人物名」を消してあることを伝えます。最初に，紙幣の表と裏に何が書かれているか，なるべく多くワークシートに書き込んでもらいます。表面では，大きく描かれている肖像だけでなく，肖像の顔立ちや身につけている物，肖像の左やその背景に描かれている物，文字，数字にも注目させます。裏面では「船」というだけでなく，どんな特徴をもつ船なのか，気付いたことを書き込ませます。裏面に描かれている植物は何なのかという点や，その左に描かれている人々の顔立ちや服装にもヒントがあるでしょう。班員同士で意見を出し合わせて，気付かなかったものがあれば，書き加えさせます。

　描かれているものの記入がすんだら，それをヒントに班で話し合わせて，①この紙幣を発行したのはどこの国か，②この紙幣の肖像はだれかを，なぜそう考えたのかという理由とともにワークシートに書いてもらいます。スマートフォンの使用を認めると，キーワード検索の優劣が結果に直結するので，参考にして良い

[資料1] ポルトガル紙幣・5000エスクード（ヴァスコ＝ダ＝ガマの肖像，口絵参照）　上の白色の枠は，紙幣に印刷された銀行名・人物名を消していることを示す。

のは教科書と資料集だけにします。

　時間を区切り，各班で出席番号の一番早い者を班の代表にするなどして，黒板に班としての予想①・②を書き出させます。さらに，ほかの班の発表を聞きながら，ワークシートの③に，説得力があると思った内容を記入させます。時間があれば，質疑応答をおこなって，クラスとしての結論をまとめさせても良いかもしれません。

■生徒たちはどのように予想をはずしたか

　実際に4クラスでこの授業を実践したところ，40の班のうち，ポルトガルとヴァスコ＝ダ＝ガマの両方とも的中させた班は三つだけでした。国名だけあてたのが1班（人物名はマゼラン），人物だけあてたのが3班（国名はイギリスとブラ

ポルトガルの「大航海時代」　71

		年 組
班のメンバー（		）
表に書いてあるもの	例：十字架をつけ，帽子をかぶったヒゲのおじさん 十字架の書かれたメダル？ 5000の数字 5の数字とローマ字風の文字 サイン	
裏に書いてあるもの	例：十字架の書かれた帆を張った帆船（キャラック船） 実のある植物（胡椒） 王冠と旗のようなもの 従者を従えた王様風の人と，手を握ろうとする人	
①紙幣発行国の予想	例：ポルトガル	
なぜそう考えたか	例：大航海時代に使われた帆船が描かれている 胡椒を大航海で手にしたのはポルトガルだった	
②肖像の人物の予想	例：ヴァスコ＝ダ＝ガマ	
なぜそう考えたか	例：インド航路を切り開き，胡椒をポルトガルに持ち帰り，莫大な利益を得たのはガマだったから	
③他の班の発表を聞いて説得力があると思ったこと		

[資料2] ワークシート例

ジル）と，予想を大きく裏切る結果になりました。

　帆船や挿絵から，ヨーロッパの国と予測した班は17班ありました。しかし，ポルトガルにはたどりつきませんでした。ポルトガルが歴史上注目をあびるのは「大航海時代」だけなので，中学校の知識があるはずとはいえ，やはりイギリスやイタリアに比べると，知名度が低かったようです。

　また国名をブラジルとした班が，40班のうち，16班と最多でした。理由は紙幣表面に残る「文字」の読み取りの間違いです。資料1の表面・中央下に「LISBOA 5 DE JANEIRO DE 1995」という表記があります。じつは「LISBOA」がポルトガルの首都リスボンのことだとわかれば，正解にたどりつけます。しかし，「リスボア」では生徒はわかりません。「1995」という数字が「西暦」だと予測できれば，紙幣の発行年と気付いたかもしれません。「JANEIRO」とはポルトガル語で1月を指す単語ですので，「LISBOA 5 DE JANEIRO DE 1995」は，「リスボン　1995年1月5日」という発行地と発行年月日を示す表記となります。日本の紙幣には発行地も発行年月日も入れないので，難しかったかもしれません。

　一方，生徒が着目したのは「DE JANEIRO」の部分で，多くの生徒が関連付

けたのが「リオ・デ・ジャネイロ」でした。その結果，発行国をブラジルとした
班が続出することになりました。「リオ」とは川をあらわすので，「リオ・デ・ジ
ャネイロ」は「1月（に発見した）川」を意味します。ブラジル探検の際にポル
トガル人が命名したものです。ブラジルで使われている言語がポルトガル語であ
るという知識があれば，ここからポルトガルを導くこともできたかもしれません。
　「ブラジル」説では，肖像の風貌が誤答を後押ししてしまいました。描かれて
いる人物が「黒人」だというのです。ブラジルには黒人も多く住むと生徒たちは
知っており，肖像からみても「ブラジル」で間違いないという結論にいたりまし
た。また，裏面の植物に注目したいくつかの班では「赤い実はコーヒーの実だ」
ということになり，逆に「ブラジル」説を決定付けてしまいました。
　教科書や資料集の多くには，赤い実をつけた胡椒の写真が掲載されています。
これをみつけられれば，帆船が意味する「大航海時代」と結び付けて，正解にた
どりつけたはずです。しかし，熱帯性植物の胡椒から，アジアの国の紙幣だと予
測した班もありました。十字架からキリスト教の国と考え，結論は「フィリピ
ン」でした。筋の通った答えであるだけに，惜しい間違いです。ただ，「なぜそ
う考えたか」の欄を読むと，どの班もそれなりに合理性のある考えをしているこ
とがわかり，生徒にも教員にも「おもしろい」授業になりました。

■ポルトガル紙幣に描かれた人々

　それでは，このヴァスコ゠ダ゠ガマの肖像の紙幣と同じ時期に使用されたほか
のポルトガル紙幣には，どのような人物が描かれているのでしょうか。
　このシリーズの紙幣は1995年から発行され，ポルトガルがユーロを導入し，ポ
ルトガル独自の通貨「エスクード」が廃止されるまで使用されました。額面の低
いほうから，500エスクードがジョアン゠デ゠バロス（航海記をまとめた歴史学
者），1000エスクードがペドロ゠アルヴァレス゠カブラル（ブラジルを「発見」
した航海者），2000エスクード（口絵参照）がバルトロメウ゠ディアス（喜望峰
に到達した航海者），資料1の5000エスクードがヴァスコ゠ダ゠ガマ（インドに
到達した航海者）です。歴史を教える教員にとっては，歴史記録者も含まれてい
るのが嬉しいところでしょう。カブラル，ディアス，ガマの3人は教科書にほぼ
掲載されている人物です。紙幣を時代順に並べ替えれば，「裏面に描かれた帆船」
も含め，そのままポルトガルの大航海の展開をたどることができます。そこで，
最高額10000エスクード紙幣に描かれていたのはいったいだれか，生徒に予想し

ポルトガルの「大航海時代」　**73**

てもらいましょう。教科書の「大航海時代」のページを開かせれば，だれかが正解の「エンリケ航海王子」を答えてくれるでしょう。それではなぜ，エンリケが最高額なのでしょうか。続いて，エンリケについて補足説明します。

　ポルトガルの大航海は，エンリケ航海王子によって始まったといっても過言ではありません。10000エスクード紙幣の表面には，「王子」というには不釣り合いなエンリケの晩年の肖像と王家の紋章，裏面には大航海が始まったころに主流だった三角帆のカラベル船が描かれています。

　エンリケは兄が早世してしまったため，兄の息子である国王アフォンソ5世を，叔父として支え続けました。「航海王子（ナビゲーター）」と呼ばれたエンリケはまず，ポルトガル南西端のサン＝ヴィセンテ岬に「王子の村」を建設します。ここに造船所や気象台，航海術や地図製作を学ぶための学校をつくり，航海者を養成したのです。エンリケ自身は船酔いがひどかったため，航海には出なかったといわれていますが，彼の援助によってマデイラ諸島やアゾレス諸島が「発見」され（両諸島は現在もポルトガル領），西アフリカの探検が進められました。1444年，バルトロメウ＝ディアスの父，ディニス＝ディアスがアフリカ最西端のヴェルデ岬に到達します。世界史教科書で息子がフルネームで表記されるのは，父と区別する必要があるからです。

　さらに1450年代には，カーボヴェルデ諸島が「発見」され，ポルトガル領（現カーボヴェルデ共和国）とされます。西アフリカ探検は1460年，現在のシエラレオネに達しましたが，その年，エンリケは「王子の村」で66年の生涯を閉じました。バルトロメウ＝ディアスによる喜望峰到達は，その28年後のことでした。

　1960年，エンリケの没後500年を記念して，リスボン市内のテージョ川河畔に「発見のモニュメント」が建設されました。その先頭に立つのは三角帆の3本マストをもつカラベル船を手にするエンリケ航海王子です。そのうしろには，左右2列に航海者や地図製作者，記録を残した歴史家や神父たちが続きます。そのような人々を先導したエンリケこそ，のちのポルトガルの繁栄の案内人（ナビゲーター）だと考えられているのです。

■ディアスの喜望峰到達

　さらにディアスについても補足します。エンリケの死から27年後，バルトロメウ＝ディアスにポルトガル国王ジョアン2世から航海の命がくだります。ディアスはカラベル船2隻を率いて，アフリカ南端への到達をめざし，1487年にリスボ

ンを出航します。しかし翌88年，南端近くで嵐に遭い，漂流してしまいました。しかし，船が流されたことが幸いし，アガラス岬（地理上のアフリカ南端）をまわって，インド洋に面した湾に上陸しました。ディアスはこの回航でインドへの航路の見通しをつけ，その帰途，嵐に見舞われた場所に岬を確認します。国王へは，自分の体験からその岬を「嵐の岬」と報告しましたが，インドへの道を開くという成果に喜んだジョアン2世が「喜望峰」と名を変えさせたのです。

　ディアスは，その後のヴァスコ＝ダ＝ガマの航海で西アフリカのヴェルデ岬までナビゲーターを務め，さらにカブラルの遠征隊でもナビを務めてブラジル「発見」に立ち会います。しかし，その後，自分のみつけた喜望峰付近で嵐に遭い，海難死してしまいました。ディアスにとってはやはり「嵐の岬」だったわけです。ここまでを1時間目とします。

■ 2時間目は「香辛料セット」を配ることから

　2時間目の授業準備として，生徒の人数分の「香辛料セット」をつくります。小さく切ったわら半紙を四つ折にし，そのなかに香辛料3点セットを入れて，ホッチキスで閉じます。香辛料3点セットとは，白胡椒の実，黒胡椒の実，そしてクローヴ（丁子）です。もう一度，資料1の裏面をみてください。中央に，赤い実をつけた胡椒の木が描かれています。ポルトガルがインドをめざしたのは，この胡椒の獲得が大きな目的でした。

　ツル性植物である胡椒の実は，熟すにつれ，緑から赤にその色を変化させていきます。実物のポルトガル紙幣では胡椒の実はすべて赤で着色され，完熟した状態が表現されています。この赤い実を収穫した後，乾燥させ，さらに水につけて外皮をやわらかくして取り除いたものが，白胡椒の実（ホワイト・ペッパー）です。日本の食卓にのぼる「胡椒」は，これを粉に挽いたものです。これに対して，胡椒の実がまだ完全に熟せず，緑色の段階で収穫し，外皮を残したまま乾燥させたものが黒胡椒の実（ブラック・ペッパー）です。黒胡椒の方が皮ごと挽くので，香りが高く辛味も強いため，肉料理に合うといわれています。

[資料3] クローヴ（丁子）

　そしてクローヴ（**資料3**）は，高さ4〜7mになる熱帯常緑樹の花のつぼみを乾燥させた香辛料です。木の枝先に

ポルトガルの「大航海時代」　75

集まる花のつぼみがまだ緑色の状態で収穫し、天日干しすると、その可憐な姿からは想像できない、独特の香りが漂うクローヴになります。日本でも大きなスーパーなどで、粉に挽く前の乾燥させたつぼみの状態のものを買うことができます。生徒たちはその香りにびっくりし、教室は騒然とするでしょう。さらにもっと強力に香る粉に挽いたクローヴも回覧します。クローヴの香りは香辛料というより漢方薬です。殺菌・防腐だけでなく、鎮痛の効果もあったため、古くから薬としても使われてきました。しかし、当時はその特産地がモルッカ諸島であったことは、秘密とされていました。

　3点セットは家で料理にも使えるので、持ち帰ってもらいます。さらにナツメグの実や粉、シナモンの皮などを回覧し、その香りを比べてもらいましょう。

　香辛料は、生産地では安価でしたが、ムスリム商人を中心とした多くの人々の手をへてヨーロッパに運ばれるまでには、価格は大きく跳ね上がっていました。冬の前に家畜を殺し、ハム・ソーセージ・ベーコンなどの保存食をつくるヨーロッパの人々にとっては、防腐や匂い消しに効果の大きい香辛料は必需品でした。ガマが持ち帰った香辛料は航海の費用の60倍の利益をあげたと記録されています。

■ガマのインド航路発見

　それでは、ガマのおこなった航海とは、どのようなものだったのでしょうか。もう一度、資料1の紙幣を生徒にみせましょう。肖像の横には十字架が描かれた大メダル、その下に航海で使われた天球儀が描かれています。天球儀は大航海時代を牽引したポルトガルの象徴として、1911年に制定された現在の国旗にも描かれています。黒板にポルトガル国旗を掲示しましょう（**資料4**）。

　ガマは、マヌエル1世（ジョアン2世の後継者）のインド航路開拓の命を受け、2隻のキャラック船、2隻のカラベル船を率いて1497年7月にリスボンを出航します。キャラック船とはカラベル船よりも大型の帆船で、これがさらに発展したものがガレオン船と呼ばれます。船舶も大航海とともに改良され、大型化していきました。資料1の裏面には、ガマの乗ったキャラック船が描かれています。

　ガマの率いた4隻の船は喜望峰をまわり、東アフリカを北上してムスリム商人の商業圏に入りました。モザンビーク島やモンバサでは、地

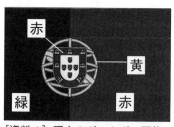

［資料4］現在のポルトガル国旗

元の商人たちと紛争になりますが，つぎに寄航したマリンディの王は，イブン＝マージドというナビゲーターをガマに世話してくれました。マージドみずからが舵を取ったガマの艦隊は，1カ月あまりの航海ののち，1498年5月にインド西岸のカリカット（インドの綿織物キャラコの語源になる街）に到達したのでした。

ガマは，カリカットで買い入れた香辛料や，ムスリムの商船から奪った香辛料を積んで，東アフリカのザンジバル経由で帰途につき，1499年9月にリスボンに帰着しました。資料1の裏面左には，マヌエル1世に謁見し，航海の報告をするガマの姿が描かれています。彼はこの功績により，伯爵の称号を授かりました。

さらにポルトガルは，クローヴの生産地を求めてマラッカなど東南アジアに勢力を伸ばし，ついに1512年モルッカ諸島に到達し，15年にはその南方のティモール島に交易所を開きました。そこが現在の東ティモールの首都ディリになります。小さなティモール島が今なお東西に分かれているのは，ポルトガルが，後からこの地にやってきたオランダと激しい勢力争いを繰り返した結果なのです。

■まとめ──ポルトガルによる日本の「発見」

前述したリスボンの「発見のモニュメント」にのぼると，広場に大きく描かれた「発見の世界地図」を見下ろすことができます。喜望峰やカリカットの「発見」と並んで，日本近海にはポルトガルが日本を「発見」した年代が1541年と書かれています。広く知られた鉄砲伝来の2年前，ポルトガル船は豊後（現在の大分県）に漂着し，領主の大友宗麟にカボチャを献上しているのです。

日本が「発見」されたのはいつか。この問いかけに，生徒は違和感をもちます。「アメリカの発見」という言葉は素通りしても，日本の「発見」には，「日本（非ヨーロッパ世界）を自国と対等にはみなさない」という考え方を感じるからです。この考えは「暴力的な」インド洋貿易の独占を生みました。しかし，軍事力で手に入れたものは，やがて遅れてやってきた「同じ考え方」のオランダやイギリスの軍事力によって失われることになるのです。

【参考文献】

Colin R., II Bruce and George S.Cuhaj（eds.），*Standard Catalog of Wold Paper Money: Moden Issues 1961-1998*, Vol. 3, Krause publication, 1998.

〈棚澤文貴〉

三つの三美神から「ルネサンス」を読み解こう
ルネサンス前後のヨーロッパ社会と思想

■はじめに

　世界史の資料集の「ルネサンス」に関するページを開いたとき，古代・中世・ルネサンス期の三つの絵画の比較（**資料1**）を，一度は目にしたことがあるのではないでしょうか。この比較は，ルネサンス期の美術作品を読み解く導入として用いられています。そもそも言葉のみでは抽象的な理解にとどまりかねない「ルネサンス」という概念を，同じ三美神という主題を描いた古代・中世のものと比較することで，その特徴を可視化し，感覚的にもとらえやすくするためのものだと思います。

　しかし，資料1（とりわけ古代・中世の二つ）は，多くの資料集で取り上げられていながらも，授業の際に教師が説明・補足を加えるうえで必要な，個々の解説があまりありません。授業で活用したいと思いながらも省いたり，簡単に提示したりするだけで終わってしまいがちです。本稿では，それぞれの絵画にみられる特徴を確認したうえで，どのような経緯からヨーロッパにおける「ルネサンス」の思想・運動が発展したのかという点に焦点をあてた，1時間の授業を提案します。また，それらを理解するために，中世ヨーロッパからルネサンス期における社会の変容についてもふれていきます。なお，本授業案は，中世ヨーロッパに関する学習をすでにおこなっていることを前提としています。

■三つの三美神の比較から，「ルネサンス」の本質を考える

　ルネサンスの意味は，もちろん「復活」「再生」です。これを生徒に印象付けるために Renaissance（フランス語）のスペルを提示して，「re で始まる英語の動詞をあげてみよう」と問いかけてみてください。replay や recycle などの回答が生徒からあがったところで，「re が頭につく言葉は繰り返し，再生の意味をもつ動詞です。Renaissance もそうだとすると，何の再生でしょうか？」と続けると，本授業を通してルネサンスの本質に気がつく生徒もいることでしょう。

78　三つの三美神から「ルネサンス」を読み解こう

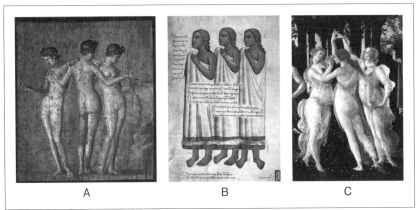

[資料１] 古代・中世・ルネサンス期の三美神の比較

問１　資料１の３枚の絵画を，描かれた順番に並べてみよう。また絵画を比較し，それぞれの特徴をワークシートに書き出してみよう。

　「３枚を古い順に並べてみよう」と発問すると，「B，A，Cの順かな？」とか「絶対Bが一番古い！」と，意外にも多くの生徒がうまくひっかかってくれました。正解はA（１世紀・古代ローマのフレスコ画）→B（14世紀・中世の写本）→C（15世紀・ボッティチェリ「春」）となります。続いて，なぜBが古いと思ったのかきいてみると「絵が下手だから」という答えが返ってきました。この回答を起点として，「なぜBは下手にみえるの？」とつぎの問いにつなげます。そうしてA～Cの特徴を生徒に答えさせると，以下のようになりました。

> A：３人とも裸。違う方向を向いている。人間の女性らしい。リアル。
> B：３人とも同じ方向を向いている。布を着ている。性別がわからない。
> C：Aに似ている。服とはいえない何かを身につけている。動きがある。

　ここで，それぞれが描かれた時代を提示し，「ルネサンス」の意味を改めて確認して，「C（ルネサンス）はA（古代）の再生である」ことを理解させます。

■「古代」の三美神とギリシア・ローマの文化
　それでは，Aの三美神は古代ローマにおいてどのような位置付けだったのでしょうか。古代ヨーロッパ文化の萌芽であるギリシアでは，「オリンポス十二神」を中心とする神々が信仰されました。Aに描かれている三美神は，そのうちの

「輝き・喜び・花の盛り（繁栄）」をあらわす女神です。Aの三美神はイタリアのポンペイで出土した1世紀のもので，多くの資料集でも同じものが掲載されています。なかには「ローマのものなのになぜギリシア神話なのか」と疑問をもつ生徒もいるので，その背景を説明しましょう。これはのちにギリシア圏を支配するローマが，ギリシアの高度な精神文化や独創性をそのまま受け入れた（模倣したともいえる）ことを理由としています。狼に育てられたロムルスとレムスが紀元前8世紀半ばにローマ市を建国したという建国伝説が有名ですが，ローマでは，そのようなローマ独自の伝説とギリシア神話が融合されていきました。ローマの人々は，ギリシア語のゼウスをラテン語のユピテル，同じくヘラをユノーといったように，ギリシアの神々をラテン語で呼び，ローマの神々として定着させました。

　つぎに，Aの三美神の特徴について説明します。これは先述した生徒の答えを参考にすると良いと思います。どれもみたままの感想ですが，まさに古代ギリシアの美術の特徴は「人間らしい」ことです。また，それはギリシアの神々の人間的な性格や感性にもあらわれています。例えば，さまざまな女性（の神や人間）と浮気してしまうゼウスのエピソードなど有名なものも多いので，おもしろそうなものを生徒に紹介しても良いでしょう。

■「中世」の三美神とヨーロッパ中世美術の特徴

　続いて，Bの三美神についてみていきます。まず大前提として，ヨーロッパにおける「中世」とはいつ頃を示すのか，生徒に発問してみてください。そもそもヨーロッパにおける時代区分としての「中世」という概念は，ルネサンス期に成立しました。古典文化の時代と，古典文化の「復活」をめざしたルネサンス期のあいだの時代（つまり二つの「中」間の時代）という意味です。具体的には，西ローマ帝国が滅亡した476年からビザンツ帝国が滅亡した1453年あたりを指します。言い換えれば，古代ローマ帝国が崩壊し，大移動をおこなったゲルマン人の文化が浸透するとともに，東方文化やキリスト教の要素が広がった時代ということにもなります。Aの三美神と比較すると，Bは明らかに特徴が異なります。これも先述した生徒の答えを参考にすると，ほかと共通する点は「3人いること」くらいで，あとはほぼAのものと対照的な特徴をもっていることが確認できます。

　それでは，Bの三美神はどのような意図をもって描かれたのでしょうか。多くの資料集の解説には「写本の挿絵」とのみありますが，Bの三美神は，14世紀前

半にトスカーナ地方で描かれた装飾写本 Carmina Regia（大英図書館蔵）の挿絵です。

　この Carmina Regia は，14世紀前半にナポリ王であったアンジュー家出身のロベルト1世に贈られた詩歌集で，そこには詩歌とともに，古典神話を題材とした数々のきらびやかな装飾がほどこされています。また，Carmina Regia は大英図書館のホームページで参照することが可能ですので，一見をお薦めします。

　さて，問1で「Bの絵は下手だ」と感想をもった生徒がいましたが，おそらく，ほかの中世の美術作品をみても生徒は同じような感想をもつことでしょう。なぜBをはじめとする中世の美術作品がこのように描かれているのかについては，説明が必要です。

　まず，中世ヨーロッパの美術の特徴を説明するために，生徒に「中世ヨーロッパの文化で中心となったものは何だろうか」と問いかけてみてください。難しいようならば，教科書や資料集の中世ヨーロッパ文化のページを開かせて，学問分野や美術作品の題材，あるいは教会建築などから類推させても良いかもしれません。その多くが，キリスト教に関連するものであることがわかるかと思います。

　このように，中世ヨーロッパの文化の中心はキリスト教でしたので，当然，美術もその影響を受けました。もちろん時期や地域によって詳細は異なりますが，その大きな特徴として，古代ギリシア・ローマのような写実性を求めず，あえて装飾的・象徴的な表現を用いたことがあげられます。

　その背景としては，当初キリスト教では，神聖なものは視覚的・感覚的には描けないとされていたことから象徴的な表現が生み出されていったことや，中世においては文字を読めない人々も多く，そうした人々へ，イエスや神などの信仰の対象や，聖書の内容といった抽象的な概念を，このような視覚的な表現を用いて理解させる必要があったことなどがあげられます。そのため，現代の私たちにとっては異質で「下手」なものにみえてしまうのです。

　この観点を生徒に説明してから，Bの三美神に再び注目させてみてください。そして，「最初にみたイメージと，説明を聞いた後のイメージとを比べて何か気付いたことがありますか？」と生徒に問いかけてみましょう。改めてみてみると，Aの三美神は人間に寄せられ，立体的で写実的な描写がなされていますが，Bの三美神に女性らしい身体の曲線や柔らかな表情は無く，どこか不自然な描写になっていることがわかります。

ルネサンス前後のヨーロッパ社会と思想　**81**

■「ルネサンス」へといたる歴史的背景

> 問2　最初の問いで「C（ルネサンス）はA（古代）の再生である」ことを確認しましたが，BからCへの描写の変化はどのようなできごとがきっかけだったのでしょうか。その時代背景から考えてみましょう。

　ここで班ごとでも，ペアワークでも良いので，この問いを生徒に考えさせてみてください。中世ヨーロッパの範囲をすでに学習しているならば，以下のようなヒントでひらめく生徒もいると思います。

　　・ローマ教皇の権威が低下していくきっかけになったできごととは？

　　・ギリシア・ローマの文化がヨーロッパで注目されはじめたのはいつ頃？

　　・14世紀半ばにヨーロッパで大流行した病気とは？

　一般的に中世においてキリスト教会（とくにローマ＝カトリック）の権威が最大であるのは，1096年から始まる十字軍遠征の時期であるとされます（12世紀末〜13世紀初めの教皇インノケンティウス3世による「教皇は太陽，皇帝は月」という言葉が有名です）。しかし，十字軍遠征は13世紀後半を最後に最終的に失敗し，教皇の権威は揺らぎはじめ，かわって遠征を指揮した国王の権威が高まりました。

　一方，十字軍の輸送によりイタリアの諸都市は繁栄し，地中海貿易による東方との交易が再び盛んになりました。ヒトとモノの交流が活発になるとともに，東方の先進文化圏であるビザンツ帝国やイスラーム世界から文物が流入しましたが，そこにはかつてヨーロッパから伝播し，こうした文化圏で保持されていたギリシアやローマの文化が含まれていたのです。生徒にはこうした文化圏のつながりについても注目するよう，補足しましょう。

　また，都市や商業の発達は都市における自治を促し，それを担当する自治組織も整備されていきましたが，こうした動きのなかから，フィレンツェのメディチ家といった，神聖ローマ皇帝やローマ教皇へ影響をあたえるような富豪も登場しました。

　他方，ヨーロッパを不安定にさせたのは，14世紀半ばのペスト（黒死病）の大流行でした。人口の約3分の1を死亡させたこの疫病は，「病をなおす」と信じられていた教皇や皇帝をも等しく襲ったのです。

　こうした状況を背景に，再びヨーロッパへもたらされたギリシア・ローマの文化の研究を通して，かつて重視された人間らしさや理性を見直す思想として，人文主義（ヒューマニズム）が生まれました。そして，教皇や富豪といった保護者

（パトロン）の援助のもとで，この思想を基礎とするルネサンスの文化運動が花開いたのです。ただし，この運動は中世の文化を引き継ぐ面をもっていたことも補足が必要です。

■ルネサンス絵画の特徴と，画家を支えた存在

問1で確認した通り，C（ルネサンス）はA（古代）の再生をめざしたものでした。ルネサンス期の画家たちは中世の文化に立脚しつつも，ギリシア・ローマの文化を参考として，新しい芸術作品を生み出していったのです。

Cの三美神は，ボッティチェリによって1482年頃に制作された「春」（資料2）の一部です。三美神の構図や躍動感のある描写は，中世のそれとはまったく異なり，古代の描写を意識しているようにみえます。また，Cの絵画全体の主題は，古代ギリシア神話に登場する神々，とくに女神です。「ルネサンス」の本質に照らし合わせるならば，この作品は絵の描写はもちろん，その主題までもが古代ギリシア神話であり，まさにルネサンスの「春」ともいえるものでしょう。また，中央に描かれているのが女神ヴィーナスです。資料集などにこの絵のカラー版がもしあれば，生徒にヴィーナスの描写について注目させてみてください。

ヴィーナスのまとっているマントの色が，外側が青，内側が赤になっているこ

［資料2］ ボッティチェリ「春」

ルネサンス前後のヨーロッパ社会と思想　83

［資料3］ラファエロ「鶸の聖母」

とがわかります。この配色を特徴とするのは，じつはキリスト教の聖母マリアです。さらに腹部をよくみると，赤子を身ごもっているかのような膨らみをしています。まるでギリシア神話のヴィーナスを，イエスを受胎した聖母マリアに見立てたかのように思わせる描写となっているのです。このようにキリスト教的な要素を含む点が，ルネサンスが中世文化の連続にあるとされる理由です（ただし，この見方については，研究者の意見が分かれています。生徒に紹介する程度で良いでしょう）。

また，ボッティチェリをはじめとするルネサンス期の画家は，先述のメディチ家などの富豪やローマ教皇，イタリア以外では国王といった，保護者（パトロン）の存在に支えられていました。パトロンは絵画の製作を依頼するとともに，画家の住まいや生活費までも面倒をみました。そして，彼らは富や権力の象徴としてその絵画を利用したのです。なお，こうした背景のために，ルネサンスは貴族的な性格をおびたことにも補足が必要です。

また授業では，そのほかのルネサンス期の絵画も扱います。例えば，ラファエロが1506年に描いた「鶸の聖母」（資料3）を紹介しています。資料集だけでなく，日常的にもよく目にする作品だと思います。この絵画は聖書の内容を主題としており，鶸は受難の象徴であるとされます。また，幼児の姿のイエス（右）の体つきや曲線は写実的で，聖母マリアは微笑とも愁いともとれる表情をしています。こうした表現は，まさにこの時代に唱えられた人文主義の思想によるものと考えられます。このようにほかの絵画からも，ルネサンスの特徴をみつけ出すことができるので，グループワークなどを取り入れて，生徒が絵画の説明をする機会を設けても良いと思います。

■まとめ

「ルネサンス」という抽象的な概念を考えるうえで，絵画を手がかりとするのは非常に有効ではないでしょうか。絵画は視覚的に把握しやすいので，グループワークで取り組ませたり，発問を多くして生徒とのコミュニケーションをとりつつ考えさせたりすると，より活発な学習になるのではないかと考えます。

また授業に際しては，生徒が絵画をみて気が付いた点をまとめたり，考察したりするためのワークシートを配布します。授業の最後に，その授業での学びを自分の言葉でまとめさせてワークシートを回収し，その内容から，生徒の思考力・判断力・表現力や関心・意欲を評価すると良いでしょう。

【参考文献】

越宏一『ヨーロッパ中世美術講義』岩波書店　2001

利倉隆『ボッティチェリ 春の祭典』（イメージの森のなかへ）二玄社　2010

若桑みどり『イメージの歴史』（ちくま学芸文庫）筑摩書房　2012

〈本城愛子〉

書籍印刷なくして宗教改革なし

教会の権威に挑んだルターの宗教改革

■はじめに

　宗教改革を学習する際，生徒は中学校の歴史の授業の記憶はあるものの，日本史のなかではキリスト教の伝来のための「背景」として扱われることが多いため，ルターの行動がなぜ歴史的に重要なのかが理解できていないのではないでしょうか。本稿では，改めて世界史における宗教改革の意義や位置付けを，生徒への問いを通して理解させる，１時間の授業を提案します。

　また授業に際しては，当時実用化されていた活版印刷による風刺画を用いて生徒の興味・関心を喚起しながら，ルターの人物像や「九十五カ条の論題」の詳細，宗教改革の流れを考察していきます。

■ルターの人物像に風刺画から迫る

　風刺画は，多くの民衆にわかりやすく伝えるために意図的に誇張したものです。**資料１**はローマ＝カトリック教会側が1529年に出版したもので，風刺画を用いてルターの複雑な性格を痛烈に批判しています。まずは導入としてこの風刺画を生徒へ提示し，ルターの人物像や性格を想像・予想してもらいます。

　問１　この七つの顔は何をあらわしているのでしょうか？

　生徒からはさまざまな答えが出てくると思います。どんな回答でも良いので，思いついたことを列挙させてみましょう。個々の詳細も以下に示しますが，解釈が分かれるものもあり，授業では適宜補足する程度で良いでしょう。

　まず一番左の頭は，「Doctor」と書いてあるため生徒からは「医者」という回答が多く出ます。しかし，ルターの神学者という肩書きから「博士」がふさわしいでしょう。ここには，ルターを「いかさま博士」と描こうとする意図がみえます。以降は読み取りが難しいものが続きます。その隣の修道士風の頭にはマルティヌスと書いてあります。マルティヌスはカトリックにおける有名な聖者で，ルターは聖者と同じ名前（マルティン）だけれども，ほど遠い存在であると揶揄し

86　書籍印刷なくして宗教改革なし

ています。

　三番目の頭には「ルター」と書いてありますが，ターバンを巻いたトルコ人の姿であらわされ，彼を異教徒（イスラーム教徒）のような反キリスト教的人物であると批判する意図が込められています。四番目は説教師の姿で，ルターは暴動や反乱を扇動する説教師であるというイメージをあたえようとしています。五番目の頭の周りに飛んでいるのはスズメバチで，スズメバチは背教者や教会の迫害者を意味します。六番目は教会巡察者の姿で，ルターがローマ＝カトリック教会

［資料1］ヨハネス＝コッホレーウス『マルティン＝ルターの七つの頭』の表紙絵（ハンス＝ブロザーメル作，1529年）

教会の権威に挑んだルターの宗教改革

から離れ，自身の教会をつくって権威をふりかざしている，と批判しています。最後の頭には「バラバス」と書いてあり，これは『新約聖書』に登場する，イエスが十字架にかけられた際にかわりに恩赦をあたえられた強盗の名前です。さらに，そのそばには棍棒が描かれ，ルターがドイツ農民戦争を引き起こすなどした挑発者であることを示そうとしています。

　また，こうした風刺画がつくられた背景として，当時ルター側とローマ＝カトリック教会側が，印刷物を用いてお互いの批判を繰り返していたことを補足します。続いて，その原因となった「九十五カ条の論題」をみていきます。

■「九十五カ条の論題」の二つの視点

　風刺画に描かれたルターの人物像を生徒に確認させた後は，「九十五カ条の論題」について，つぎの二つの視点を軸に考えさせていきます。

　問2　「九十五カ条の論題」をつぎの二つの視点から考えてみよう。

　　　Ａ：「九十五カ条」という数は多いだろうか，少ないだろうか？　また，具体的にはどのようなことが述べられているのだろうか？

　　　Ｂ：「九十五カ条の論題」は何語で書かれたのだろうか？

　問2のAは，「九十五カ条」という分量とその内容についてです。ルターは贖宥状（免罪符）とローマ＝カトリック教会への批判を，膨大な量で列挙しました。試しに，先生の批判点を九十五カ条，あげてみようというと生徒たちは喜んで取り組むかもしれません。しかし，思いのほか難しいことにも気付くでしょう。続いて教科書や資料集を開かせて，その内容を確認します。例えば，第36条には「真に悔い改めているならば，キリスト信者は，完全に罪と罰から救われており，それは贖宥状なしに彼にあたえられる」とあります。ここから，ルターの贖宥状・教会に対する批判の思いを読み取らせます。

　問2のBは，ルターが「九十五カ条の論題」をラテン語で書いたことについてです。ラテン語は当時の聖職者が使用していた言葉で，多くの庶民には読めない言葉でした。ここから，ルターの批判の対象はあくまでも贖宥状や教会へ向けられたもので，庶民へ改革を広げる意図はなかったことに気付かせます。そもそも，「九十五カ条」は教会内部で公開論争することを目的に発表したものでしたが，実際はドイツ語に訳され，グーテンベルク以来発達した活版印刷術により，ドイツ中に広まりました。多くの人々が印刷されたビラを通して論題の内容を知って，ルターの行動に喝采し，その後の贖宥状販売は大打撃を被ったのです。ここから，

88　書籍印刷なくして宗教改革なし

宗教改革は大きなうねりとなって動き出します。

■風刺画を用いて宗教改革を読み解く

　15世紀半ばのグーテンベルクによる活版印刷術の発達は，宗教改革が促進された要因の一つでした。当時，文字の読めない民衆に対する，印刷された木版画入りの冊子や本の影響は大変に大きかったようです。90ページの**資料2**は，「神の水車」と題された，1521年にスイスで出版されたパンフレットの挿絵です。このパンフレットはまたたくまに翻刻版が出され，南ドイツへも広く出回ったもので，またその作成にはツヴィングリがかかわっていると指摘されています。木版画からは，彼らが当時どのように，一連の宗教改革運動を位置付けようとしていたかがわかります。この挿絵に登場する人物を順番に追いかけることで宗教改革の流れを生徒に読み取らせ，自分の言葉で説明させて本時のまとめとします。

　生徒には，93ページに後掲の**資料3**のワークシートのようにどの人物に注目すべきかをある程度明示し，以下①〜⑦のように，生徒の学習状況にあわせて，それぞれの人物の補足説明をおこないます。

①光り輝く雲間に立って地上を見下ろし，天からの恵みを水車小屋のなかに注ぎ込んでいる。枯れていた水の流れを戻して，止まっていた水車を再び動かし，製粉の仕事を可能にする。その恵みをもとに世界史に登場するさまざまな宗教家たちが「神の粉」から「パン」を作り上げていく。キリスト教においてパンは，この存在があたえた最大の贈り物の象徴。

②天からの恵みを最初に受け取った人物。頭のうしろに光輪が描かれ，製粉職人として袋から小麦をホッパー（漏斗のようなもの）のなかに入れて，粉を挽く。袋から出ているのは，この人物の言行録である福音書の著者（ヨハネ・ルカ・マルコ・マタイ）をあらわすシンボルと，剣をもった人物で表現されているパウロ。ちなみにヨハネは鷲，ルカは雄牛，マルコはライオン，マタイは人（のような顔をした生き物）で表現されている。

③製粉職人の助手が，ホッパーから出てきた粉を袋のなかに入れている。左腕にはこの人物の名前が記されている。挽かれた粉は四本の文字の帯として描かれ，「信仰・希望・慈善・教会」の四つの言葉が書かれている。袋に止まった白い鳩は，キリスト教における「聖霊」の象徴。粉袋には水車のシンボルとその上に十字架が描かれている。

④製粉職人の助手と背中合わせに，パン粉をこねている男。修道士の髪形（トン

[資料2]「神の水車」(フロシャウアー印刷工房, 1521年, 木版画)
冒頭には「二人のスイス人農民がこれを作成した。まことに彼らはこれをよく考察していた」と記されている。

スラ）をしている。自分の名前が彫られた桶で袖をまくりあげて，パン粉をこねている。その後，パン粉はパン（挿絵では聖書）となっている。なお，背中合わせの人物とこの人物は，宗教改革の卵を産んだ男と孵した男と評される。

⑤つぎつぎとつくられていく聖書を聖職者に配布している男。しかし，近くにいる三重の冠を被った聖職者の付き人に振り払われて，聖書は地面に落ちていく。聖書を配っている人物は，このパンフレットの製作者とみられるスイス人だと考えられる。この人物はドイツの宗教改革を受けてスイスでの改革を主導した。

⑥頭上に三重の冠をかぶった聖職者。三重の冠はローマ教皇の地位を象徴する冠である。周囲には付き人のように何人もの枢機卿や司教・修道士といった聖職者をしたがわせている。また，頭上には鳥が「Ban Ban」（「Ban」はドイツ語で「破門」の意味）と鳴いている。

⑦短剣を腰に差し，「から竿」という農具を振り回している。人物の横にはドイツ語で「カルストハンス」とあり，これは当時の「農民」をあらわす呼称。⑥の頭上の鳥を追い払っているようにもみえ，④・⑤などパンをつくる人々を守る役割をになっていると考えられている。

　問3　挿絵に登場する人物から，この風刺画が示す宗教改革の流れを解説してみよう。また，この風刺画がもっとも示したいことは何だろうか。

　このように補足説明と人物の特定をおこなったうえで，上記のように発問してこの風刺画が示す宗教改革の流れを，①〜⑦にそって生徒に自身の言葉でまとめさせます。またあわせて，この風刺画が何を伝えたいのかを，生徒に考えさせてみましょう。風刺画では，神やイエスからもたらされたものを，エラスムスやルター，ツヴィングリなど後世の人物が受け取って聖書をつくり，一方で教皇らはその聖書を拒絶する構図となっています。これは，エラスムスの聖書研究の影響が，ルターの聖書中心主義を生み出したとする理解に基づくもので，ここには聖書を中心とする考えが，神やイエスと直接に連なるものであり，かつ時の教皇よりも正当なものである，という主張が垣間見えます。ただし，生徒からも色々な解釈が出てくると思いますので，この点は自由に討論させても良いでしょう。以下に，実際の生徒の回答例を紹介します。

〔風刺画の解説〕
・神の天からの恵みを受け取ったイエスが，袋から小麦をホッパーのなかに入れて，粉を挽く。宗教改革の卵を産んだエラスムスと孵したルターが背中合わせ

教会の権威に挑んだルターの宗教改革　91

になっており，エラスムスはホッパーから出てきた「信仰・希望・慈善・教会」の四つの言葉が書かれた粉を袋に入れ，ルターは桶でパン粉をこね，聖書となるパンをつくる。ツヴィングリはつぎつぎとつくられる聖書を聖職者に配布するが，レオ10世の頭上では，「破門，破門」と鳥が鳴いている。農民たちはその様子をみて，宗教改革の動きを支援している。

・①神が，教えを人類に伝えるために，②イエスに神の恵みとして自己の考えを託し，伝導させた。パン粉であらわされる弟子たちは，それを福音書にまとめて，文献学者である③エラスムスや④ルターがパン粉をこねる（聖書に基づく考えを深める）ことで，聖書の考えを広めようとしている。⑤ツヴィングリはさらに改革をめざす（実際にパン＝聖書を配る）が，⑥レオ10世を囲む保守派の聖職者たちは，これを軽んじて受け取ろうとしていない。⑦農民は腐敗した教会に対して，から竿を手に取って，立ち上がっている。以上のようにキリスト教の腐敗を広く人々に視覚的に訴えている。

〔風刺画が示す意味〕

・ローマ＝カトリック教会への批判（多くの生徒が書いてきます）
・宗教改革における聖書重視の考え方
・神の恵みのもとではじめて宗教家たちは布教活動ができること
・ローマ＝カトリック教会は聖書に基づき天啓に従うべきである

そして，最後に解答例を以下のように示し，本授業を終了します。

・①神が天から恵みを地上に注ぎ，②イエスが粉挽き機に小麦粉（『新約聖書』）を入れ，③エラスムスが「信仰・希望・慈善・教会」を取り出すと袋の上に聖霊が止まり，④ルターが製粉されたパン粉をこねて，できあがった聖書は⑤ツヴィングリによって広められ，ローマ＝カトリックの聖職者たちに配布されるものの，⑥教皇レオ10世を中心としたローマ＝カトリック側は受け取らず，神の恵みからつくられた聖書は地面に落ちていく。この全体の動きを⑦農民が力強く後押ししている。

■まとめ

　宗教改革の学習に際して，ルターとローマ＝カトリック側の主張の違いに注目すると，生徒がそれぞれの立場に立って考えやすくなり，効果的な学習になります。また，風刺画は，当時の作者が民衆に伝えやすくするために描いたものだからこそ，はじめて目にする生徒にも絶好の教材であると考えます。

　本稿では，参考文献にあげた森田安一著『ルターの首引き猫』や同『木版画を

92　書籍印刷なくして宗教改革なし

[資料３]「神の水車」中の人物を①〜⑦にまとめたワークシート

読む』に収録されている風刺画のなかから，ルターの人物像や宗教改革の一連の流れをみることができるものを活用しました。ほかにも書籍のタイトルになっている「ルターの首引き猫」の風刺画も，生徒たちにわかりやすく当時のルターと教会の関係を示すことができます。それ以外にも，これらの書籍には授業で活用できそうな資料が多数掲載されていますので，参考にしてみてください。

【参考文献】
栗原福也編訳『世界を創った人びと12　エラスムス──ヨーロッパ人文主義の先駆者』平凡社　1979
徳善義和『マルティン・ルター──ことばに生きた改革者』(岩波新書) 岩波書店　2012
森田安一『ルターの首引き猫──木版画で読む宗教改革』(歴史のフロンティア) 山川出版社　1993
森田安一『木版画を読む──占星術・「死の舞踏」そして宗教改革』山川出版社　2013

〈齋藤亮〉

12

岩倉使節団がみたイギリスと，
私たちのこれからの社会

産業革命と人々の生活の変化

■はじめに

　現代の産業化した社会を理解するためには，産業革命における大きな社会の変化を理解することが欠かせません。本授業では，産業革命当時に生きた人間の視点を通して人々の生活の変化を理解させるとともに，その学習で得た歴史の見方を使って現代と未来の社会について考えられるようになることを目標としました。

　本授業は岩倉使節団の記録『米欧回覧実記』をおもな資料とし，2時間の構成としています。1時間目で全体の導入と産業革命にいたる経緯を扱い，2時間目では産業革命による人々の生活の変化を扱った後，まとめとして「第4次産業革命」と呼ばれる2010年代以降の社会の変化を，歴史学習で培った視点から考察させます。授業方法は，1時間目は資料の読み取りを全体で進め，2時間目は資料から学んだ知識を用いて現代について考察するグループ学習とします。

■導入──現代は第4次産業革命の時代!?

　授業の導入は，現代の話題から始めます。資料1のように板書やスライドを使用して最近の経済や社会に登場する新しい技術に関する言葉を生徒に提示し，それらをいくつ知っているか問いかけます。これらの言葉は，2010年代以降にニュースなどで目にするようになったもので，実際に現代社会で大きな変化をもたらしているものもあります。AIなどの技術から，現代を「第4次産業革命」の時代と呼ぶこともあります。導入のため詳しく解説することは避け，プリントなどに簡単な解説を載せておく程度とします。

　それでは，現代のような技術革新の時代を，歴史的に人類はどのように経験してきたのでしょうか。第1次産業革命（以下，産業革命）がどのような変化をもたらしたのか分析し，現代についても考えることを目標とすることを生徒に伝えます。

[資料1] 導入のスライドの例

■産業革命とは？

まずは産業革命と現代との関わりを，資料2のグラフで生徒に印象付けます。グラフは歴史的にみる「人口一人あたりの所得の変化」をあらわしています。所得は一定の範囲で推移していますが，産業革命を境に急激な上昇と減少の二つに分かれています。生徒にはまず，上昇に注目させて「グラフのように急激に所得が増加して人々の生活はどう変わっただろうか」と問いかけて予想を書いてもらい，授業を振り返る際に使用します。

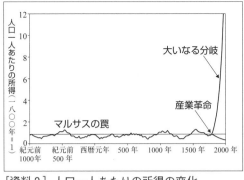

[資料2] 人口一人あたりの所得の変化

所得の急激な変化を引き起こしたのは18世紀半ばから19世紀半ばにかけてイギリスで進行した産業革命でした。その要点として，18世紀から始まった機械の発明を通して，人類誕生から続く「道具の時代」から「機械の時代」へ転換したこと，これらの変化は人々の生活に大きな変化をあたえたことなどを説明します。

■岩倉使節団と産業革命

それでは，実際に人々の生活にはどのような変化がもたらされたのでしょうか。本授業では，産業革命が100年以上の変化であることを考慮し，イギリス国内の視点ではなく，あえてはじめて産業革命にふれた海外の人間の視点を通じ，産業革命の生み出したものが何だったのかを考察します。使用する資料は，日本からイギリスへ赴いた岩倉使節団の随行員，久米邦武の報告書『米欧回覧実記』（以下，『実記』）です。中学校で既習の使節団の概略を復習しつつ資料を紹介します。

使節団がイギリスを訪れたのは1872年でした。その目的は国書の提出が表向きでしたが，改定時期を控えた不平等条約の予備交渉と，欧米の技術・産業・制度の視察が期待されていました。使節団は，アメリカ・イギリス・フランスのほか，欧米諸国のほとんどを訪問しています。また，1872年の時点では予備交渉にはすでに失敗していたことも確認しておきます。

予備交渉に失敗した岩倉使節団のイギリス滞在は，事実上の産業視察旅行となりました。『実記』には「世界の工場」であるイギリスの様子や，産業設備に関しての詳細な記述が続きます。当時の日本は開国・明治維新をへて，近代化が喫

産業革命と人々の生活の変化　95

緊の課題でした。そのような時代のなかでの岩倉使節団の記録を読み解きながら，「日本人のみた産業革命」の特徴を考察していきます。

■産業革命のきっかけ──なぜイギリスの綿工業からなのか

　ここからは，実際に資料を読み解きながら授業を進めていきます。まず，生徒に「工業化したイギリスで最大の利益をあげていた製品は何だったと思うか」と問いかけます。工業製品らしいものとして，鉄鋼・鉄道・機械・船などがあげられるかもしれません。そこで，『実記』からつぎの**資料3**を提示します。

> 英国の工業の基礎となっているのは石炭と鉄である。鉄の機械販売の年間利益についてはすでに触れた。工業の利益で最大のものは紡織業によるものである。そしてその第一は綿紡織である。イギリスでは綿花はできない。常にアメリカ合衆国その他の国々から買い入れ，インドやオーストラリアからも仕入れている。

[資料3] 久米のイギリス工業に対する分析①

　資料3から，久米がイギリス工業において最大の利益をあげていたものを，綿紡織と分析していることがわかります。しかし，イギリスでその原料の綿花は生産されていません。資料にも他国から輸入しているとあります。それでは，なぜ綿花を生産しないイギリスで，綿工業から工業化が始まり，綿花を生産するアジアで工業化が発展しなかったのでしょうか。続けて**資料4**を提示し，生徒と一緒に久米の解釈を読み解きます。少々長い引用ですが，資料から読み取れる久米の解釈はどういったものかを，生徒に問いかけてみましょう。

> そのほか麻は欧州で少しはできるが，綿花に至っては全く土地に適さず，特に英国などは植物繊維の資源はごくわずかしかない。これに反し，東洋や南洋ではそうした天然資源はたいへん豊富である。ただ，その地域の人々はものを製造するという仕事に意を用いないために，そのことについてはすっかり欧州に頼っているのである。いわば東洋・南洋の人々は，天然資源で西洋の産業の結果を買い入れている。簡単に言えば人民が怠惰なのだ。考えても見よ。東洋が西洋に及ばないのは，才能が劣っているわけではない。知力が鈍いわけでもない。ただ，経済的な意識が乏しく，高尚な空理空論に日を送っているからである。

[資料4] 久米のイギリス工業に対する分析②

　資料中の東洋・南洋の「人民が怠惰なのだ」という記述に注目します。これは

96　岩倉使節団がみたイギリスと，私たちのこれからの社会

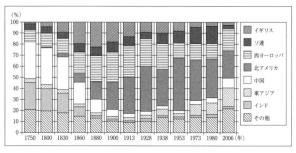

[資料5] 18世紀半ば以降の各国の工業生産比

正しい解釈なのでしょうか。本当にヨーロッパの人々に比べて東洋・南洋，つまりアジアの人々が「怠惰」だったのでしょうか。つぎの年代別の工業生産比のグラフ（**資料5**）をあわせて提示し，生徒に考えさせます。

　使節団がイギリスを訪れた1872年に近い1880年では，イギリスの工業生産がかなりの比率を占めています。しかし，それでも中国・東アジア・インドの工業生産はイギリス以上にあります。また1750年の時点ではどうでしょうか。資料から産業革命以前の1750年時点での工業生産は，アジアが全体の約60％と，イギリス・西ヨーロッパより大きな割合を占めていたことがわかります。このように「怠惰」であるどころか，産業革命以前ではむしろ世界の生産の拠点はアジア，すなわち久米の記述する「東洋・南洋」にありました。続いて，イギリスで産業革命が始まる経緯について綿織物に注目して説明します。

　18世紀半ばのヨーロッパではインド産のキャラコが大流行します。当初は上流階級のみが着用していましたが，やがて民衆レベルでも生活必需品として用いられるようになりました。当時のヨーロッパはむしろ「すっかり"アジア"に頼りきっている」状態でした。イギリスでは伝統的に毛織物産業が盛んでしたが，インド産のキャラコが大流行したために毛織物が売れなくなり，職工や業者の求めで輸入禁止令が出されるほどでした（「キャラコ論争」）。

　こうしたなか，需要の拡大する綿織物を輸入に頼らずに生産することが課題となり，ランカシャーを中心にイギリス国内で綿糸・綿織物生産が開始されました。やがて，一連の機械の発明がおこります。綿工業での機械化が進んだ背景には，アジアからの輸入を自国生産へ転換する「輸入代替工業化」の側面があったのです。以後，アジアの工業生産は資料5のようにしだいに落ち込んでいきます。急速に工業化が進んだヨーロッパはアジアへ積極的に進出し，アジアを市場としていったため，現地の産業は衰退していきました。ここまでを1時間目とします。

産業革命と人々の生活の変化

■当時の社会を変えた新しい技術

　2時間目のグループ学習は，生徒同士で教え合いながら資料を読み解くことに加え，考えたことや意見を共有し，まとめていく形式をとります。まずは，前回の内容を確認し，イギリスで産業革命にいたる経緯などを確認します。つぎにグループ学習の手始めとして**資料6**を提示し，資料中で「イギリスの経済で世界一と評価されているものは何か」「二つの資源から発明されたとされるものは何か」「イギリスが利権を独占していたとされる二つの分野は何か」という三つの問いをあたえ，1時間目のような資料の読み取りを各グループでおこなわせます。

> 英国の富は元来鉱業の利益を基とした。国内の鉄と石炭産出高の莫大なことは世界一である。英国人はこの二つの資源を利用して蒸気機関，蒸気船，鉄を発明し，火力で蒸気を駆使することで経済力を増大し，紡織と航海における利権を独占して世界に雄飛する国となった。したがって，全国で製鉄・鉄加工業が盛んに行われることはわれわれ一行の目を驚かせるところであった。

[資料6] 久米のイギリス工業に対する分析③

　資料から，久米は「鉄と石炭」「蒸気機関，蒸気船，鉄」「紡織と航海」などに注目していたことがわかるでしょう。なお，蒸気船はアメリカ人のフルトンが発明したものですが，イギリスで発展していきました。これらの技術は，イギリスでさまざまな分野に転用されて，社会が大きく変化していきました。
　このように「世界の工場」として君臨していたイギリスの機械や工場の様子に使節団も驚くばかりだったようです。資料集などで，おもな発明品を確認しておきましょう。なお『実記』には**資料7**のような使節団のスケッチも含まれており，これらを生徒に示すのも視覚的に当時の情景を理解できて有効です。

[資料7] 使節団がスケッチした路上蒸気機関車

■産業革命をへた人々の生活の変化を考察する

　それでは，こうした技術革新は人々の生活にどのような影響をあたえたのでしょうか。まず，産業革命前の人々の仕事への取り組み方を**資料8**から考えます。

> 月曜日は日曜の兄弟さ。火曜日も似たようなものさ。水曜日には，教会でお祈りで

もしなきゃ。木曜は半休に決まっているし，金曜日では，糸つむぎには遅すぎる。土曜もむろん半休さ。

[資料8] 産業革命以前の職人たちの流行歌

　この資料は，産業革命以前の職人たちに歌われた流行歌の歌詞です。内容からわかるように，職人たちの仕事は自分たちの裁量でおこなわれていたようです。ここまでの内容は大げさかもしれませんが，「聖月曜日」として，月曜日は二日酔いで仕事をしないこともあったようです。
　つぎに産業革命後の人々の生活をみていきます。久米は一般のイギリスの人々にどのような特徴があるとみたのか，**資料9**を提示しながら生徒に考察させます。

英国の繁栄が世界一であるのは，イギリス人の産業を起こす能力が他国の人々に立ち勝っているからである。たとえば，イギリスに住むものは，瞬時も怠けられないのである。スペイン人は一日中寝るのが仕事だと聞いたことがある。また，イギリス人の足は止まったことがないということも聞いたことがある。スペインでは，昼寝の時間を少なくすれば，それだけでも勤勉な人だと言われるであろう。また，ロンドンのシティでは普通の歩調で歩いていても，怠けた様子に見えるかもしれない。しかし，それゆえに一般民衆の精力は尽きやすくなってしまい，他国よりずっと生活困窮者も多いように思う。

[資料9] 久米のイギリス人に対する分析

　イギリス人の特徴として「瞬時も怠けられない」「勤勉さ」をあげていることなどを確認します。また，生活困窮者の記述にも注意を向けさせます。ここから，「産業革命前は自由に働くことができたのに，なぜ産業革命後には怠けられない状態になったのだろうか，機械化という動きとあわせて考えてみよう」と生徒に問いかけます。また，各グループで産業革命前後の働き方を比較させ，自分たちならどちらを選ぶか議論してもらいます。実際に授業をおこなってみると，授業の当初，所得のグラフの急激な変化から，生徒の多くは産業革命について肯定的な意見をもっていましたが，働き方の変化を扱うと，自己の価値観のもとで，産業革命への肯定派と否定派に分かれていきました。このように，授業が進むにつれ，生徒の考えが変容していく過程を追うことができました。
　ここで，機械による工場労働は時間の制約という概念を生まれさせたことを説明します。産業化された社会では「時間を守る」ことが重要視されることを，学

産業革命と人々の生活の変化　99

校制度という身近な例をあげて考えさせても良いかもしれません。

そのほかには，どのような変化があったのでしょうか。久米が綿工場を見学した際の記述（**資料10**）を提示し，どのような人々が働いているかに注目させます。

朝10時，市長の案内で馬車で綿紡績工場に行った。この工場は地下室から数えて九階建ての建物で，かたわらの建物には煙突が立っており，ここで330馬力（実馬力であろう）の蒸気機関を運転している。原料の綿花はすべて米国から輸入している。…（中略）…その機械は一台で100錘の糸を紡いでいた。これはボストンでは見たことがない機械である。全工程の雇用者は800人，その大半は女性と年少者である。

[資料10] イギリスの綿工場を見学した久米の記述

生徒の回答から，機械化によって，熟練の職人だけではなく女性や子どもでも労働が可能になったことを導きます。さらに「これまで働いていた職人たちはどうなってしまったのだろうか」と問いかけ，機械化がもたらした別の側面にも焦点をあてます。生徒からは転職したとか，資料9の「生活困窮者」の記述をもとに失業したなどの答えがでるかもしれません。ここで，その一例として19世紀初めのラダイト運動にも言及します。

そして，導入で使用した資料2のグラフを再びみせながら，自分が予想した生活の変化は産業革命によって本当におこったのか各グループで話し合わせます。グラフでは所得が急激に上昇した線と所得が減少した線が表現され，貧富の差が拡大したことが読み取れることにも注目させると良いでしょう。

■産業革命とこれからの社会を考察する

最後に2時間の授業のまとめとして現代の私たちの視点に立ち返ります。考えの変化をみるため，個人でワークシート（**資料11**）をまとめるように指示します。

その際，生徒には，イギリスでおこった産業革命は1日でおこなわれたわけではないということを強調しておきます。蒸気機関の発明から鉄道の開通までは100年以上が経過しています。「革命」という名前から急激な変化を思い浮かべがちですが，もっと漸進的な変化だったことを説明しましょう。私たちの生きている世界はまさに変化の最中にいるのかもしれません。これから技術が進歩しておこりそうな時代の変化の良い面と悪い面を考えさせ，どのような意識をもつべきかというオープンエンドの問いを投げかけて授業を終えます。ワークシートでは生徒自身の働き方に関する考えや，技術革新と生活の変化の関係に関する考えな

100 岩倉使節団がみたイギリスと，私たちのこれからの社会

時代	18世紀〜19世紀	21世紀〜？
名称	（第1次）産業革命	第4次産業革命
どんな技術が時代を変えたか？	蒸気機関，機械の発明	インターネット，IoT，AI
可能になった（なる）こと	機械による大量生産	（自由記述）大量の情報にすぐアクセス可能。AIによる自動化など
仕事において人々に新たに求められた（る）能力は？	時間通りに行動し，機械を正確に操作する能力	（自由記述）発想力，想像力，新たなことを生み出す力など
変化による負の側面	機械化で，失業者も出て，街には生活困窮者も。少年の労働など	（自由記述）AIによって大量の失業者が…など
これからの社会が技術によって変化していくなかで，あなた自身はどのような考えをもって勉強したり，生活を送っていくべきか，今回の授業の内容から考えたことを書いてください。（自由記述）紙幅の関係上，解答例は割愛		

[資料11] まとめのワークシートの例

どさまざまな意見が出るでしょう。生徒の意見は，クラスで共有できるようにまとめて，次回の授業の冒頭に配布などすると良いでしょう。

■まとめ

　本授業では，産業革命をテーマとしながら，現代の社会を生徒に考察させることを狙いとしました。また資料を通して当時の人々の様子や考えを追体験する時間を多く取るように意識しました。授業の評価の際には，生徒個人が予想した考えが，資料の読み取りやグループでの話し合いをへてどのように変化していくかに注目すると良いでしょう。また，産業革命当時と現代の社会的状況の双方を踏まえられたかどうかも，評価の際に注目します。資料の読み取りは，生徒の学習状況によっては，前半もグループ学習としたり，プロジェクターなどで投影して生徒と一緒に一つずつ読み取っていく方法をとっても良いかもしれません。

【参考文献】

エリック・ブリニョルフソン，アンドリュー・マカフィー著，村井章子訳『ザ・セカンド・マシン・エイジ』日経BP社　2015

樺山紘一他編『岩波講座世界歴史22　産業と革新』岩波書店　1998

田中彰『岩倉使節団の歴史的研究』岩波書店　2002

〈松井昴〉

13

ロジャー＝ウィリアムズはどうすべきだったのか？

アメリカ先住民と植民地人

■はじめに

　アメリカ史の学習に際しては，古代文明のなかでコロンブス到達以前の時代にふれ，その後，植民地時代，続いて独立・発展について学習します。まず，生徒にアメリカという国の印象を簡潔に述べさせてみましょう。現実には，この国についての生徒の受け止め方は二極化しています。「明るく，自由」「超大国」と，「多民族」ということから，「壁をつくりたがる」という印象もあるようです。

　そこでアメリカの独立・発展について，「自由・平等をうたい，移民を受け入れてきた多文化社会アメリカとはどのようなものなのか？」を生徒と一緒に考えていきます。本稿では史資料や絵画を用いた2時間の授業実践を紹介します。

■植民地期における植民地人と先住民の関係

　まず最初に，資料集などの**資料１**を生徒に提示して，問１～３を投げかけます。
　問１　資料１の絵の女神が左手と右手にもっているものは何でしょうか。
　問２　左側の薄闇のなかに描かれている人々はどのような人々でしょうか。
　問３　問２の人々はなぜ，薄闇のなかに描かれているのでしょうか。

[資料１]「アメリカの進歩」

　問１について，資料１の女神は右手に「文明」の書物，左手には電線をもっています。これは「文明」の利器をあらわしていることを生徒に気付かせます。問２・３については，薄闇に描かれている人々はアメリカの先住民（インディアン）をあらわしており，大平原を馬車や鉄道で進む人々にとって，「未開の」

102　ロジャー＝ウィリアムズはどうすべきだったのか？

存在として，追い立てられ，排除されているから，薄闇のなかに描かれているということを読み取らせます。

資料1は19世紀半ばに描かれたものですが，なぜ先住民はこのように描かれたのかを導入として，アメリカ先住民と植民地人の関係の歴史をみていきます。近代ヨーロッパ世界の膨張に際して，北米大陸への植民活動が開始されました。そのなかで，植民地ではどのような状況が生じていたかを，ロードアイランドの開拓者で，先住民との協調をめざしたイギリスの神学者（ピューリタン）ロジャー＝ウィリアムズと，植民地側がおこした先住民征服戦争をテーマに学習を進めます。また，資料の読み解きと，考察の文章化を通して，生徒が自らの力で歴史を考える力を身に付けさせることが，本授業の目的です。

■ロジャー＝ウィリアムズの活動

まず，生徒に授業の概略を説明します。1631年にロジャー＝ウィリアムズというイギリスの神学者が，マサチューセッツにやってきました。彼は白人植民者たちに政教分離を唱えるとともに，アメリカ先住民を公正に取り扱うべきだと主張しました。その後，現在のロードアイランド州のプロビデンス市を建設します。この人物を中心にアメリカ合衆国独立前の白人植民者たちとアメリカ先住民との関係を考えていきます。

コロンブスがアメリカにやってきた頃，現アメリカ合衆国の領域には約100万人の先住民がいたといわれています。彼らは各地の自然環境に適応してそれぞれ独自の文化を形成し，それらは**資料2**に示した八つの文化圏に分けられます。

・北東・森林狩猟文化圏…ワンパノアグ人，ナラガンセット人，ピーコート人

※地図中の丸囲みで示した地域が，ロジャー＝ウィリアムズの活動と先住民征服戦争の舞台となることを説明します。

・南東文化圏…チェロキー人，クリーク人など
・平原農耕文化圏…スー人，コマンチ人，アパッチ人，ポーニー人など
・北西荒野文化圏…ヤキマ人，ネ・ペルセ人など
・高原狩猟文化圏…ショーショーニ人，クラマス人など

・南西荒野文化圏…プエブロ人，ナヴォホ人など

・北西太平洋岸文化圏…クワキュートル人など

[資料2] 八つの文化圏

　資料2を用いて当時のアメリカ先住民の世界を説明したうえで，つぎにロジャー = ウィリアムズに関する年表（**資料3**）を生徒に提示します。

1620年	ピルグリム = ファーザーズがプリマスに上陸する。
	先住民ワンパノアグ人の指導者マサソイットが，彼らを飢餓から救う。
1631年	ロジャー = ウィリアムズがマサチューセッツ植民地に到着。
1635年	ウィリアムズは，ナラガンセット人と対立関係にあったワンパノアグ人の指導者マサソイットの庇護を受ける。その後，彼は，宗教上の対立でマサチューセッツ植民地から追放され，プリマス植民地へ移る。しかし，プリマス植民地はマサチューセッツ植民地ににらまれるのを恐れたため，ウィリアムズを追放する。そこで彼は，ナラガンセット人のリーダーから庇護を受け，土地を購入し，ロードアイランドにプロビデンス市を建設する。
1636〜37年	ピーコート戦争がおこる。ワンパノアグ人は中立を守る。
1643年	ウィリアムズが，『アメリカの言語への一つの鍵』を出版する。これはナラガンセット人の言語に関する著作で，ナラガンセット人の言葉を解き明かしながら，先住民とイギリス人との文化などを比較しつつ，先住民への理解を示したもの。
1654年	ナラガンセット人がキリスト教徒になることを拒んでいるとの理由で，植民地勢力の軍が攻撃をしかけようとしていることに，ウィリアムズがプロビデンス市の長として抗議する。
1671年	ワンパノアグ人でマサソイットの次男メタカムが，植民地勢力から武器の提出を命ぜられる。
1675〜76年	フィリップ王戦争がおき，プロビデンス市は破壊される。その後，プロビデンス市は植民地当局に没収される。
1684年	ウィリアムズ死去。

[資料3] ロジャー = ウィリアムズに関する年表

　ここで補足として，**資料4**から先住民とヨーロッパ人の土地の所有に対する考え方の違いを，**資料5**からウィリアムズがなぜ植民地勢力と対立したのかを読み取らせます。なお，資料4・5はいずれも現代の歴史家や研究者による分析です。

104　ロジャー = ウィリアムズはどうすべきだったのか？

> ヨーロッパ人はひとりの人が一定の土地を個人のものとして所有することができる
> と考えてきた。しかしインディアンは土地とはグループ全体で所有されるものだと
> 考えており，グループに属する者全員がその土地を使用することはできるが，特定
> のひとりが土地を独占することは許されなかった。

[資料4] 先住民とヨーロッパ人の土地所有に対する考え方の違い

> またウィリアムズが，宗教は政治から独立してあるべきだと主張していたこと，さ
> らに強力な武器と文化を背景にして，インディアンをキリスト教徒に改宗させるこ
> とに反対していたことも，植民地権力体制への真っ向からの挑戦であるとして，ウ
> ィリアムズ追放の根拠としたのであった。

[資料5] 白人植民地側のウィリアムズ追放の根拠

■ピーコート戦争でウィリアムズはどう対応したのか？

　つぎに資料3の年表にあるピーコート戦争の概略を説明します。

　植民地勢力の法外な要求や，ピーコート人の集落に対する食料の強奪，放火な
どで両者の関係が緊張しました。1636年，マサチューセッツの商人がピーコート
人に殺害されたことから，その報復として植民地勢力は遠征軍を派遣し，数人の
ピーコート人を殺害すると，ついにピーコート人は植民地勢力を排除しようと立
ち上がり，ナラガンセット人に協力を求めました。それに対して植民地勢力は，
ナラガンセット人の理解者であったロジャー゠ウィリアムズに，ナラガンセット
人を植民地勢力側につかせるよう指示を出しました。ウィリアムズはその指示に
従い，ナラガンセット人を植民地勢力側につかせて，ピーコート人への攻撃をお
こなわせたのです。ナラガンセット人の戦士たちは，植民地勢力の命令に忠実に
したがってピーコート人の女性・子どもを含めて殺害しました。

　問4　この説明から，ピーコート戦争の勝者と敗者をあげてください。

　勝者：植民地側＋ウィリアムズ＋ナラガンセット人　敗者：ピーコート人

　この問いは，対立の構図をわかりやすくさせることを目的としたものです。続
いて，**資料6**を提示し，当時の白人のアメリカ先住民に対する認識について確認
します。なお，資料6のうち，最初の二つは現代の歴史家によるアメリカ先住民
に対する分析，三つ目は現代の歴史家によるジョン゠ロックのアメリカ先住民に
対する認識に関する分析からの抜粋です。

アメリカ先住民と植民地人　　**105**

- インディアンは，まず「その悪しき習慣を根絶えさせられ」「文明的な秩序ある キリスト教的な生活様式」によって変えられなければならなかった。
- 一部の改宗者を得たものの，先住民は彼ら古来の信仰と生活様式に固執し，キリスト教の布教は例外を除き，失敗したといってよい。
- ロックはさらに，アメリカのインディアンについて「自然は彼らに，他のどの国民にも劣らぬほど豊富な資源…（中略）…を豊かに生産することのできる肥沃な土地を与えたのである。しかるにそれを労働によって改良することをしなかったため，われわれの享受している利便の百分の一ももっていない」と記している。

[資料6] アメリカ先住民社会に対する分析と，ロックのアメリカ先住民に対する認識

問5　資料6から，ロック（『統治二論』の著者）は，アメリカの先住民をどのようにとらえているでしょうか。また，彼の考えはのちのアメリカの独立にどのような影響をあたえたと考えられますか？

　この問いは，ロックの認識が独立宣言の起草者たちに影響をあたえたことへとつなげるのを目的としています。また，彼の考えの後世への影響については，生徒たちからは文明が発達したとか，豊かで強大な国になったとか，先住民は強制されなくては近代的生活様式に順応できないとか，先住民は植民地側につく方が良いという意見も資料6から導き出されました。ここまでを1時間目とします。

■フィリップ王戦争でウィリアムズはどう対応したのか？

　2時間目は，フィリップ王戦争の概略についての説明から始めます。メタカム（英語名フィリップ）は，かつてピルグリム＝ファーザーズと友好関係をもっていた父親（ワンパノアグ人のマサソイット）と同様に，植民地人との良い関係を続けようとしますが，植民地側の無法，土地の不法占拠，アルコールを使っての詐欺行為，狩猟獣の乱獲などが増加したため，友好関係を容認できなくなりました。そしてついに1675年6月，「わが国土は，年ごとにイギリス人の手にわたってなくなってきた。私は国がなくなるまで生きているつもりはない」と宣言して，植民地勢力との戦いを始めました。この戦争では，ナラガンセット人も，メタカム側について植民地勢力と戦いました。ウィリアムズはこの戦争で，公式には中立を宣言していましたが，実際は，プロビデンス市を守るために，もっとも信頼のおける盟友であったナラガンセット人に銃口を向けたのです。戦争でプロビデンス市は破壊され，結局その後，植民地勢力に没収されてしまいました。このよ

うな説明後，ピーコート戦争の時と同じように生徒へ問いかけます。

　問 6　この説明から，フィリップ王戦争の勝者と敗者をあげてください。

　勝者：植民地側（＋ウィリアムズ），敗者：メタカム＋ナラガンセット人

■二つの戦争からウィリアムズの対応の是非を問う

　問 7　ウィリアムズは二つの先住民征服戦争に現実的にどう対応すれば良かっ
　　　　ただろうか。資料をもとに根拠をあげて，自分の意見を述べてください。

　続いて，このように本授業の主発問を投げかけます。この問いは，歴史上のあ
る状況に対して，どのように対応すべきだったかを生徒に考えさせるものです。
この問いの結果，生徒の意見は，先住民側について戦うべきだったという意見と，
中立を保って先住民と植民地勢力側の両方を説得すべきであったという意見に分
かれ，さらに若干名，植民地勢力側を支持する考えに近い意見も出されました。

　まず，先住民側につくべきとした生徒たちは，「ピーコート戦争の時は，ピー
コート人とナラガンセット人の両方の味方について一緒に植民地勢力側を排除す
べきだったと思う。フィリップ王戦争の時は，自分の富を一番に考えて，盟友を
裏切った結果，どっちも失ってしまったのだから，インディアンとともに戦えば，
どっちも手に入れられたのではないかと思う」，「ピーコート戦争時，ナラガンセ
ット人を説得して反対側につかせればよかった」などと述べ，植民地勢力側の先
住民分断作戦を見抜いて，インディアンに連合戦線を組ませるなどして，先住民
側について二つの戦争に対応することを主張しました。また，つぎのような年表
に基づく意見もありました。「先住民の人々からたくさん助けてもらい，彼自身
が出版した本をみてわかるように先住民の人々はとても誠実で優しい。そんな彼
らをウィリアムズは利用すべきではなく，自分に対して誠実でいてくれる彼らと
ともに生きる（戦う）べきだったと思う」。

　つぎに，中立を保って先住民と植民地勢力側の両方を説得すべきであったとす
る意見を紹介します。「資料にあるように自分が恩恵を受けた人々だけ助けるの
ではなく，本当に仲良くしたかったのなら，そそのかして仲間同士殺し合いなど
させず，先住民側にたって植民地勢力側の人と話し合う架け橋となるべきだっ
た」。「ウィリアムズは著書にも書いているように，先住民に対してある程度の理
解を示していた。本当に中立をめざしていたのであれば，戦争に加担するのでは
なく戦争をやめさせるべきだった」。「町を守るために先住民を殺すことの矛盾に
気付けていれば，結果はかなり変わっていたであろう」。「相手を差別しないで，

アメリカ先住民と植民地人　　**107**

相手の習慣を理解し，思いやりの心をもって共存しようとする心が昔も今も必要」。

　最後に，植民地勢力側を支持する考えに近い生徒の意見について分析すると，若干名の生徒が，資料6に基づいて，以下のような意見を述べています。「文明・文化の差があるから，入植者は先住民の文明・文化を容認するべきだった。ウィリアムズは武力による争いを（やめて〈筆者補足〉）文化・文明をもとに対応するべきだった」。「ロックがいうことを裏返せば，先住民は彼らのもっている資源を労働によって改善すれば，より豊かに暮らせたということになる」。「インディアンが追いやられてこそ今のアメリカがあると思えば，ポジティブにとらえられることである。今も保留地におかれていて，差別的なことであるが，欧米人のインディアンへのせめてもの慈悲なのかもしれないと思える」。「先住民優先で歴史が動いていたら，今のような発展はなかったかもしれない」。「インディアンを征服しなければ今のアメリカはなかった」。

　これらの意見は，植民地勢力側をはっきりと支持するとはいっていないまでも，入植者と先住民の文明・文化の差があるとか，労働をすれば豊かになったのに，それをしなかったから差別されてしまったとか，インディアンの追放・征服が今のようなアメリカの「発展」につながったというように考えているようで，植民地勢力側を支持する考えに近いといえます。資料6については，ロックをはじめ，なぜ当時の人々がそのような認識をもっていたのか，という点や，そうした考えに対して当時批判はなかったのか，といった点までは踏み込めなかったので，資料6の考えに引きずられてしまったのかもしれません。また，現代的な価値観を軸に考えた結果，このように考えたといえるかもしれません。

■まとめ

　生徒たちは，ピーコート戦争とフィリップ王戦争に対して，資料をもとに判断して，それぞれが当時もっとも望ましいと思う対応を考え出していました。先住民支持派は植民地勢力側の先住民分断作戦を見抜いて，先住民に連合戦線を組ませ，先住民側にたって二つの戦争に対応することを主張しています。中立・説得派は，中立維持・戦争回避の道を探り，どう対応すればよかったかを資料をもとに現代的関心や課題，生徒自身の戦争に関する考えなどとも結び付けながら，自分の意見を述べています。また，植民地勢力側を支持するのに近い考え方をもった生徒は，現代のアメリカ文明やその繁栄を重視した考えを述べています。

　一方，ピーコート戦争でナラガンセット人は勝利側となったものの，ピーコー

ト人は滅ぼされました。さらにフィリップ王戦争では，最後にはウィリアムズの築いたプロビデンス市は破壊され，その後，植民地勢力側に没収される結果になりました。ウィリアムズは，先住民を理解しようとしていましたが，目先の目的を優先した結果，先住民との共存という理想に反してしまったという見方もできると思います。生徒にはこうした見方もあることを補足しても良いでしょう。

のちに本国と植民地の独立戦争のさなかに出された，自由・平等をうたうアメリカ独立宣言では，以下のように記されることになります（**資料7**）。

すべての人間は神によって平等に造られ，一定の譲り渡すことのできない権利をあたえられており，その権利のなかには生命，自由，幸福の追求が含まれている。

…（中略）…彼（ジョージ3世）は，われわれアメリカ人の間で内部から反乱が起きるように扇動し，辺境地域の住民や情容赦のないインディアンの野蛮人を味方に引き入れようとした。このインディアンの戦闘のルールとは，年齢や性，それに身分の違いにかかわりのない無差別の殺戮で有名である。

[資料7] アメリカ独立宣言にみえる先住民に関する表現

アメリカは独立宣言を建国の理念に多文化社会をめざしながらも，人種・民族の差別，包摂，排除を繰り返す複雑な歴史をかかえています。独立宣言のなかのこのような差別的な表現は，やはり歴史をさかのぼって，植民地期の先住民と「野蛮な」先住民観をもつ開拓者との関係に起因するのではないかと思われます。

今回の学習を通じて，生徒が過去の歴史的事象に向き合い，当時の人々の立場で考え，そして自らの意見をまとめることができたのは，とても意義のあることでした。生徒は，人名や用語が難しい割には，「差別」の起源が植民地期にあるのではないかと考えていたようです。なお，時間に余裕があれば，紙上討論や意見をもとにグループに分かれての討論などを展開することもできます。また，明治政府の対アイヌ政策は，アメリカ合衆国の先住民政策に倣っているので，関連してそれを調べてみることも有用でしょう。

【参考文献】

池上日出夫『アメリカ 不服従の伝統——「明白な天命」と反戦』新日本出版社　2008

富田虎男『アメリカ・インディアンの歴史』雄山閣出版　1982

鳥山孟郎・松本通孝編『歴史的思考力を伸ばす授業づくり』青木書店　2012

〈高橋謙一郎〉

フランス革命が残したもの
フランス革命と国民国家の形成

■はじめに

　本稿では，フランス革命によって生み出された国民国家について考える1時間の授業を提案します。今回，国民国家の形成について考えるにあたり着目するのは，国家をあらわすイメージの変化，「外国人」の取り扱いの変化，近代的旅券制度の成立の3点です。前時にフランス革命について革命勃発から1815年のナポレオン没落までの流れを学習したうえで，本授業では生徒へ問いかけをおこないながら，資料から情報を読み取らせ，考察させる活動が中心となります。

■国王にかわる象徴の創造

　問1　1792年，国民公会は，フランス共和国の国家をあらわすイメージを資料1のように新たに布告しました。なぜ，国民公会は国家のイメージを一新したのでしょうか？

　まず導入として，資料1・2を提示してこのように発問し，生徒に自由に考えてもらいます。資料2の硬貨には，「1792年　フランス国王ルイ16世」と刻まれ，中心には国王の肖像が描かれています。フランス王国ではそれまで，国王が国家

［資料1］フランス共和国最初の国璽

［資料2］ルイ16世のエキュ銀貨（1792年）

の象徴とされてきました。一方，資料1には「フランス共和国」と刻まれ，中心には女性が描かれています。この女性像は，古代風のゆるやかな衣をまとい，右手にフリジア帽を穂先にかけた槍をもち，左手には権威を象徴する束桿をもっています。それでは，このようなイメージの変更はなぜおこなわれたのでしょうか。

　フランス革命以前のフランスでは，同じ国家といっても，地方ごとに言葉は異なり，身分や職業に応じてさまざまな特権が認められていました。これがフランス革命をへて，同一のフランス国民によって構成される国家への再編がめざされます。しかし，本来，さまざまな地域文化や言語をもっていた人々が，同じ国民だという意識をもつようになるのは簡単なことではありません。例えば，フランス革命期には，三色旗やラ＝マルセイエーズといった国旗・国歌がつくられました。同じ国旗を掲げ，同じ国歌を歌うことで，同じ国民だという意識を芽生えさせようとしたのです。こうした試みは，資料1と資料2を比較することでよりよくみえてきます。

　資料1が出されたのは，革命中の1792年9月21日でした。この日，国民公会は，フランスの国家像をより「共和主義的な自由と誇りとに満ちたイメージ」をあらわすものにするために，資料1のように変更する布告を出しました。この時期のできごとを時系列に整理すると，つぎのようになります。

> 8月10日　義勇兵と民衆がテュイルリー宮殿を襲撃。議会が王権を停止。
> 9月20日　義勇兵からなるフランス軍が，ヴァルミーの戦いで，オーストリア・プロイセン連合軍にはじめて勝利。
> 9月21日　国民公会が開会し，王政廃止を決定。
> 9月22日　第一共和政が成立。

　これをみると，この布告は国民公会が成立し，王政から共和政へと国家体制が大きく変わる過程のなかで出されたことがわかるかと思います。国民公会はそれまでの国王像にかわって，共和政を開始するうえで，共和国にとってふさわしい新たな国家シンボルを作り出す必要があったのです。

　改めて生徒に資料1の女性像を観察させ，補足の説明をおこないます。女性像とともに描かれているフリジア帽は，古代ローマで解放奴隷が身につけていたことから，自由の表象としてしばしば用いられていたものです。自由を象徴する女性の肖像が，新たなフランス共和国の象徴となったのです。

　こうして生まれた女性像はマリアンヌと呼ばれました。なぜ彼女をマリアンヌ

フランス革命と国民国家の形成　　**111**

[資料3] ドラクロワ「民衆を導く自由の女神」　　[資料4] 中国分割の風刺画

と呼んだのかについては明確にはわかりません。ただ、18世紀のフランスで一般的だった女性の名前、マリーとアンヌを組み合わせたという説が有力です。

　そしてマリアンヌ像は、革命以後も国家のイメージとして、国内外を問わず用いられました。時間に余裕があれば、作業として、生徒に教科書や資料集からマリアンヌ像と思われるものを探させても良いでしょう。例えば、19世紀のフランスの画家ドラクロワが1831年に描いた「民衆を導く自由の女神」(**資料3**)では、マリアンヌは、三色旗を掲げて人々を先導する姿、つまり革命の先導者として表現されました。さらに19世紀後半に始まる第三共和政期には、マリアンヌの彫像が市町村の役所を中心に設置され、一般に浸透していきました。

　また、**資料4**のように、日露戦争や中国分割などの国際関係に関する風刺画では、フランスをあらわす人物としてマリアンヌが描かれています。これはフランス国内だけではなく、国外からもマリアンヌがフランスの象徴であることが広まっていったことを示しています。

　このように政体が変わろうとも、現在にいたるまで、マリアンヌはフランスの象徴であり続けています。例えば、現代のフランスの切手や硬貨、大使館のロゴマークなどに、マリアンヌ像をみることができます。

■「フランス国民」と「外国人」

　問2　トマス＝ペインは1792年9月にフランスへ移住した際に、手厚い歓迎を受けました。ところが翌年には逮捕されてしまいます。なぜ、フランス国内で外国人への対応が大きく変わるのでしょうか？

112　フランス革命が残したもの

問2では,「フランス国民」と「外国人」という視点でフランス革命を考察していきます。まず,フランス革命のなかでフランス国民の定義,つまりフランス国民はどのような人間だとされたのかをみてみましょう。立憲王政を定めた1791年憲法(資料5)は,つぎのように定義しています。

　第二篇　王国の区分について,および国民の身分について
　　第二条　フランス国民とはつぎの者である。
　　　フランス人を父としてフランスで生まれた者。
　　　外国人を父としてフランスで生まれ,王国内にその住居を定めた者。
　　　フランス人を父として外国で生まれ,フランスにかえって居を定め,国民の宣
　　　　誓をした者。
　　　最後に,外国で生まれたとはいえ,宗教的理由で国外追放されていたフランス
　　　　人の男性または女性の,何親等であれ,子孫であり,フランスに帰国して居
　　　　を定め,国民の宣誓をする者。

[資料5] 1791年憲法におけるフランス国民の定義

　資料5は,本来の訳では「国民」ではなく「市民(citoyen)」や「公民の宣誓(serment civique)」となっている部分も,生徒に提示する際のわかりやすさを考慮し,「国民」と表記を統一するなど,一部表現を改めています。
　さて,資料5が出されることによって「フランス国民」が定義された一方で,それ以外の者が「外国人」として区別されることになりました。フランス革命では当初,革命を支持する外国人は受け入れられましたが,革命戦争が進行する過程で,彼らは反革命の容疑をかけられて抑圧や監視の対象となっていきます。
　トマス゠ペイン(資料6)はアメリカ独立革命時のパンフレット『コモン゠センス』の著者として知られていますが,フランス革命との関わりについては説明が必要です。イギリスのコルセット職人の子として生まれたペインは,ロンドンで出会ったベンジャミン゠フランクリンから得た推薦状をもとにアメリカに渡りました。そして,彼は1776年に『コモン゠センス』を刊行し,植民地人を独立へと駆り立てることになります。このパンフレットは短期間にたちまち12万部も売れ,ベストセラーとなりました。
　フランス革命が発生した当時,イギリスにいたペインは,

[資料6] トマス゠ペインの肖像画

フランス革命と国民国家の形成　113

革命を好意的にみていました。しかし，友人のエドマンド゠バークが『フランス革命の省察』でフランス革命を激しく批判すると，彼はそれに反論するため，1791〜92年に『人間の権利』を著しました。この行動はイギリス政府から危険視され，ペインは内乱扇動罪の疑いで裁判所からの出頭を命じられたほか，中傷パンフレットが流布されるなど，彼の言論への弾圧がおこなわれました。ついには，警察からの監視を受けるなか，身の危険を感じた彼は92年にドーバー海峡を渡ってフランスのカレー市に移住しました。なお，こうした弾圧にもかかわらず『人間の権利』はイギリスで5万部が売れ，多くの人々に読まれました。

　フランスに到着したペインは歓迎され，市民権をあたえられただけにとどまらず，パ・ド・カレー県の議員として選任されました。この県を含め，複数の県が当時，外国人を県の議員に選任していました。

　このようにフランス革命が始まってからしばらくのあいだ，外国人とされた人々にも寛容な政策が続けられ，1791年憲法の第3条では外国人も5年居留すればフランス国民になることが規定されていました。先ほどのペインのように，革命を支持する外国人を「フランス国民」と認定するケースもみられたのです。

　国民公会議員になったペインは，フランス語がつたなく，通訳が立ち会わなければならなかったにもかかわらず，精力的に仕事をこなしました。とりわけ，1793年憲法の草案作成にかかわったことや，ルイ16世の処刑に反対する演説をおこなったことで知られています。即時の処刑を主張するジャコバン派に対し，ペインは革命によって生み出された精神を守るためにも裁判なしの処刑をせず，法的な手続きを踏むべきだと主張していました。

　ところが，革命戦争の激化とともに，フランス国内では反革命への警戒心が強まってロベスピエールによる恐怖政治がおこなわれ，とくにその矛先は「外国人」や「外国」とつながっているとされた人々へ向けられました。反革命を取り締まるために革命裁判所が設置され，外国人追放の動きが国民公会で高まっていきます。そして，1793年12月26日に外国人は国民公会の議員資格を剥奪されて国政から追放され，公務から排除されることが決まりました。ペインは，同僚のプロイセン人アナカルシス゠クローツとともに解任され，翌日に逮捕されました。

　クローツは1794年3月に処刑され，ペインも処刑されるのは時間の問題でしたが，幸運にも処刑を免れました。そして，のちにアメリカ大統領になる駐仏アメリカ大使ジェームズ゠モンローの働きかけによって，恐怖政治終了後の94年11月に釈放されました。

114　フランス革命が残したもの

このように説明をしたうえで，ペインのような「外国人」でも歓迎され，国政に参加することができた一方で，最終的に逮捕，あるいはクローツのように処刑へといたってしまったのはなぜか，生徒に考えさせてみましょう。

　そもそも，フランス革命は理念による革命のため，その理念に賛同すれば，フランス市民として国政へも参加することができました。しかし，第１回対仏大同盟が形成されるなか，軍事的に包囲されたことによる緊張状態と，地方農民の反乱や「反革命派の陰謀」を背景に恐怖政治が進み，自由や平等といった本来の理念よりも革命の継続が優先され，少しでも革命主流派に異議をとなえた人々が「反革命」や「敵性外国人」といったレッテルを貼られて糾弾されてしまったのです。こうした極限状況で，外国人への恐怖心が高まり，自分たちが招いたはずの外国人議員を逮捕し，処刑しようという行動に結びついてしまったのでしょう。

　ところで，ペインは釈放後に議会から謝罪を受け，その後も議員としての活動を続けました。彼は最終的に1802年までフランスに滞在しています。この８年間の日々では，ナポレオンから夕食に招かれたというエピソードも残っています。

■近代的旅券制度の成立

　問３　つぎの資料７は何でしょうか。資料中の語句から考えてみましょう。

　続いては近代的旅券制度の成立について考察していきます。国民国家では国民と外国人を識別し，把握するシステムがつくられました。国民に対しては戸籍制度が整備され，国家が市民の情報を把握し，こうした情報管理によって徴兵制が実行可能にもなったのです。

　ここで扱う旅券制度もそうした国民と外国人を管理するシステムの一つです。旅券（passport）という言葉の由来は，都市の市門を出入りする通行証だったと考えられています。これは一種の特権として，安全に往来する権利をあたえるものでした。ところが，フランス革命の過程のなかで，旅券は身分証として国内や国境を移動する人間を管理するという新たな役割を付与されることになりました。

　資料７は実際に1798年７月30日に交付された旅券です。この資料を提示して，生徒にこれは何かを考えさせてみましょう。生徒たちの様子を観察しつつ，上部に大きく「passeport」と書いてあることに注目させれば，これは旅券（パスポート）だと気付くと思います。そのうえでつぎの問いを生徒に投げかけます。

　問４　1792年２月１日には，王国を旅する者すべてに旅券の所持が義務化されました。なぜ，政府は旅券の所持を求めたのでしょうか？

フランス革命と国民国家の形成　**115**

[資料7] フランス革命期のパスポート（1798年7月30日付交付）

　生徒に自由に考えさせたうえで，どのような経緯でフランスの近代的旅券制度が成立したのかを説明します。なお，この発問に際しては，なぜ現代でも外国へ行くときにパスポートが必要なのだろうかといったように補足するなど，身近な例とも関連付けて考えさせても良いかもしれません。

　1792年4月に革命戦争が始まりますが，同年2月には王国を旅する者すべてに旅券の所持が義務付けられていました。この旅券には，氏名・年齢・職業・人相書（髪・眉・目・鼻・口・顎・額・顔つき）・住所・国籍が記入されました。憲兵や国民衛兵は，旅行者に旅券の提示を求めることができ，それを拒む者は逮捕されました。外国人は国境をこえるときに加え，国内移動の際も旅券の携帯が必須となったのです。

　ただし，このように旅券で外国人の移動の自由を制限しようという動きは，フランス革命を通じてつねに主流であったわけではありません。むしろ，革命初期においては旅券自体を廃止し，移動の自由を認めようとする議論もみられました。革命の動向を背景に，主流となった党派の主張によって，政策は変動したのです。

　最終的に，こうした移動の自由を優先するべきか，それとも治安を維持するべきかという議論は，革命戦争が進むなかで治安の維持を主張する声によってかき

116　フランス革命が残したもの

消されてしまいました。1792年の議会の決定は，当時は一時的なものだとされ，旅券が必要でないという状況になれば廃止されるはずでした。しかし，この決定は廃止されることはありませんでした。

　こうして革命中に成立した旅券制度は，恐怖政治の終了後も継続し，フランスにおける近代的な旅券制度の基盤となりました。現在の日本でも旅券は身分証として機能しており，国境をこえるのに旅券の携帯は欠かせません。ところで，資料7の旅券には中心に「自由(Liberté)」「平等(Égalité)」「人間性(Humanité)」と書かれています。個人の移動の自由を制限するためにつくられた旅券にこのような理念が書かれているのは，皮肉のようにも感じます。

■まとめ

　本稿では，フランス革命における国民国家形成を考える視点として，国家をあらわすイメージの変化，外国人の取り扱いの変化，近代的旅券制度の成立の3点を取り上げました。高校生にとって「国民」という抽象的な概念をイメージすることはなかなか難しいかもしれませんが，こうしたアプローチによって，具体的に理解することができるのではないかと思います。

　実際の授業ではワークシートを作成し，問いに対する答えをグループで考えながら進めていくと良いでしょう。また，評価はそのワークシートや振り返りシートの提出などに基づいておこなうことを想定しています。

　グローバル化が進み，国境をこえた人やモノ，情報の行き来が盛んとなる一方で，反グローバル化を唱える動きも増しつつある現在では，国家や国民の意義を，授業を通して考察し，問い直す必要がますます出てきそうです。

【参考文献】

クリストファー・ヒッチンス著，中山元訳『トマス・ペインの『人間の権利』』ポプラ社　2007

宮崎揚弘「フランス革命期とその後の時期における旅券の確立」（同編『続・ヨーロッパ世界と旅』法政大学出版局　2001）

モーリス・アギュロン著，阿河雄二郎他訳『フランス共和国の肖像——闘うマリアンヌ1789～1880』ミネルヴァ書房　1989

渡辺和行『エトランジェのフランス史——国民・移民・外国人』山川出版社　2007

〈黒木俊輔〉

ドーデ「最後の授業」の「罠」
「境界の物語」からみる国民国家とナショナリズム

■ はじめに

　アルザス地方は，現在フランスに帰属していますが，**資料1**からもわかるように独仏国境に位置しています。この地域は，古来より複雑な帰属の変遷をたどり，住民は独自の民族的アイデンティティを形成してきました（広域自治体であった「アルザス地域圏」は，隣接する「ロレーヌ地域圏」などとともに，2016年にさらに広域の「グランテスト地域圏」へ統合されています）。

　本稿では，このアルザスを舞台とした，南フランス・プロヴァンス地方出身の作家アルフォンス゠ドーデの「最後の授業」（『月曜物語』冒頭の短編）という作品を読み解く1時間の授業を紹介します。アルザスの重層的なあり方を分析し，「国民国家の虚構性」という社会史的な問題について提起する授業をめざします。

■ ドイツ統一とアルザス地方

　まずは，教科書や資料集を開いて同作品の舞台となった1871年の独仏国境の地図を生徒に提示します。1871年1月，プロイセン゠フランス（普仏）戦争で，ドイツ帝国は悲願の統一を成し遂げました。本稿では，生徒は通史でこの事実を既習しているものとします。そのうえで「国民国家」「ナショナリズム」の概念に迫り，生徒の認識に揺さぶりをかける授業を展開していきます。

　アルザス地方は，同戦争後の講和条約により，ロレーヌ地方の一部とともに，フランスからドイツ帝国に割譲されました。またアルザスのフランス系住民は，ドイツ国民となることを受容しない場合，同地の退去を求められました。必然的に，ドイツ領アルザス（ドイツ語読みでは

［資料1］プロイセンの勢力範囲（1871年）

エルザスに近い）では，公用語はドイツ語となりました。同地での「国語」教育は，1871年を境にフランス語からドイツ語に移行します。ドーデの「最後の授業」は，国語（フランス語）教師「アメル先生」が，生徒や聴講にきた村人に語りかけるシーンを描いたものです。その生徒である「フランツ君」は，やんちゃなアルザス地方の片田舎に住む少年で，地域に根ざした学び舎に通っています。「最後の授業」では，「フランツ君」の視点を通じ，プロイセン＝フランス戦争後のアルザスが描かれていきます。それでは，ここで**資料2**をみてみましょう。

（前略）アメル先生は教壇に上がり，さっきぼくを迎えてくれたのと同じ重々しい声で，ぼくらに言った。

「みなさん，私がみなさんに授業するのは，これが最後です。アルザスとロレーヌの学校では，これからはドイツ語だけを教えることという命令が，ベルリンから来ました……。新しい先生が明日来ます。今日はみなさんの最後のフランス語の授業です。熱心に聞いて下さい」

その言葉を聞いて，ぼくは強いショックを受けた。ああ！　ひどい奴らだ，さっき役場に掲示してあったのはそれなんだ。ぼくの最後のフランス語の授業だって！…（中略）…ぼくときたら，やっとフランス語を書ける程度なのに！

…（中略）…そして今になってぼくは，村の老人たちが何で教室の隅に来て坐っているのかが分かった。それはもっとしょっちゅうこの学校に来なかったことを，悔やんでいるらしかった。そしてまたアメル先生が40年間も尽くしてくれたことに感謝し，失われる祖国に敬意を表するためでもあったのだ。

[資料2]　ドーデ「最後の授業」

ここに引用したのは，フランツ君の，時すでに遅い「改心」のシーンです。「教わる言語が変わること」への想いがひしひしと伝わってきます。プロイセン＝フランス戦争の基礎事項や作品の概要などは，生徒の実態に応じて最低限確認することとし，まず生徒にはドーデの本作品を個人で一読してもらいます。本作品は，授業時間内で読ませると10分以上はかかるでしょう。1時間の授業で実施するとすれば，事前に読ませておくなどの工夫が必要です。生徒が一読しおえたら，つぎの問いを生徒に投げかけ，グループで話し合わせます。

問1　「最後の授業」を読み，どのような感想をもちましたか？

アメル先生は本作品のラストシーンで，「国が奪われてもこの母国語（フランス語）を忘れず守ることで，牢獄の鍵をもつのと同じことだ」と説き，黒板に

「境界の物語」からみる国民国家とナショナリズム　　**119**

「フランス万歳！」と書いて教壇から去っていきます。資料2の引用部分とあわせて生徒に感想や意見を発表させ，整理・分類して板書を残しておきましょう。

> 〔板書A〕　・「母国語」が失われるアメル先生の悲しみが伝わってきた。
> 　　　　　　・自分たちの言葉が教育されなくなる，ということはとても悲しい。
> 　　　　　　・当たり前の日常が失われることへの喪失感

　大まかに，生徒からの意見はこのように集約されることが予想されます。「フランス語の先生」が去っていく様への憐憫の情，大半の生徒が母国語としている日本語が「もし教育の場から消えたら」という共感的想像，当たり前の日常が崩れていくことへの想像などでしょう。実際，本作品は良き教材として，かつて日本の国語教科書にも掲載されていました。1927年に初登場して以降，断続的ではありましたが50年の長きに渡って本作品は掲載されていたのです。

■フランスとドイツの狭間で

　ここまでの本作品への生徒の読み取りは，あくまでフランス・ドイツという「国民国家」の存在が前提となっています。フランスの領域には「フランス人」が，ドイツの領域には「ドイツ人」が居住しており，アルザス地方ではそれが一様に変化したのだ，というイメージです。しかし，これは本当に正しい認識なのでしょうか。本作品の深い読み取りへ生徒を誘うことで，揺さぶりをかけます。

　問2　「フランツ君」とは「何者」でしょうか？

　この問いは，授業の転換点であり，かつ山場です。資料2の続きであるつぎの**資料3**を注意深く読み取らせ，「フランス人」として描かれるフランツ君のイメージを再検討しましょう。

> （前略）おこりゃしないよ，フランツ君，もう十分罰は受けているはずだからね……。ほらそうして。誰でも毎日思うんだ。「なあに！　時間はたっぷりある。明日覚えりゃいいって」。ところがその結果はどうだね……。ああ！　そんなふうに教育などは明日に延ばしてきたのが，わがアルザスの大きな不幸だった。今あの連中にこう言われたって仕方がない。「なんだ！　<u>おまえたちはフランス人だと言い張っていたくせに，自分の言葉を話せも書けもしないじゃないか！</u>」（後略）

[資料3]　ドーデ「最後の授業」（資料2の続きの部分）

　資料2と同様に，ここにも下線を付しました。生徒が注意深く下線部を読み取

れれば理想です。何語を話しているのか，などとヒントを出しつつ，フランツ君の「素性」について気付かせます。生徒から意見を出させ，板書して教室全体で共有します。

〔板書B〕　・フランス人なのに，フランス語を「話せない」人
　　　　　　・フランス人と「言い張っている」人

たしかにフランツ君は，フランス語の基盤がかなり脆弱なようです。フランス語を「話せもしない」との表現が資料3の下線部にありますから，地方の識字率の低さがその背景とは思えません（実際，当時のアルザスは，フランス国内においても識字率が低い地域ではありませんでした）。さて，フランツ君とは，本当に「フランス人」なのでしょうか。ここで，**資料4**の詩を紹介します。アルザス生まれのアンドレ＝ヴェックマンという20世紀の詩人の「民族から民族へ」という作品です。

アルザス人であることは，風がよく入るように窓を大きくあけ放つことだ。東の風も西の風も入るように。アルザス人であることは，民族から民族へと，架けられた橋を，守ることだ。

［資料4］アンドレ＝ヴェックマン「民族から民族へ」

過去何度も帰属が変わったアルザスの，独自のアイデンティティが読み取れるでしょう。ここで，アルザス地方の帰属の変遷と重要事項を整理します。

〔アルザス地方における歴史的展開のまとめ〕
①中世以降　ハプスブルク領（神聖ローマ帝国領）となる
　・この時期以降，ゲルマン語派の言語が浸透（大きくいうとドイツ化）
②1648年　ウェストファリア条約によりフランス領となる
　※フランス革命をへて生活様式がフランス化
③19世紀〜　プロイセン＝フランス（普仏）戦争後，ドイツ帝国領となる
　ⅰ）1871年　プロイセン＝フランス戦争の結果，ドイツ帝国領となる
　　・同年〜翌年　アルザス住民に国籍選択条項が適用される
　　※多数のフランス国籍選択者は退去
　　cf. フランス国籍選択者→住民の約9％（13万2239人）
　ⅱ）1873年　フランスのドーデ，「最後の授業」を発表
④20世紀　二度の世界大戦

「境界の物語」からみる国民国家とナショナリズム　**121**

ⅰ）1918年　第一次世界大戦終結→19年のヴェルサイユ条約でフランス領に
ⅱ）1945年　第二次世界大戦終結→現在にいたるまでフランス領
　　・ただし，同戦争中にはドイツが占領

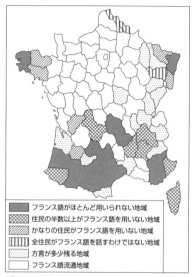

[資料5] フランス語受容分布図（1863年）

　まとめの提示方法は工夫が必要ですが，アルザス地方の帰属が複雑に変遷する様を具体的に提示できれば良いでしょう。さて，アルザスも18世紀には，「フランス国民」を画一的につくることとなるフランス革命を経験しますが，はたして住民の言語はどのような状況だったのでしょうか。**資料5**を生徒に提示します。

　資料1と照合すると，アルザス住民がこの時期「フランス語をほぼ受容していない」ことに生徒は気付くでしょう。補足すると，住民の第一言語はほぼ「アルザス語」という固有語です。大きな分類でいうならゲルマン語派に属しますが，標準ドイツ語とも開きがあります。前掲の資料4からもわかるように，「アルザス」はあくまで「アルザス」としてのアイデンティティをもっており，「アルザス語」はあくまで「アルザス語」なのです。なお，二度の世界大戦をへてフランスに帰属した後でも，アルザス地方におけるアルザス語話者は約50万人が存在します（少し古いですが，1999年の統計）。統合前のアルザス地域圏の人口は概算で180万人ですから，多くの人々はまだ固有語を保持しているのです。

■「最後の授業」の虚構

　住民の「フランス語の喪失」という本作品の描写と，歴史的事実としてのアルザスの言語状況には乖離があることがわかったかと思います。ここで，つぎの問いを生徒に投げかけます。
　問3　アメル先生とは，アルザスの人々にとって「何者」なのでしょうか？
　アメル先生は，アルザスからフランスへと退去していくフランス人である。こ

れがもっとも確かな推定です。

> 〔板書C〕　・アメル先生は40年にわたり，アルザス語話者たちにフランス語を教
> 　　　　　えてきた教師である。

　「最後の授業」の描写は，「侵略者」ドイツ帝国の強権的政策の帰結のようにみえます。このように従属させる側と従属させられる側の図式を，本稿では「支配─被支配」構造と呼ぶこととします。アメル先生をはじめとするフランス人は，ここでは「被支配」の立場に突然おかれたことになります。ただし，ここで留保が必要なのは，アルザスの人々の第一言語はフランス語ではない点です。アメル先生は，これまでにアルザスの独自性を消し去ってきた立ち位置ともいえるのです。もちろん，このような見方は，フランスからアルザスへの一方的な「支配─被支配」構造を持ち出してアメル先生（ひいてはフランス）を断罪する文脈になってしまい，大変危険です。むしろ，本授業では，どちらか一方を「支配する側」または「支配される側」として安易にレッテルを貼ってしまうと，史実を正しく分析できないことを強調します。それを踏まえ，問1でふれた「最後の授業」のラストシーン（**資料6**）を生徒に読ませます。

（前略）明日二人は出発し，永久にこの土地を去らねばならなかったのだ。
　でも先生は勇気をふるって，ぼくらのため最後まで授業を続けた。…（中略）…
ああ！　ぼくらはその最後の授業のことをいつまでも忘れないだろう。
　突然，教会の大時計が正午を打った。それに続いてアンジェラスの鐘が。それと
同時に，教練から帰って来るプロシア兵のラッパの音が，窓の下で鳴り響いた
……。　アメル先生は真っ青になって，教壇に立ち上がった。先生がそれほど大き
く見えたことはなかった。「みなさん」と，彼は言った。
　「みなさん。私は…私は……」
　でも，何か胸につまった。終わりまで言えなかった。そこで先生は黒板の方に向
き直り，一片の白墨を手に取って，全身の力を込めて，精いっぱい大きな字で書い
た。
　「フランス万歳！」。それから頭を壁に押しつけたまま，そこに立っていて，口は
きかずに，手でぼくらに合図した。「おしまいです…。行きなさい」

［資料6］　ドーデ「最後の授業」のラストシーン

　当初は胸を打った本作品が，まったく別の観点からみえてくることに，生徒が

気付くはずです（〔板書Ａ〕参照）。プロイセン＝フランス戦争敗北以降，フランスでは反ドイツ感情からナショナリズムが燃えさかりました。じつはドーデは，これをあおるかたちで，「失われるフランス語とそこへの愛着」という点を強調・増幅して作品に発露させました。アルザスという「辺境」地域に，あえてフランス・ナショナリズムを代弁させた点も，一種の意図があるのかもしれません。かつての，フランスとアルザスにみられる「支配－被支配」構造は，ドーデの示す強烈なナショナリズムにより，かき消されています（ドーデがナショナリストなのか，時流に合わせたのかは，検討の余地がありますが）。本作品のこの虚構性・イデオロギー性の強さへの批判は，国語教科書として長きにわたって本作品を用いた日本でも大きくなりました。事実，1986年を最後に，本作品は日本の国語教科書から姿を消しています。

　なお，本作品には，新たな日本語訳が登場しています（ポプラ社，2007年など）。ただし，ここまで述べたアルザスの言語状況の矛盾を解消すべく，一部翻訳が変わっている点に留意してください。

■「最後の授業」の読み解きから学べること

　アルザスの重層的で複雑な歴史的展開を知らなければ，〔板書Ａ〕のようなミスリードをしてしまいます。そうでなくとも，近代以降の単純化された「国民国家」の図式で本作品を読むと，アルザスの重層性・独自性に気付くことができません。アルザス地方は，単純化された「支配－被支配」構造で切り取れるほどわかりやすい歴史をたどったわけではないことを，すでにみてきました。単純化された「国民国家」の図式や，その図式を根幹とするナショナリズムは，一種の虚構性・恣意性をはらんでいます。このことを生徒に気付かせる契機となる授業こそ，本稿でめざしたものです。

　ところで，〔板書Ａ〕では当たり前のように「母国語」という言葉を用いましたが，アルザス地方の住民にとって「母国語」とは何を指すのでしょうか。すでに示したように，フランス語が大半の住民の第一言語であるとはいえませんから，フランス語が同地の人々の「母国語」と言い切ってしまうことに，問題がないとはいえません。また，標準ドイツ語とアルザス語とのあいだにも開きがあるうえ，現在アルザスはドイツではなくフランスに帰属する以上，「母国語」ではありません。固有語のアルザス語もまた，同地方が独立国家ではない以上，母語ではあっても「母国語」にはなりえません。母国語という言葉一つとっても，アルザス

地方の重層性・独自性が感じられます。歴史学習のテーマとしての「アルザス地方」は，「日本人の母国語は日本語」という表現に違和感のない日本を相対化し，さらには国民国家の虚構性にも接続が可能です。その意味でも，本作品は興味深い題材です。

■まとめ──さらなる授業実践展開例

なお，本授業の実践にあたっては，例えばグループワークなどをおこない，ワークシートを用いて生徒に問いへの回答を記述させれば，その活動を評価の対象とすることができるでしょう。

最後に，「歴史総合」との接続も見据えたさらなる本授業の発展例を記します。例えば，本作品とアルザス史の分析から，日本の植民地統治と対比させ，近現代東アジア史の「日本型帝国主義」を相対化して分析する授業があげられます。またほかにも，20世紀の欧州統合がもつ意味への問いかけにも接続できるでしょう（ドイツ・フランスが統合にはたした役割と，21世紀のさらなるナショナリズムの展開を考えると，大変に示唆的です）。

いずれにせよ，歴史を通じて多様な人間社会の有り様を生徒が批判的にみつめる契機として，本授業は有用だと考えます。国民国家とナショナリズムという概念を地域の重層性から問い直すことは，歴史を相対化し，現代社会をみつめる多角的な視点を養う一助となるでしょう。

【参考文献】

田中克彦『ことばと国家』（岩波新書）岩波書店　1981

谷川稔・鈴木健夫・村岡健次・北原敦『世界の歴史22　近代ヨーロッパの情熱と苦悩』中央公論新社　1999

ドーデ作，南本史文『最後の授業』（ポプラ社文庫）ポプラ社　1981

府川源一郎『消えた「最後の授業」──言葉・国家・教育』大修館書店　1992

〈中嶋泰鷹〉

冊封体制はなぜ崩壊したのか？

冊封体制と日本

■はじめに

　東アジア世界には他地域と違い，中国を中心とする冊封体制という国際秩序が存在し，周辺国の文化受容・領土紛争の防止などに一定の役割をはたしてきました。本稿では，中国と日本との関係を基軸に，前半は冊封体制の成立と日本での受容について，後半は日清戦争に焦点をあててその崩壊について考察する2時間の授業を提案します。

■冊封体制の定義と日本への影響

　冊封体制とは，中国王朝の皇帝が周辺諸国の君長に官号・爵位をあたえて君臣関係を結び，宗主国対藩属国という立場でこれを従属的な立場におくことです（資料1）。隋・唐代まではこの関係を通じて，中国王朝は東アジア世界の秩序形成者としてふるまいました。日本は中国歴代王朝に朝貢を通じて接触することで，国家形成と最新文化の摂取をおこないました。そして，飛鳥時代の聖徳太子による隋との対等外交をへて，唐代には663年の白村江の戦いに臨みます。

　唐は7世紀前半以降，冊封諸国に唐の許可を得ないでの勝手な戦争を禁止しました。この結果，日本は朝鮮3国のうち百済と親密な関係を築いてきましたが，外交上難しい選択を迫られることになりました。百済との関係を清算し，唐と親密な新羅との外交を樹立するか，唐・新羅と対立することを覚悟で，唐の不興を買っている百済との関係を重視するかという選択です。その帰結が，後者を選んだことによる白村江の戦いで，日本は壊滅的な敗北を喫し，恐怖にとらわれた中大兄皇子は，九州から畿内にいたる水城や各地の朝鮮式山城などの一連の大土木事業を決行するのです。白村江の戦い前後に，百済・高句麗は唐と新羅に滅ぼされましたが，日本は遣唐使

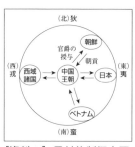

［資料1］冊封体制概念図

の派遣を通じて唐との外交を復活し，894年の遣唐使中止までは，冊封関係をもたないけれども使節を送る朝貢国関係を維持します。その後の日中関係は，宋は北方民族の優勢下で冊封関係を周辺国と結べず，日本とは貿易のみの関係で終始します。

　元は，日本に朝貢を要求する使者を何度も派遣しました。ここで一つ押さえておきたいのが，元の国書の返答に一貫してかかわったのが，京都の朝廷ではなく武家政権の鎌倉幕府であったことです。一度は妥協して使者を派遣しようとした朝廷に対し，幕府は回答拒否を貫きました。このことから，幕府は元との戦闘をむしろ望んでいたのではないかと思えます。戦闘に持ち込めば，当然，武家政権としての権限拡大につながります。実際に二度の元寇を通じて，幕府の実権を握る北条氏の勢力は西国に拡大していきました。

■足利義満が始めた勘合貿易

　中国王朝による冊封体制の運用は，時代がくだるにしたがい，貿易統制へと重点を移していきます。それは，明が周辺国とのあいだに作り上げた「勘合」という査証システムで運営されました。朝貢を通じて冊封国の君長と認められた者のみが，中国との貿易を許され，巨額の貿易利得を得ることができるというシステムです。このシステムは明代に整備されますが，その背景には，当時明を悩ませていた倭寇の活発化があります。明の洪武帝は，倭寇討伐を徹底せよとの国書を携えた使者を，早々と明の建国翌年の1369年に日本へ送りました。しかし，明は日本の支配者を誤認してしまいました。当時の日本は南北朝の動乱期であり，明の使者が接触したのは九州をたまたま支配して勢いが強かった南朝の懐良親王でした。この時，懐良親王は国書が無礼だと使者を斬り捨てました。しかし，明の二度目の使者には貿易の利を重視し，通交に応じています。

　一方，当時の日本の真の実力者であった足利義満もまた，明との通交を欲していました。彼がなぜ明との通交を欲したかについては，さまざまな見解が存在します。通説は形式上の真の日本国王である天皇を差し置き，義満が天皇に取って代わろうとした天皇位簒奪政策の一環として，中国王朝から「日本国王」として冊封されることが目的だったというものです。ただし，この解釈では中国王朝の権威が日本国内でも通用することが前提です。当時の中世日本は「権門体制」といわれる朝廷・幕府・寺社勢力が並び立つ体制であり，それらの勢力にとって，中国王朝の権威は何の意味ももちませんでした。義満は貿易の利に着目し，それ

を幕府が独占すれば幕府にとって巨額の財源となり，もたらされる唐物は威信材として利用できるだろうとの目算から通交を求めたのです。しかし，義満が16才の時に派遣した最初の使者は，洪武帝によりすげなく拒否されます。拒否された理由には，中国王朝が冊封体制を運用する際の「人臣に外交なし」という原則があげられます。つまり，一度懐良親王を日本国王と認めた以上，後から使者を派遣してきた義満は陪臣であり，日本の代表者たりえないのです。しかし義満は諦めず，明朝内の変化を読みながら使者を送り続けました。それが奏功して1401年の使者は受け入れられ，翌02年建文帝は，叔父・燕王（のちの永楽帝）との関係の緊迫もあって日本との関係を密にしておく必要から，通交を認めた使者を派遣しました。つぎの**資料2**はその様子を記録したものです。

朕大位を嗣いでより，四囲の君長の朝献する者，十百をもって計え，いやしくも大義に戻るに非ずんば，みな礼をもってこれを撫柔せんと思う。ここになんじ①<u>日本国王源道義</u>，心を王室に存し，君を愛するの誠を懐し，波濤を蹴越し，使を遣して来朝し，②<u>逋流の人を帰し</u>，宝刀・駿馬・甲冑・紙硯を貢し，副うるに良金をもてせり。…（中略）…今，使者道彝・一如を遣い，③<u>大統暦を班示し，正朔を奉ぜ</u>しめ，錦綺二十匹を賜わらん。至に領すべし。

[**資料2**] 建文帝が足利義満にあたえた国書（『善隣国宝記』より）

　資料2の読解で生徒に考えさせたい部分がいくつかあります。まず，①義満が「ここになんじ日本国王源道義」と，明皇帝から天皇を差し置いて日本国王と冊封対象者として認定されていることです。また，②「逋流の人を帰し」とあるのは，倭寇に捕まっていた人々を送還したことだということにも気付かせましょう。さらに，③「大統暦を班示し」の部分は，教員からの補足も交えつつ，その意味を考えさせましょう。「時」を支配する権能を中国皇帝が東アジア世界でもっていることを冊封国の君長に確認することが，君臣関係を維持するうえで重要な役割をはたしていたのです。ただし，この考え方は，日本では天皇制のなかに取り入れられました。元号を定める権利は天皇の政治機関である朝廷に帰するとされ，明治以後の一世一元の制において，天皇の代替わりごとに改元されるようになり，現代にいたるまで，「時」を支配する権能は天皇とともにあることを補足しても良いでしょう。

　資料2の国書を義満が受け取った後，靖難の役で即位した永楽帝も両国の関係を認め，ここに勘合符という明側が発行する割符を用いての勘合貿易が開始され

128　冊封体制はなぜ崩壊したのか？

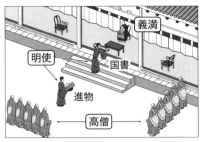

［資料3］『宋朝僧捧返牒記』から復元した義満の接見儀礼の様子

［資料4］『大明集礼』から復元した接見儀礼の様子

ました。

　それでは、冊封体制における礼の秩序が顕著にあらわれる国書の授受は、明のもとではどのようにおこなわれたのでしょうか。ここで**資料3・4**を提示します。

　資料3は、国書奉呈の場面を義満の側近が記した文書から再現した、義満の接見儀礼の場面、資料4は明が規定する接見儀礼です。資料3と4を生徒に比較させてください。明らかに異なる点は二つあります。資料3は（儀式用の建物のなかにいる）義満が明使よりも高い位置に座り、明使が低い位置から頭をやや下げて国書を差し出しているのに対して、資料4では国書と明使の前に国王が深々と跪いています。もう一つは、資料3では日本の高僧がたくさんいるのに対し、資料4では接見の場に複数の明使のみがいる点です。この高僧たちはすべて義満の側近です。結論として、資料3の方が、国王が明の国書を尊重していないことがわかります。それでは実際には、義満は明使からどのように国書を受け取ったのでしょうか。つぎから生徒に予想させて一つ選ばせてみましょう。

1. 国書は明使から日本の高僧を経由して、座ったままの義満に渡された。
2. 義満は椅子から立って、明使にお辞儀をして直接受け取った。
3. 義満は壇上で国書に跪いて拝礼し、受け取った。

実際に義満がおこなったのは3番です。義満としては、自身の国内的権威を維持するためにできるだけ身内で儀式の場を固め、国書の授受は簡素化してやりすごしたかったのでしょう。しかし、実際には資料3の

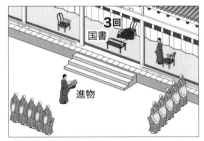

［資料5］義満がとった国書への対応の様子（資料3の続き）

冊封体制と日本　　129

場面の後，**資料5**のように義満は壇上で3回も国書に跪いて拝礼しました。これに対して，その場に同席した側近の高僧は，義満は明に対してへりくだりすぎだったと日記で非難しています。

　義満が始めた勘合貿易はその後，中国皇帝への臣従が屈辱的だとの理由で息子の義持の代に中止されますが，義教の代に復活し，銀閣で有名な義政の代には，実権こそ有力守護大名の大内氏や細川氏に握られますが，幕府はしっかりと1隻あたりいくらというかたちで，貿易の名義貸しの収入を得ており，この形式は16世紀の最後の勘合船まで維持されています。ここまでが1時間目の内容です。

■日清戦争にみる冊封体制の崩壊

　2時間目は日清戦争に焦点をあてて，冊封体制の崩壊についてみていきます。清はその中期まで冊封体制のもとで繁栄しましたが，アヘン戦争以降は欧米列強に負け続けました。しかし，東アジア世界では冊封体制を維持すべく努力していました。これに対して明治維新をへた日本は，万国公法のもとでその主権を主張し，朝鮮への勢力拡大をはかって日清戦争に臨みます。ただし，清はアヘン戦争以来，万国公法のもとで欧米から押しつけられた不平等条約には精通していました。よって日清戦争直前の清は，冊封体制下で属国としていた朝鮮との関係を，万国公法下の主権国家体制でも組み替えて維持しようとしていたといえます。

　それでは，一方の日本は朝鮮をどのように扱おうとしていたのでしょうか。

　1．日本が欧米に植民地化されないために，朝鮮を植民地として確保する。

　2．朝鮮と連帯して欧米に対抗する。

　3．朝鮮を欧米と日本の緩衝地帯として確保する。

　ここで近年注目されているのが，1890年に日本の山県有朋首相が第1回帝国議会でおこなった演説（**資料6**）です。

予算歳出額の大部分を占むるものは陸海軍に関する経費とす。…（中略）…蓋し国家独立自衛の道は，一に主権線を守禦し，二に利益線を防護するに在り。…（中略）…方今列国の際に立ち，国家の独立を維持せんと欲せば，独り主権線を守禦するを以て足れりとせず。必や赤利益線を防護せざる可らず。

[資料6] 山県有朋による第1回帝国議会での演説

　このなかで主権線は現実の国境，利益線はそれに隣接する日本の国防上必要な緩衝地帯とされます。この演説は後世，大陸に対する侵略の道を開いた軍拡路線

を表明したものとされます。しかし，最新の解釈では朝鮮を列国の干渉から中立化させる意図だったとされています。つまり，朝鮮をオランダやベルギーのような中立国とすることが日本の国防上重要だとしているのです。そのためには，冊封体制の関係を再編して朝鮮を支配しつづけようとする清が問題になります。この時期の日本が清に対して一貫して主張しているのが，「朝鮮の独立」という表現になるのはこのためです。この点を補足して生徒と**資料7**をみてみましょう。

・日朝修好条規（1876年）
　第一款　朝鮮国ハ自主ノ邦ニシテ日本国ト平等ノ権ヲ保有セリ。（後略）
・下関条約（1895年）
　第一条　清国ハ朝鮮国ノ完全無欠ナル独立自主ノ邦タルコトヲ確認ス。因テ右独立自主ヲ損害スヘキ朝鮮国ヨリ清国ニ対スル貢献典礼等ハ将来全ク之ヲ廃止スヘシ。

[資料7]　日本と清のあいだの条約にみる朝鮮に関する表現

　二つの条約を比較させて，共通して朝鮮を「自主ノ邦」としていることに気付かせましょう。また，下関条約の第一条の後半部分「右独立自主ヲ損害スヘキ朝鮮国ヨリ清国ニ対スル貢献典礼」が何を指すかも確認しましょう。これが冊封体制の儀礼を指すことは生徒も容易に気付くと思います。日清戦争後，朝鮮は清の冊封体制から脱し，1897年には国号を大韓帝国と改めました。「帝国」が冊封体制下では中国皇帝しか名乗れない皇帝号を使用していることにもふれてください。

■植民地化する朝鮮

　一方，日本は日清戦争後，朝鮮を「自主ノ邦」，つまり独立国として扱ったのでしょうか。この疑問を考えるのにヒントとなる事件が，1895年10月の閔妃暗殺事件です。下関条約締結（同年4月）から半年もたっていない時期におこったこの事件は，実際には日本が朝鮮の独立をまったく考えていなかったことを如実に示しています。この事件は，日清戦争後に閔妃がロシアへ接近しようとしたことに危機感をもった日本公使・三浦梧楼が日本軍守備隊・大陸浪人たちを景福宮に乱入させ，閔妃を殺害したものです。なお，このような重大事件をおこした三浦はその後，反長州閥の実力者として重んじられます。そして，戦前日本の民主化過程の画期的なできごと，1925年の普通選挙法を成立させた内閣である護憲三派内閣成立のきっかけとなる憲政会・立憲政友会・革新倶楽部の三党首会談（加藤

冊封体制と日本　131

高明・髙橋是清・犬養毅）を実現させた人物として日本史に登場するのです。

　ここで，日清戦争をその大義名分という観点から振り返ってみましょう。つぎ
の**資料8**は現代の歴史家が日清戦争を分析した文章です。

　同日〔6月1日〕午後，杉村〔駐韓代理公使〕は「全州は昨日賊軍（東学農民軍）
の占有に帰したり　袁世凱曰く朝鮮政府は清国の援兵を請いたりと」と打電した。
2日にこれを受け取った伊藤内閣は，外国への軍隊派遣というハードルを軽々と越
えた。三日前に届いていた杉村電報は，全羅道の騒動は収まりつつある，と述べて
いたのに，それとの矛盾を確認することもなく，この日閣議が召集され，衆議院の
解散と朝鮮派兵を決議する。
　国内政治で追いつめられていた伊藤内閣は，打開策を打ち出す必要に駆られてい
た。衆議院では，第五議会の解散を「非理不当」と攻撃する内閣弾劾上奏案が可決
されていたのである。山県〔有朋〕枢密院議長は，議会は「妄評暴言，紛擾を極
め」，議会と「国事を謀議せんことは到底目的無之」と，伊藤に書簡を送った。こ
こに「天下人心」を向かわせる「国事」としての朝鮮問題が現れたのである。

［資料8］　現代の歴史家が分析した日清戦争

　資料8からは，伊藤内閣が内政面で議会と対立しており，追い詰められていた
ことがわかります。内政の行き詰まりを外に目を向けさせて国家の求心力を確保
するというのは常套手段ですが，まさにその文脈で日清戦争は開始されたのです。
また文中の東学農民軍は，朝鮮政府とのあいだに1894年6月10日，いわゆる全州
和約を成立させ，外国軍である日清両軍の出兵根拠をなくします。しかし，日本
は出兵した既成事実を清との戦争に持ち込むべく，朝鮮政府に清と手を切ること
を前提条件とする内政改革案を提案します。予想通り朝鮮政府が拒否すると，7
月23日朝鮮王宮に攻め込んで高宗を廃し，日本の傀儡である大院君を擁立します。
この経緯から，韓国では日清戦争のことを「七月二十三日戦争」といいます。同
月25日，大院君は清韓通商三章程の破棄を発表し，同日の豊島沖海戦によって，
日清戦争は開始されます。こうみると，日清戦争における日本の大義名分は甚だ
ご都合主義的，場当たり的なものだったことがわかります。そうしたなか，先に
あげた「朝鮮の独立」は極めて聞こえのよい大義名分でした。

　さて，日清戦争の勝利は日本人に抜きがたい中国人蔑視を生み出します。例え
ば，現在の放送禁止用語に「支那」「支那人」があります。戦前の中国人作家・
郁達夫の『沈淪』という短編は，日清戦争後の日本に留学した中国人青年が，日

132　　冊封体制はなぜ崩壊したのか？

本人女性へ好意をよせるものの，日本人の差別に苦しんで自殺する話ですが，作品中に「支那人」が当時の中国人にどう受け取られていたかを示す部分があります（資料9）。差別された人々の気持ちを生徒に考えさせる資料として，以下に紹介します。

> 彼はその仲居の腰巻の端を見ると，心臓が急にどきどきして来た。彼女に話しかけようと思うとますます何も言い出せなかった。仲居はじっとしているのが気づまりになって来たのであろう，「お宅はどちらですか」ときいた。その言葉を聞くと，彼の痩せた蒼白い顔にまたもぽっと赤味がさした。むにゃむにゃと答えたが，吃ってどうもはっきりいえなかった。憐れにも彼はまた断頭台上に立ったのであった。いったい日本人の中国人を軽視することあたかもわれわれが犬や豚を軽視すると同様である。日本人はみんな中国人を「支那人」というが，この「支那人」なる三字は日本においてはわれわれが人を罵る時の「泥棒」よりもっと人聞きの悪いもので，いま花のような娘の前で，彼は自分で「俺は支那人」だと認めねばならなくなったわけである。「中国よ，中国よ，お前はなぜ強大にならないのだ！」彼の全身はふるえ，涙さえ流れ落ちた。（後略）

[資料9] 郁達夫『沈淪』（1921年5月9日改作）

■まとめ

　冊封体制という東アジア独特の国際秩序に注目すると，構造的な視点で中国とその周辺諸国の通史をみることができます。その意味で，日本史の内容と連携しながら具体的なイメージを生徒につかませると良いでしょう。

【参考文献】

川島真・服部龍二編『東アジア国際政治史』名古屋大学出版会　2007

橋本雄『室町"日本国王"と勘合貿易——なぜ，足利将軍家は中華皇帝に「朝貢」したのか』
　NHK出版　2013

〈越川芳雄〉

冊封体制と日本　**133**

あなたは読み解くことができるか!?
オスマン帝国の衰退

■はじめに

　「世界史の勉強って暗記すればいいんでしょ？」という生徒に対して，興味・関心を高め，主体的に学習に取り組ませるにはどうすれば良いのかと悩まれている先生方が多いのではと思います。生徒の興味・関心を高める手段の一つとして，風刺画などの絵画資料を用いてはいかがでしょうか。本稿では，1枚の風刺画の読み解きを通して，オスマン帝国の衰退を生徒が主体的に学び取っていく2時間の授業を提案します。

■『モッラー・ナスレッディン』

　授業に用いるのは，20世紀初頭にロシア領のコーカサス（現在のジョージア〈グルジア〉共和国のトビリシ）で発行された『モッラー・ナスレッディン』という週刊新聞（アラビア文字を用いたアゼルバイジャン語で書かれています）に掲載されていた風刺画のうちの1枚です（資料1）。なお，『モッラー・ナスレッディン』は，東京外国語大学アジア・アフリカ言語文化研究所情報資源利用研究センターのホームページで閲覧することができます。

　この風刺画は，オスマン帝国を「朽ち果てた大木」として表現しています。描かれたのは20世紀初頭ですが，19世紀のオスマン帝国の衰退を考えていくうえで，非常に良い教材だと思います。

■風刺画をみて，疑問点を探す

　まずは，生徒に資料1の風刺画を示し，疑問に思ったことを「どうして，〜だろう？」「〜は，何だろう？」というような質問形式で，思いつく限りたくさん書かせます。とにかくどんなに些細と思われることでも書くように，生徒に促すのが良いでしょう。ここで書かせた質問は，どんどん発表させて，それを板書していきます。生徒から出てくる質問の代表的なものは以下のようになるでしょう。

134　あなたは読み解くことができるか!?

[資料１]『モッラー・ナスレッディン』掲載の風刺画（口絵参照）

①「大木は何をあらわしているのだろうか？」「この大木はどうしてぼろぼろなの
　だろうか？」
②「なぜ，（人間大の）芋虫がたくさんいるのだろうか？」
③「ブランコに乗っている人は誰だろうか？」
④「木を切っている人は誰だろうか？」「木を切っている人，木に登っている人は
　何をあらわしているのだろうか？」

　このほかにもたくさんの質問が出てくると思いますが，生徒が疑問に思うこと
は大きく分けると上記のように四つに集約されるでしょう。つまり，「大木」に
関すること，「芋虫」に関すること，「ブランコに乗っている人」に関すること，
「木を切っている人，木に登っている人」に関することです。
　つぎにこの四つの項目について，「何をあらわしているか自分たちで考えてみ
よう！」と生徒に投げかけてみます。なお，この時点でこの風刺画が19世紀の西
アジアの状況を考えるうえで非常に良い材料であることを伝えておきます。

■19世紀の西アジア世界について理解を深める

　続いて，19世紀のできごとを中心に，生徒の実態に応じて理解させます。講義
形式で解説をおこなっても良いですし，ワークシートを作成し，教科書や資料集
を参照させながら各自で（またはグループで）取り組ませても良いでしょう。こ
こでは，風刺画を読み解くための材料を生徒に提供していくことを目的とします。
　13世紀末頃に小アジア西北部に建国されたオスマン帝国は，16世紀のスレイマ
ン1世の治世に最盛期をむかえます。スレイマン1世は，1529年に神聖ローマ帝
国の首都ウィーンを一時包囲したり，神聖ローマ帝国のライバルであるフランス
と同盟を結ぶなど，ヨーロッパの国際政治に大きな影響をあたえました。また，
1538年のプレヴェザの海戦では，スペイン・ヴェネツィアの連合艦隊を破り，地
中海の制海権を掌握し，北アフリカまで支配地域を伸ばしました。
　しかし，オスマン帝国とヨーロッパ諸国との力関係も17世紀後半になると変化
します。1683年の第2次ウィーン包囲に失敗し，その後のカルロヴィッツ条約に
よって，オスマン帝国はハンガリーなどをオーストリアに割譲しました。さらに
18世紀後半にはロシアとの戦争に敗れ，黒海北岸を奪われてしまいました。
　また，帝国内の各地で民族的な自覚がおこり，オスマン帝国からの自立を求め
る動きがみられました。例えばムハンマド゠アリーによってエジプトが自立し，

136　　あなたは読み解くことができるか!?

またギリシア独立戦争（1821～29年）に敗北したオスマン帝国は，ギリシアの独立を認めました。これらの運動には，中近東に利害関係をもつイギリス・フランス・ロシアなどのヨーロッパ列強が干渉しました。こうして生じたオスマン帝国の領土・民族問題をめぐる1820～70年代の国際問題を「東方問題」と呼びます。

とくにロシアは，その領土の大部分が寒冷なため，冬になるとほとんどの港が凍ってしまい軍港として利用することができません。そのため，一年中凍らない港，つまり不凍港の獲得のため，しきりに南下を企てます（「南下政策」）。それをイギリスが阻止しようとして，クリミア戦争（1853～56年）というイギリス・フランス・オスマン帝国対ロシアというヨーロッパ列強同士の戦争に発展します。

なお，風刺画に描かれている大木の枝先にアラビア文字が書いてありますが，これらの文字は「エジプト」「キプロス」「ボスニア・ヘルツェゴヴィナ」という，オスマン帝国から離脱していった地域名をあらわしています。

このような状況のオスマン帝国ですが，手をこまねいて何もしていなかったわけではありません。1839年から司法・行政・軍事などの徹底した西欧化改革である「タンジマート（恩恵改革）」を実施しました。76年には，大宰相のミドハト＝パシャがアジアで最初の憲法であるミドハト憲法を起草し，立憲国家への道を歩み始めたかにみえました。しかし，スルタンのアブデュルハミト2世は，77年のロシア＝トルコ戦争勃発を口実に憲法を停止し，議会を閉鎖してしまいます。この戦争に敗れたオスマン帝国は，バルカン半島の領土の大部分を失います。

ミドハト憲法の停止後，これに不満を抱く人々もいました。そうした人々は，「青年トルコ人」（統一と進歩委員会）を結成し，1908年に政府にせまって，スルタンに憲法の復活を認めさせました。これを「青年トルコ革命」と呼びます。ここまでを1時間目とします。

■風刺画を読み解く

2時間目は，1時間目に獲得した知識を用いて，いよいよ実際に風刺画を読み解かせていきます。読み解かせるのは，前述した①「大木」，②「芋虫」，③「ブランコに乗っている人」，④「木を切ったり，登ったりしている行為」です。④は，「行為」ではなくて，「木を切ったり，登ったりしている人たち」とした方が，生徒は考えやすいかもしれません。生徒の実態に応じて変えると良いでしょう。

読み解かせる際は，グループごとに考えさせてみましょう。その際，白黒コピーの風刺画を各生徒に1枚，またカラーで拡大した風刺画を各グループに最低で

オスマン帝国の衰退　**137**

も1枚配付すると，読み解きの助けになります。

　グループで読み解かせると，生徒たちは獲得した知識を総動員して生き生きと考えていました。それでも，なかなか結論にたどりつけない項目も出てきます。この時に教員は，机間巡視をしてグループの活動状況をみながら，適宜ヒントを出すと良いでしょう。とくに生徒にとって考えにくいのが，②「芋虫」と④「木を切ったり，登ったりする行為」のようです。この二つの項目は，それぞれが被っている帽子に着目させると良いでしょう。②は，トルコ帽を被っているものがいるので，「この帽子と同じかたちのものを資料集から探してごらん」と生徒に投げかけます。④も，木を切っている人物が被っている帽子と同じかたちのものを資料集から探させます。こちらは，それまでの授業（「ドイツの統一」などの単元）でビスマルクを取り上げていれば，生徒は意外とすぐにドイツ兵の帽子であると読み解くことができます。なお，ドイツ兵の下にいる二人の人物は，帽子から判断して，上がフランス兵，下がイギリス兵と考えられます。

　なお，読み解きをおこなわせる際には，グループごとに答えを考えさせるとともに，なぜそのように考えたのかという理由も答えさせることが大切です。

■読み解き結果を発表する

　グループごとに読み解きの結論が出そろったら，それを発表させます。この時，結論付けられなかった項目があるグループがあっても，結論が出た項目だけで良いので発表させます。発表の際には，グループごとに黒板に書かせるなど，クラス全員で各グループの結論を視覚的に共有できるようにしましょう。

　最後に教員から解釈例を示しますが，その前に，どのグループの結論がもっとも説得的かを討論させると生徒の理解が深まるので，時間的な余裕があればそのようにすると良いでしょう。解釈例としては，①「大木」は「オスマン帝国」，②「芋虫」は「オスマン帝国の官僚」（トルコ帽を被っている芋虫〈＝トルコ人〉が，大木〈＝オスマン帝国〉を内部から食い荒らしている。つまり，同じ国の人間が国を食い物にしているように描かれているので，このように解釈できます），③「ブランコに乗っている人」はスルタンの「アブデュルハミト2世」，④「木を切ったり，登ったりしている行為」は「ヨーロッパ列強のオスマン帝国への介入・侵略，または東方問題」となります。以下に生徒たちが実際に考えたおもな結論を示します。

　①「大木」は，大半の生徒が「オスマン帝国」と結論付けました。四つの項目

138　あなたは読み解くことができるか!?

のなかでは，一番簡単だと思います。

②「芋虫」は，四つの項目のなかでは，もっとも難解だと思います。先述しましたが，何もヒントをあたえないとなかなか結論が出せない生徒が多いようです。そのため，芋虫が被っている帽子に着目させて，資料集から同じ帽子を探させると，多くの生徒が「トルコ人」や「オスマン帝国の住民」という結論に達することができました。しかし，そこから「官僚」という発想にはなかなかたどりつかないと思うので，教員が補足しても良いでしょう。

少数ながらほかの結論としては，「オスマン帝国から独立する民族」や「奴隷」というような結論もみられました。「オスマン帝国から独立する民族」とした生徒は，「芋虫」が「大木」（＝オスマン帝国）を攻撃しているので，オスマン帝国と戦って独立していく民族と考えたようです。「奴隷」は，「芋虫」として描かれているものは，被差別的なものだと考えたようです。被差別の対象として，これまでの世界史学習で「奴隷」が思い出されたようです。この二つの結論は，解釈例とは異なりますが，学んだ知識を活かして自分たちなりに結論付けている点を評価して良いと思います。

③「ブランコに乗っている人」は，「芋虫」と同じトルコ帽を被っていることや偉そうな服装をしていることなどから判断して，「オスマン帝国の皇帝」や「アブデュルハミト 2 世」と結論付ける生徒が多かったです。

④「木を切ったり，登ったりしている行為」は，大半の生徒が解釈例と同じ「ヨーロッパ列強のオスマン帝国への介入・侵略」や「東方問題」と結論付けられました。しかし，枝を切っているドイツ兵の帽子を被っている人物に着目しすぎると，「ビスマルクがオスマン帝国を滅ぼそうとしている」や「ドイツがオスマン帝国のバルカン半島の領土を狙っている」といった，ドイツだけがオスマン帝国に干渉しているかのような結論になってしまいます。

少数ながらほかの結論を示しておきます。「青年トルコ革命」と結論付けた生徒は，資料集に「青年トルコ革命でアブデュルハミト 2 世が退位」という記述をみつけ，ブランコがかかっている枝を切り離すことでそれを表現していると考えたようです。また，「タンジマート」と結論付けた生徒は，悪い枝を切り落とすことで改革をあらわしていると考えていました。

生徒たちからは，解釈例（または，ここで紹介した少数の解釈）と異なる結論も出てくると思います。しかし，生徒の出した結論が解釈例と照らして正解か不正解かを判断するのではなく，それぞれが自分たちのもっている知識を活かして，

オスマン帝国の衰退　　**139**

いかに説得的に結論付けられているかを評価するのが良いでしょう。

　最後に本授業のまとめとして，「風刺画をあらためてみて，この風刺画の作者は，何を伝えたかったのだろうか？」と問いかけてみましょう。

　この問いへの解答として，「オスマン帝国が衰退している様子やアブデュルハミト2世が現状に関心をもっていないことを広く大衆に伝えたかった」というような意見が多くみられました。少数意見ながら，「大国オスマン帝国がどのように衰退していったかをあらわしている。文字が読めない人にもわかるように絵で描いている」や「直接的に描いて批判や規制をくらわないように直接的に描かなかったのかなと思った」と考えた生徒もいました。これらは，風刺画の本質をついたなかなか鋭い意見だと思います。また風刺画は，その作者の考えが含まれているので，描かれた世界がありのままの姿でないことも補足すると良いでしょう。

■まとめ

　1枚の風刺画を用いて，獲得した知識をもとにグループで協力しながら，生徒自ら考え，説得的な結論を導いていく授業の例を示しました。このような授業形式だと，講義形式の授業に比べ，生徒たちは楽しく，かつ主体的に授業に臨んでくれるようです。最後に授業についての感想を書かせると，「自分たちで考えて答えを出すことがこんなに楽しいとは思わなかった」や「ほかの人の解釈を聞くと，自分が今までもっていなかったような視点を獲得することができた。自分以外の考えを聞くことは大切だと思った」など，好意的な意見をみることができました。そして生徒の世界史に対する意識が「歴史＝暗記」というものから脱却しつつあるようにも感じます。また，つぎのような感想もあったので紹介します。

・推理をしているようでおもしろかったです。一つの答えの予想がつくと，それに関連したものをたどって，ほかの答えもみつかっていき，不思議な感じがしました。ほかの班との比較も，どの班の意見にも納得できて，歴史の説が色々あるのは，このためだなと思いました。
・普段の授業ではなかなかない，自分たちで調べて考えていくスタイルはとてもおもしろかった。班で話し合ったり教科書などをみて調べていくうちに友達と考えがつながった瞬間が楽しかった。クラスで発表してもそれぞれ班ごとに意見が違って，でもそう推測した根拠があって，思いつかない考えもあってなるほど，と考えられた。歴史は視点を変えてみるとおもしろいというけど，それが実感できた。また機会があればこういう授業もやりたい。

140　あなたは読み解くことができるか!?

歴史は立場によってさまざまな見方や解釈がなされます。この二つの感想のように本授業でそれを実感してくれた生徒もいました。

> 　今回は風刺画をみて，風刺画からオスマン帝国の領土縮小について考えることができて，何もヒントがわからないところから考えることは難しかったけれど，おもしろいと思った。班で話し合って班ごとに黒板に書いた時に色々な見方があっておもしろいと思った。どこから決めるかや，どこに注目するかで出てくる答えが変わって，こういう見方もあるんだと納得させられることもあった。また風刺画を描いた本人に何を描いたかを聞けないから，誰の考えが合っているかわからないというのが，もしかしたら新しい一番納得できる解釈がまだ生まれるかもしれないんだと思い，楽しみがあると思った。

　この感想を書いた生徒は，歴史は過去を固定化したものではなく，新しい資史料の発見などでその時々によって解釈が変わりうることに気付けているように思います。また，こうした感想は「思考・判断」の面で評価するのが良いでしょう。
　風刺画のような絵画資料は視覚的に捉えることができるので，生徒の興味・関心をひくには格好の素材ですし，本授業のようなアクティブラーニング形式の授業は，講義形式の授業よりも生徒の理解がより深まっているように思います。
　年間の授業計画を考えると，毎単元でこのような授業を展開するのは不可能かと思いますが，それでも，「歴史＝暗記」という生徒の意識を変えていくには，少なくとも毎学期に1回程度，このような実践をおこなうのが有用だと考えます。

【参考文献・HP】
小川幸司『世界史との対話——70時間の歴史評論』（中）地歴社　2012
鈴木董『オスマン帝国の解体——文化世界と国民国家』（講談社学術文庫）講談社　2018
林佳世子『オスマン帝国500年の平和』（講談社学術文庫）講談社　2016
マーク・マゾワー著，井上廣美訳『バルカン——「ヨーロッパの火薬庫」の歴史』（中公新書）
　中央公論新社　2017
IRC：アジア・アフリカ言語文化研究所情報資源利用研究センター（東京外国語大学）ホームページ（https://irc.aa.tufs.ac.jp/）（最終閲覧日：2019年3月27日）

〈濱田竜亘〉

ベルギーの王様はコンゴに何をしたのか？

民族の分断と連鎖する紛争の原因

■はじめに

　一年間の通史学習のなかで，アフリカ史を古代からきちんと解説される先生方は多くないと思います。ともすると，「アフリカ分割」が通史上ではじめて本格的にアフリカにふれる単元となります。しかし，どこの国がどの地域を支配していたか，地図上の色分けの確認に終始することも少なくありません。本実践は，現代のアフリカ大陸の国境線がどのように引かれたのかという問いを起点に，ヨーロッパのアフリカ侵略の歴史を紐解いていくことで，私たちの豊かな生活はアフリカの資源の上に成り立っていることを知り，さらにそれが現代の紛争の原因にもつながっていることに気付く，2時間の授業実践です。本稿に散りばめた課題を参考に，ワークシートに落とし込むなど自由に利用・実践していただければ幸いです。また，大航海時代以降の通史の復習としても活用することができます。

■アフリカ大陸の国境の読み取り

　まず，**資料1**の2枚の地図を生徒に提示して，三つの問いを投げかけます。いきなり三つ提示するのではなく，一つずつ順番に提示していき，段階的に考えさせると良いでしょう。

　　問1　図Aのアフリカの地図とヨーロッパの地図とを見比べて，"国境線"に
　　　　　着目したときに気付くことはないだろうか？

　　問2　そもそも国境線はどのように引かれるのだろうか？

　問1を通して，アフリカの国境線に直線が多いことに気付かせます。また地図帳など，とくに地形が読み取れる地図を補助資料として提示し，直線の国境線が引かれる場所は地理的にどのような特徴をもっているかを考えさせます。さらに，アフリカの地形図と国境を見比べさせ，つぎの2点について気付かせます。1点目は，河川や山脈，緯線が国境の基準になっていること，2点目は，砂漠地帯に直線的な国境線が引かれていることです。アフリカの国境線は，1884〜85年のベ

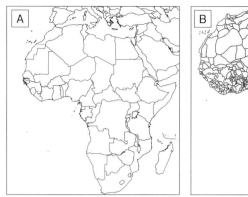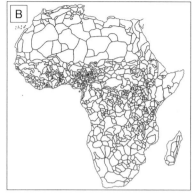

［資料１］二つのアフリカの地図　Aは現代のアフリカの国境線を示したもの。Bはアフリカのエスニック・グループの分布を示したもの。

ルリン会議以降に，地形線と理論線と呼ばれる２種類の境界線を組み合わせて，欧米列強によって決定されました。地形線は，ベルリン会議以前からヨーロッパ列強の貿易拠点になっていた場所や，伝統的な現住民族の首長から「購入した」と主張される土地，探検家が河川を遡って内陸部へと探索したルートなどを分割の根拠として，河川や山脈などの地理的な境界を適用した線です。一方，理論線は，明確な地形線が存在しない場所に人為的に引かれた線で，直線的な境界線です。例えば，サハラやナミブ，カラハリなどの砂漠地帯に多くみられます。
　問３　図Ｂは国境とは別の境界線をあらわしている。何の境界線だろうか？
　問３は，アフリカの人々にとって重要な集団の単位は何だろうかなどと問いかけて考えさせます。図Ｂは原住民族の分布を境界線で区切ったものです。アフリカ大陸に引かれた国境線は，原住民族の分布と一致していません。つまり，国境線が民族集団を分断していることになります。ここでいう民族とは，言語や文化，血縁的・地縁的なつながりをもとにまとまっている社会集団のことを指します。言語を基準に分類を試みると，このような社会集団は少なく見積もってもアフリカに約800以上存在するといわれています。そして，「それではなぜ，このようなズレが生じているのか」と生徒に問いかけて授業の主題とします。社会科目が好きな鋭い生徒であれば，アフリカ大陸の国境線は，アフリカの原住民族が引いたものではないと察します。そこから，「ヨーロッパの為政者が勝手に国境線を引いた」という結論を導き出していきます。以上が導入で，続いて「コンゴ」を例に，ヨーロッパのアフリカ支配の歴史とその論理を解き明かしていきます。

民族の分断と連鎖する紛争の原因

■ヨーロッパによるアフリカ侵略①——奴隷貿易（15〜18世紀）

　この節の終わりまでを１時間目の授業とします。時代は「大航海時代」まで遡ります。資料集の大航海時代のページを開いて，つぎの二つのことを確認します。一つ目は，アフリカにいち早く進出したヨーロッパの国はどこであったかということです。各国の進出した地域を確認しながら，とくに積極的に進出していた国はポルトガルであることを強調しましょう。二つ目は，進出した年代です。ヴェルデ岬（1445年），喜望峰（1488年）など有名な地域を確認します。日本に鉄砲が伝来するよりも，およそ100年近く早い段階から，のちにヨーロッパ列強と呼ばれる諸国家はアフリカに進出していました。

　ポルトガル人がコンゴ河口に到達したのは1482年のことで，バルトロメウ＝ディアスが喜望峰に到達する６年ほど前でした。85年にポルトガルとコンゴ王国のあいだに国交が結ばれ，友好関係を築きました。例えば，ポルトガルからは外交使節やキリスト教宣教師団ばかりでなく，鍛冶屋・石工・煉瓦工・農業技術者などがコンゴ王国に派遣され，コンゴ王国からも外交使節団のほかに青年貴族たちが留学生としてリスボンに渡りました。さらに当時のコンゴ国王ンジンガ＝ムベンバは，積極的な欧化政策を推進していきます。この欧化政策については，ヒントをあたえながら具体的にどのようなことをおこなったか生徒に予想させ，自由に列挙させると盛り上がるでしょう。実際には，彼は1492年にキリスト教に入信し，1506年にドン＝アフォンソ１世という欧風の名前を名乗りました。そして，自らポルトガル語を熱心に学習し，二人の息子をローマ教皇のもとに派遣し，そのうちの一人はチュニジアにあるウティケの司教に就任しました。また，首都の名前を「ムザンバ＝コンゴ」から「サン＝サルヴァドル（聖救世主の意）」に改称しました。

　しかし，このようなドン＝アフォンソ１世のポルトガルに対する善意に満ちた姿勢は，奴隷貿易というかたちで裏切られていきます。さて，再び資料集の大航海時代のページを開いて地図をみてみましょう。ポルトガルがアフリカ以外に進出していった地域があります。それは南アジア（カリカット〈1498年〉，ゴア〈1510年〉）および東南アジア（マラッカ〈1511年〉），そして南米（ブラジル〈1500年〉）です。とくにブラジルでは，広大な土地を利用したプランテーションの経営がさかんになります。コンゴ王国と交易していたポルトガル商人たちは，プランテーションの労働力として，アフリカ西海岸から黒人奴隷を供給するようになります。やがて，ドン＝アフォンソ１世は，国内の人材が奴隷として大量に

144　ベルギーの王様はコンゴに何をしたのか？

流出していく事態を嘆き，1526年 6 月 6 日付で，ポルトガル王ジョアン 3 世に**資料 2 の手紙を送っています。**

> われわれの臣民の多くは貴殿の臣民がわが王国にもたらしたポルトガル商品を熱心
> に求めている。節度を知らぬ欲を満たすために，われわれの臣民は他の自由な黒人
> の臣民仲間（奴隷貿易にはアフリカ人の協力者が存在した）を捕え，沿岸部で彼ら
> を奴隷商人たちに売らねばならぬのだ。

［資料 2 ］ ドン＝アフォンソ 1 世からジョアン 3 世への手紙

　ここで一つの問いを投げかけることができます。「ポルトガル商品」とは具体的にどんな産品があげられるでしょうか。中学校までの歴史的知識も応用すれば決して難しくありません。重要な産品としてあげるべきものは「銃火器」です。ポルトガル商人から日本に鉄砲が伝わったのが1542～43年ですから，横のつながりを意識させて考えさせると良いでしょう。「銃火器」は民族同士を争わせて，捕虜となった黒人を奴隷として輸出するための道具となりました。このようにして，コンゴだけではなく，アフリカ西海岸からアメリカ・カリブ海諸島およびヨーロッパへ輸出された奴隷は約 1 千万人近くにおよびました。ただし，奴隷貿易は18世紀を頂点にしだいに衰えていきます。奴隷貿易を衰退させた原因はイギリスでおこった産業革命でした。イギリスはヨーロッパ最大の奴隷貿易国でしたが，工業化をなしとげ，産業資本家が台頭してくると，アフリカを奴隷の供給地としてではなく，原料供給地および市場として利用しようと考えはじめます。そして，ほかのヨーロッパ諸国もそれに続き，帝国主義の時代に突入します。

■ヨーロッパによるアフリカ侵略②──帝国主義・アフリカ分割（19世紀～）

　ここから 2 時間目の授業になります。19世紀半ばのヨーロッパでは，君主ではなく国民が主権をもつ国家がめざされるようになります。いわゆる「国民国家」の誕生です。啓蒙思想が専制打倒というかたちで具現化し，市民革命にまで発展したことで，ヨーロッパの中小国や大航海時代から植民地化されてきたラテンアメリカ諸国は独立をはたすようになります。このような時代背景のなかで，「国境で区切り領有する」というヨーロッパ独自の考え方が登場します。そして，この考え方は自国の範囲内にとどまらず，対外進出にも応用されました。それが帝国主義に基づく世界政策の一環としておこなわれた「アフリカ分割」です。

　列強によるアフリカ分割競争の直接的なきっかけをつくった人物は，ベルギー

民族の分断と連鎖する紛争の原因　　**145**

国王のレオポルド2世です。彼は、コンゴ川流域に金・銀の鉱山が存在するという報告を聞き、1878年にコンゴ国際協会という研究機関を創設し、イギリス出身の探検家スタンリーを派遣しました。そして、スタンリーは現地の首長たちと条約を結び、コンゴ川流域を開発していきました。このようなレオポルド2世の積極的なコンゴ進出に驚いたポルトガルは、15世紀から続くコンゴ王国との関係を踏まえて、1882年にコンゴ川周辺地域に対する主権を宣言しました。ほかの欧米列強は互いの利害関係から賛否が分かれます。イギリスはポルトガルの宣言を承認しますが、イギリスと対抗関係にあったフランスと、英仏の対立関係を外交に利用しようとしたドイツは、ポルトガルの宣言を承認しませんでした。アメリカ合衆国はレオポルド2世のコンゴ進出を「奴隷制度の廃絶のためのもの」と誤認したために、コンゴ国際協会に対して、好意的な態度を示しました。ドイツの宰相ビスマルクは、この利害関係を整理し、植民地分割のあり方を話し合うために、1884〜85年にかけてベルリン会議を開催しました。その時のレオポルド2世の思惑と支配の実態を**資料3〜7**で確認していきましょう。

くそ！　畜生！　奴らののどを締め上げてやりたい！（急いで十字架に接吻し、口ごもる）この20年間、わしは両半球の新聞を黙らせるために、何百万の金を使ったことか。しかもまだ、奴らは言いたい放題言いおる！　…（中略）…奴らに言わせると、わしは涙を流しながら各国を回って歩き、口を聖書の文句で一ぱいにし、全身の毛孔から慈悲の油をしたたらせて、あの大きくて豊かで人口に富むコンゴ自由州をわしの手に任せてくれ、と哀願して回った、というのだ。そして奴隷の売買を禁止し、2500万の無害で温和な黒人たちを暗黒から救い出して神の恵みに浴びさせ、福音を伝え、われわれ白人の栄光に満ちた文明の光を与えてやるから、とわしが約束したと言いおる。…（中略）…そこで①欧米14か国はわしに同情して涙を流し、ついにわしに説得されてしまった。これらの諸国はベルリンで会議を開き、わしを議長に推し、わしが②コンゴの支配者であることを承認した。…（中略）…その後わしは、巧妙に計画され組織された部下の一隊をコンゴに送り込み、わしの旗をコンゴに立て、③米国大統領をうまく抱き込んで、コンゴがわし個人の直轄領であることをまっ先に米国に承認させてしまった、だと！　うむ、よかろう、こんな悪口を並べたければ好きなだけ並べるがいい。少なくとも、わしは満足しておる。何しろ、みずから利口だとうぬぼれているアメリカ人どもより、わしのほうがやはり一枚役者が上だったのだからな。

[資料3]　コンゴ支配について振り返るレオポルド2世

資料3はレオポルド2世の実際の口述ではありません。『トム・ソーヤの冒険』の作者としても有名なアメリカ人作家マーク＝トウェインによるフィクションです。この作品はコンゴ自由国に派遣された宣教師の報告に端を発した国際的な非難を受けて、レオポルド2世が抗弁を試みるという体裁で描かれる風刺的な作

［資料4］　ベルリン会議

品となっていますが、作品に登場する支配の実態は、事実に基づくものであり、史資料としても活用することができます。

　この資料を生徒と読み合わせた後で、確認したい事項が3点あります。①ベルリン会議は資料4の絵画にも描かれている通り、欧米列強の為政者のみで開催されたという事実。②会議後、コンゴ川流域に広がるコンゴ盆地は、「コンゴ自由国」と名づけられ、レオポルド2世の私領地となったこと。③資料3の直前で確認したアメリカの誤認を、レオポルド2世も自覚していた可能性があるということ。以上の3点です。こうして、レオポルド2世はコンゴ盆地一帯を手に入れましたが、この会議をきっかけにアフリカを植民地化するルールが定められました。ベルリン会議の一般議定書には、つぎの資料5のように書かれています。

> 第34条　今後、アフリカ大陸沿岸部で、現有領域以外の土地を領有しようとする大国、もしくは、これまでそのような領有地を持たなかったが今後領有しようとする大国、および、保護領を確保しようとする大国は、必要とあれば本議定書の他の締約国が自らの適切な要求を行いうるように、その旨、他の締約国に通告することとする。
> 第35条　本議定書の締約国は、アフリカ大陸沿岸部で領有する地域における既存の諸権利と、場合によっては、（調印国間の）合意に基づく条件下での貿易ならびに移動の自由を守るに足る権威の確立を保障する義務を負うものとする。

［資料5］　ベルリン会議の一般議定書で定められたアフリカ分割に関するルール

　つまり、事前の通知と実効的な支配を確立できれば、欧米列強は際限なくアフリカを植民地化できる理由を得てしまったのです。これは「先占権」と呼ばれています。それでは、アフリカの原住民族に対してはどのように支配の正当性を説

民族の分断と連鎖する紛争の原因　　147

明したのでしょうか。答えは資料3にある「われわれ白人の栄光に満ちた文明の光を与えてやる」という部分です。ここで生徒に対して文明とは具体的に何をあらわすかと問いかけ、例をあげさせてみましょう。例えば、都市を建設する、電信線を通す、鉄道を敷く、道路を整備するといった答えが考えられます。17世紀以降、徐々に形成されていった近代国際法の考え方によると、産業革命をなしとげた欧米諸国は自分たちを「文明国」と定義し、世界各地域を序列化していきました。アフリカ諸国・地域に対しては、「未開国」とみなしました。加えて、土地を耕作せずにあまらせている原住民族の様子を、「労働」に従事していないととらえ、彼らの居住地やその周辺地域を「無主の地」として、植民地支配を正当化する法理論を確立していったのです。

　こうして正当化された植民地支配の原則をもとに、アフリカ大陸には、民族の分布を無視した国境線が引かれ、欧米列強によっていっせいに分割されました。分割のきっかけとなったコンゴ自由国では、天然ゴム・ヤシ油・象牙が主要な産品としてベルギーへ輸出されました。天然ゴムはタイヤやケーブル、ヤシ油は石鹸などに利用されていきます。レオポルド2世は私領地であることを好都合に、非人道的な支配体制を作り上げました。つぎの**資料6**は、劣悪な支配を目の当たりにした、ある宣教師の1899年の報告です。

天然ゴムを集めるために伍長が出かけるときはいつでも、銃弾の入ったカートリッジが与えられた。伍長はそれを未使用のままで戻ってこなくてはならなかった。逆にそれを一つ使うごとに、彼は一つの右手を持って帰らねばならなかった！　一人の役人が私に話してくれたことだが、下級士官どもは時々支給の弾薬を使って狩猟をやり、野獣を撃ち殺したりすることがある。すると、彼らは、弾丸の数を合わせるために、生きている人間の手首を切り取って持ち帰るのだという。マンボゴ河地域で過去半年間に使用された銃弾の数は計6000発であるが、これはつまり、6000人の人間が、殺されたか、ないしは手首を切断されたことを意味する。しかし実際は、6000人以上に達しているはずだ。というのは、兵士たちは銃の台尻で土人の子供を殴り殺すからである。

[資料6]　コンゴ自由国の支配に関するある宣教師による1899年の報告

　このような非人道的な植民地支配に対して、国際的な批判があいつぎますが、レオポルド2世はどのように対応していったのでしょうか。再度、資料3を読み直してみましょう。彼は、新聞社を買収して、自身への批判に対する反論の記事

を書かせ，批判をもみ消していました。したがってトウェインのこの作品も，世間から黙殺されました。しかし，それでもレオポルド2世が資料3で悔しがっているのはなぜでしょうか。それは，記事のねつ造では言い逃れのできない証拠が提供されるようになったからです。それは，**資料7**からわかるように，19世紀前半には実用化がなされていたカメラによる写真です。ベルギーの議会からも批判の声が高まると，1908年にベルギー政府はコンゴ自由国をレオポルド2世の私領地からベルギー政府の管理下におくこととしたのです（ベルギー領コンゴの成立）。

[資料7] 手を切り落とされたコンゴ人

■まとめ——現在のコンゴ

　ベルギー領コンゴは，1960年にコンゴ共和国として独立をはたしていますが，その後，二度の大きな内戦を経験しました。その内戦の原因こそ，国境線と民族分布の境界のズレでした。アフリカの紛争の特徴は，一つの軋轢がまた別の対立を生み，連鎖しておきることです。この学習後に，「ルワンダ内戦」の原因について学習するとそのことがよくわかります。現在は，電子部品の原料となる鉱物資源をめぐる争いも要因の一つとなり，紛争は依然として続いています。本授業の発展として，「BS世界のドキュメンタリー」の「血塗られた携帯電話」（NHK，2012）や「女を修理する男」（ユナイテッドピープル，2015）などの映像を視聴させると，現代の問題とのつながりが深まります。映像資料に関しては，動画サイトで「コンゴ」や「紛争鉱物」と検索するだけでも多くの映像がみつかります。

【参考文献】
林晃史編『アフリカの歴史』（アフリカの21世紀）勁草書房　1991
南塚信吾「積み重ねられる国境意識——ヨーロッパの歴史的経験から」（メトロポリタン史学会『メトロポリタン史学』10号　37〜55頁　2014）

〈田巻慶〉

19

ヴァーグナーとドイツ国民主義
19～20世紀における国民主義の変質

■はじめに
　19世紀ヨーロッパにおける国民主義の学習で中心となるのは，ドイツ・イタリアの統一です。「鉄血宰相」ビスマルクの存在は無視できませんが，国民主義の高揚は，芸術文化の力を抜きにはありえなかったでしょう。また，その後の帝国主義時代には，国民主義の性格も変質していきます。時間の制約もあって，ともすれば軽視されがちな文化史の視点から，ヴァーグナーとドイツにおける国民主義の変質に焦点をあてつつ，国民主義を考える2時間の授業を提案します。

■ヴァーグナー・ファンの「狂気王」と白鳥の城
　大富豪フッガー家ゆかりの町として知られるドイツ・バイエルン州のアウクスブルクから，ローカル線の列車に乗って終点のフュッセンという駅でバスに乗り換え，しばらく行くと，やがてシュヴァンガウという村にたどりつきます。「白鳥の里」という意味の地名ですが，ここはもうアルプスの麓。この谷間の村を見下ろす小高い丘の上に建っているのが資料1の城です。千葉県浦安市の有名テーマパークにある「シンデレラ城」のモデルになったともいわれている，このノイシュヴァンシュタイン城は，中世ヨーロッパの城の理想的な美しさを追求したと評されています。この城と「シンデレラ城」の写真とを，生徒に比較させてみて

［資料1］ノイシュヴァンシュタイン城

［資料2］ホーエンシュヴァンガウ城

も良いでしょう。ところでこの城，いつ，何の目的で建てられたのでしょうか。実は谷の向こう側からもう一つ，本物の中世の城が村を見下ろしています。**資料2**をみてください。こちらのホーエンシュヴァンガウ城（元々はシュヴァンシュタイン城という名前でした）と比べるように生徒を促して，城本来の目的であるはずの籠城戦に，この"ノイ（新しい）"シュヴァンシュタイン城がふさわしいのかどうかを，考えさせてください。きれいすぎるその姿から，「だれかが趣味で建てた城みたい」という声が生徒たちからあがれば成功です。実際にこの城が建てられたのは19世紀も後半，その正体は鉄骨やコンクリートで固められた，れっきとした「近代建築」なのです。それではいったいだれが，何の目的で，この城を建てたのでしょうか。

このノイシュヴァンシュタイン城を建てたのは，「狂気王」の異名をもつバイエルン国王ルートヴィヒ2世（1845～86）でした。彼はヴァーグナー音楽の大ファンで，歌劇「ローエングリン」の主人公である中世の白鳥の騎士に憧れ，それどころか自分自身をそうだと思い込み，とうとうこんな城まで建ててしまったのでした。しかし，いくら国王でも，自分の趣味でこんな城を建てられるものでしょうか。生徒に「自分たちが国民だったらどう思うか」と聞いてみても良いでしょう。

それでは，そんなバイエルン王国とはどんな国だったのでしょうか。時は「鉄血宰相」ビスマルクのプロイセンによってドイツ統一政策が推進されていた1860年代。オーストリアを破ったビスマルクは，マイン川以北の22カ国をまとめて「北ドイツ連邦」を成立させていました。統一達成まで，残るはヘッセン，バーデン，ヴュルテンベルク，バイエルンの4カ国を残すのみ，というところにまでこぎつけたのです。

ドイツではマイン川を境に，北部はルター派が多く質実剛健の，南部はカトリックが多く芸術愛好の気風が強いといわれます。ただでさえ南部ではプロイセンを嫌う風潮があるうえに，由緒あるヴィッテルスバッハ王家のバイエルンは，家柄としては格下とみなしていたホーエンツォレルン家の軍門にくだることをいさぎよしとはしませんでした。しかも裏では，隣国が統一によって強大化するのを嫌うフランスのナポレオン3世が妨害工作を繰り広げていました。しかし，1860年代後半にスペイン王位継承問題がおこると，ビスマルクはバイエルン王国など4カ国と同盟を結ぶとともに，1870年にエムス電報事件をおこしてナポレオン3世を挑発し，プロイセン＝フランス（普仏）戦争に勝利して，1871年にドイツ統

19〜20世紀における国民主義の変質　**151**

一を達成します。

　ノイシュヴァンシュタイン城の建設は1869年に始まりましたが，じつは莫大な
建設資金を密かに提供したのは，バイエルン王家を懐柔しようとしたビスマルク
だったのです。そのため「狂気王」の道楽は，バイエルン国民の生活を犠牲にす
るものではなく，そもそも当時のバイエルンでは王室財産は国家財政とは分離さ
れていました。ただ，それでも王はかなりの借金をかかえてしまいます。城は
1884年春に一応完成しましたが，王は86年に「精神障害」の宣告を受け，その直
後に謎の死を遂げました。

■ヴァーグナー作品にみるドイツ芸術礼賛と反ユダヤ主義

　さて，それでは「狂気王」を虜にした音楽家ヴァーグナーのオペラ作品とは，
どのようなものだったのでしょうか。ここで，ヴァーグナーの代表作の一つ，楽
劇「ニュルンベルクのマイスタージンガー」をみてみましょう。

　作品の舞台は16世紀ドイツの帝国都市ニュルンベルクです。資産家の金細工師
ポーグナー親方が，一人娘エーファの結婚相手の条件として，職人の親方にして
詩人，歌手でもあるマイスタージンガーたちのなかから，歌合戦で優勝した者に
資格をあたえることを宣言しました。妻に先立たれた主人公，靴屋の親方ハン
ス・ザックスは，マイスタージンガーの第一人者として人々の尊敬を集めていま
した。ザックスは，貴族身分を捨ててマイスタージンガーになろうとしている若
き騎士ヴァルターと，エーファが愛し合っているのを知り，自分は身を引き，歌
合戦には出場しない決心をしました。その彼が，歌合戦に勝利したヴァルターに
向かって以下の歌詞（資料３）を歌い，町の民衆がザックスを讃えて合唱する第
３幕第５場フィナーレの場面の音楽は，なるほど感動的に響きます。実際に音楽
を聴かせながら，生徒に歌詞を読ませましょう。せっかくのオペラですので，
CD よりも映像付きの DVD を鑑賞するのが良いでしょう。

気をつけていただきたい！　私たちを脅かす悪い兆しが見えます！
いったんドイツの国民と国土が分解すれば，
誤った外国かぶれの威厳をかさに着て，
王侯はやがて民衆を理解できなくなるでしょう。
そして，外国の無価値な悪風を彼らはこのドイツの地に植えつけます。
ドイツのマイスターの名誉に生かされねば，

ドイツ的で真正な本質など，誰にも顧みられなくなるでしょう。

ですから，あなたに申し上げたいのは，

どうか，ドイツのマイスターを敬いなさい，

それにより，善き霊たちをつなぎ止めることができます。

そして，マイスターの働きに好意を惜しまなければ，

たとえ，神聖ローマ帝国が霞となって消え失せようとも，

神聖なドイツの芸術は変わらず，われらの手に残るでしょう！

[資料3]「ニュルンベルクのマイスタージンガー」（第3幕第5場）　なお，DVDは原作に忠実なO.シェンク演出，J.レヴァイン指揮，ニューヨーク・メトロポリタン歌劇場公演の演奏（ドイツ・グラモフォン国内盤日本語字幕付き）がお薦めです。

　じつはこの歌詞は，これまでの物語の内容とはあまり関係がなく，音楽が感動的に盛り上がったところで，やや唐突に歌われます。この作品が初演されたのは国民主義意識が高まっていた時代でしたが，そのなかで彼のこうした表現方法にはどんな効果があったかを，生徒に考えさせてみてください。そしてここで歌われている「外国の無価値な悪風」という言葉にも注目させてください。この言葉は，2時間目の授業内容とも関係します。

　ところでこの作品には，ベックメッサーという敵役が登場します。市役所の書記官を務める中年独身男性で，ヴァルターのライバルとして，彼がマイスタージンガーの資格を手に入れるのを妨害するのですが，じつは初演以来，このベックメッサーはユダヤ人を風刺したものだと多くの人々から指摘されているのです。もちろん脚本のどこにもそんなことは書いてありませんし，第一，16世紀にユダヤ人は書記官にはなれません。しかし，重箱の隅をつつくように衒学的な知識をひけらかしてヴァルターを批判する彼の態度や，財産目当てにエーファと結婚しようとたくらむ不純さ，マイスタージンガーの一員でありながら他人の歌を盗作したことなどが，ステレオタイプとして語られるユダヤ人への悪口と，見事に重なっています。

　当時，ユダヤ人に対しては，「金銭に対して卑しく，がめつい」と並んで「うわべだけドイツ人のふりをしても，真っ当なドイツ人にはなれない余所者」との，偏見に満ちた悪口がささやかれていました。つまり「ユダヤ人」とは，「ドイツの内なる外国人」だというわけです。何よりもヴァーグナー自身が，1850年に「音楽におけるユダヤ性」という論文を著してユダヤ系の音楽家たちを攻撃するような，確信的な反ユダヤ主義者でした。ドイツで人種的反ユダヤ主義が唱えら

19〜20世紀における国民主義の変質　　**153**

れるようになるのは，統一後しばらくしてからですが，ヴァーグナーはこの反ユダヤ主義論文を「マイスタージンガー」初演の前年にあたる1867年にも，再び公にしています。

　1時間目はここまでです。本時の残りの時間で，資料集などを用いて，ユダヤ人に対する差別の歴史にふれても良いでしょうし，時間が許せば，第3幕第5場後半の歌合戦の映像の一部をみせても良いと思います。

■オペラと国民意識──ヴァーグナーとヴェルディの比較

　さて，ここから2時間目に入ります。ここでは19世紀の国民主義・国民意識の高揚に対して，芸術文化があたえた影響を考えるために，オペラがはたした役割を考えてみます。言葉の音楽であるオペラは，「国語」つまり「国民（民族）意識」と結び付きました。ハプスブルク帝国に支配されていたチェコの作曲家スメタナが，自身もドイツ語で教育を受けたためにチェコ語がわからず，苦労してチェコ語のオペラを書いたのは有名な話です。しかもオペラは，ドラマの内容いかんによっては，情緒的に国民意識を高める効果を発揮することがおおいにあり得ます。ドイツの統一と同時期にはイタリア統一運動も進行していましたから，「国民主義とオペラの題材」という観点から，ヴァーグナーと，やはりオペラの大作曲家であったイタリアのヴェルディ（1813〜1901）とを生徒に比較させてみましょう。互いにライバル同士だったという二人ですが，じつはどちらも1813年生まれです（ヴァーグナーの生没は1813〜83）。そして二人とも，祖国の統一運動の象徴的存在になっていきます。**資料4**を生徒に提示し，ヴァーグナーとヴェルディのどちらの方が，それぞれの自国以外の人々に広く受け入れられ，評価されるだろうかを，考えさせてください。

　ヴァーグナーの作品の舞台はいずれも中世であり，またドイツ民族主義的色彩が強く，しかも脚本も彼自身の創作でした。対してヴェルディの作品は，初期には愛国色の強いものもありましたが，やがてイタリアにとらわれずに広く世界に題材を求め，「複雑な人間心理の葛藤」という人類普遍のドラマを描くようになっていきました。ヴェルディは，いわば「国際人」として活躍したのです。二人の姿勢の違いは「国民主義」のあり方の違いでもあると考えられます。それぞれの姿勢が，国民としての一体感の形成や，周辺諸国民との関係構築にどんな影響をあたえるであろうかを，生徒に自由に考えさせても良いでしょう。

ヴァーグナー	代　表　作	題材・原作など
 （1813〜83）	タンホイザー ローエングリン トリスタンとイゾルデ ニーベルングの指輪四部作 ニュルンベルクのマイスタージンガー パルジファル	中世ドイツ吟遊詩人がモデル 中世ドイツの白鳥伝説が題材 中世吟遊詩人たちの伝承 中世の北方神話や伝承が題材 中世末期ドイツの実在人物がモデル 中世ドイツ吟遊詩人の作品

特徴：台本はすべて作曲者自身が執筆。舞台はすべて中世で，ドイツが多い。

ヴェルディ	代　表　作	原作者など
 （1813〜1901）	リゴレット 椿姫 ドン・カルロ アイーダ オテロ ファルスタッフ	V・ユーゴー（仏） A・デュマ（息子）（仏） F・シラー（独） エジプト総督が作曲を依頼 シェークスピア（英） シェークスピア（英）

特徴：外国から依頼された作品も多く，複雑な人間心理の葛藤を描く。

［資料4］　ヴァーグナーとヴェルディの比較

■「帝国の敵」との対決——カトリック，社会主義，そして……

　ここからは，こうした文化の力で高揚した国民主義が，統一後のドイツでどのように展開していったかと，その行く末について考えていきます。

　ビスマルク（1815〜98）も，ヴァーグナーやヴェルディと同時代の人物です。しかし，彼自身はヴァーグナーどころか芸術一般への興味・関心もない，根っからの田舎貴族でした。彼は，聖書を愛読する保守的なプロテスタントではありましたが，その反面，徹底した現実主義者でもあり，有能なユダヤ人を高く評価して，反ユダヤ主義には批判的だったともいわれています。

　続いて，ドイツ統一後のビスマルクの内政政策についてみていきましょう。彼の代表的な政策として，「文化闘争」と「社会主義者鎮圧法」があげられます。その手法の特徴は，政府の政策をもっとも批判しそうな特定のマイノリティー集団を「帝国の敵」（＝「非国民」）と位置付けてその集団を敵視し，対決あるいは弾圧することによって，その集団に属さない大多数の国民を味方につける，とい

19〜20世紀における国民主義の変質　**155**

うものです。ビスマルクがまさに「帝国の敵」と呼んだ「文化闘争」の相手はカトリック教会でしたが，ドイツではルター派プロテスタントとカトリックとが拮抗しており，これは「敵」が多すぎて失敗に終わりました。しかし，「社会主義者鎮圧法」の敵はほぼ「マルクス主義者≒(のちの)ドイツ社会民主党」のみでした。また，この「社会主義者」との対決の過程で，ビスマルクが世界初の社会保険制度を導入した狙いの一つは，労働者階級を体制内に取り込み，国民として統合することでした。

　しかしビスマルク自身の思惑をこえて，「帝国の敵」との対決という精神構造は，やがて「国民主義」の性格を変質させることになります。皮肉なことに，啓蒙主義時代以来弱まっていた反ユダヤ主義の風潮が統一後のドイツで再び強まっていったのは，ビスマルクの保守的な政治が社会に沈滞した空気をもたらしたことへの反動だとも指摘されています。

　ビスマルク引退後のドイツは「世界政策」へと転換し，その結果としての第一次世界大戦の敗北は，ドイツに重荷を負わせました。排他的国民主義にとらわれた人々の憤懣のはけ口は，例えば，ヴァイマル憲法を起草したユダヤ人憲法学者フーゴー＝プロイスに向けられました。排他的国民主義の立場からは，「民主主義」そのものが「外国の無価値な悪風」とみなされ，その行き着く先にはヒトラーの独裁政治が待っていました。ヒトラーは熱狂的なヴァーグナー・ファンで，とくに「ローエングリン」や「マイスタージンガー」がお気に入りでした。それどころか，先ほどのヴァーグナーの論文「音楽におけるユダヤ性」は，実際にナチス＝ドイツ時代の学校教育現場で，反ユダヤ教育の教材として用いられていました。それでは最後に，つぎの**資料5・6**を読み比べさせてみてください。この指摘の正否は慎重に考えるべき問題ですが，ユダヤ人に対する二人の思想には，大きな共通性がみられると思います。

（ユダヤ人たちは）言語を創り上げていくことにも，文明や芸術を発展させることにも寄与できず，冷めた目で，敵意さえ抱いて傍観しているのが関の山であったのだ。こうした言語と芸術の分野においてユダヤ人にできることといえば，せいぜい口真似をしたり，模倣したりすることぐらいで，真実を語る詩作をおこなったり，芸術作品を創造したりするのは無理だったのである。

［資料5］ヴァーグナー「音楽におけるユダヤ性」

（前略）ユダヤ人を評価する際，決定的に重要なこととしてつねに留意しておかねばならないのは…（中略）…ユダヤ人は何も独創性を発揮しなかったということである。芸術という分野でユダヤ人がしたことといえば，改良しようとしてかえって改悪したか，あるいは剽窃をおこなったかである。それだからユダヤ人には，創造性があって文化的にも天分に恵まれた人種に見られるさまざまな特質というものが欠けているのである。

[資料6] ヒトラー『わが闘争』（第1巻・第11章）

■まとめ

　これまでみてきたように，変質した国民主義の行き着く先は，つまりヒトラーの独裁政治とユダヤ人迫害でした。それらは第一次世界大戦の敗戦や世界恐慌などの「不幸な偶然」によって，突然変異的に生まれたわけでは決してありません。その背景には文化が政治にあたえた大きな影響があったのです。しかしその一方で，政治がそうした文化的な力を利用することもありました。

　また，本授業の実践にあたっては，「異文化との共生」という今日的課題とも関連させて生徒に理解させるべきでしょう。「反ユダヤ主義」が「移民排斥」と親和的な関係にあることや，あるいは日本との関連でいえば，在日コリアンなど「民族的マイノリティー」に対する「ヘイトスピーチ」などの問題との関連が，意識されるべきでしょう。

【参考文献】

飯田洋介『ビスマルク――ドイツ帝国を築いた政治外交術』（中公新書）中央公論新社　2015
坂井榮八郎『ヒストリカル・ガイド　ドイツ・オーストリア』山川出版社　1999
鈴木淳子『ヴァーグナーと反ユダヤ主義――「未来の芸術作品」と19世紀後半のドイツ精神』アルテスパブリッシング　2011
鈴木淳子『ヴァーグナーの反ユダヤ思想とナチズム――『わが闘争』のテクストから見えてくるもの』アルテスパブリッシング　2015
高辻知義訳『オペラ対訳ライブラリー　ニュルンベルクのマイスタージンガー』音楽之友社　2001
※このほか，城については以前現地で入手した日本語版案内冊子を，オペラ作品については『世界大百科事典』（平凡社）のほか，各種CDなどの解説を参照した。

〈中居一穂〉

辛亥革命は成功か失敗か？
中国近代化の選択

■はじめに

　20世紀初頭，中国は伝統か革命かという選択を迫られました。時代の岐路に立たされた二人の人物がいます。袁世凱と孫文です。袁世凱は中国の伝統との共存を，孫文は中国の伝統からの脱却・革命を模索しました。彼らの立場の違いから辛亥革命をみることで，生徒に中国の近代化の選択が成功か失敗かを考えさせる実践を提案します。授業は清朝末期の動乱と辛亥革命の2時間構成です。本稿では史資料から歴史的事実を読み取り，歴史を評価することを重視します。

■2枚の写真の違いをみつけよう

　まず導入として，生徒に袁世凱と孫文の写真（**資料1・2**）を提示して違いをみつけさせます。

　写真は2枚とも，辛亥革命前に撮影された同じ時期のものです。袁世凱は漢服を，孫文は西洋服を着ており，その服装の違いは一目でわかることでしょう。さらに，「袁世凱が帽子を取ったら，どんな髪型か？」と問いかけます。写真だけ

［資料1］袁世凱

［資料2］孫文

ではわかりづらいですが，髪型は辮髪です。辮髪は清朝への服従の象徴でした。一方で，孫文は同時期の写真にもかかわらず，辮髪ではありません。この両者の違いは何を意味しているのでしょうか。

■袁世凱は何をめざしたのか？

　漢服で辮髪の袁世凱という人物にはどのようなイメージがあるでしょうか。歴史の授業で扱われる内容は，失策が多く，孫文に敵対する悪役という印象が強いように思います。しかし，本当に彼をそのような人物として判断して良いのでしょうか。生徒には「なぜ袁世凱は漢服で辮髪なのか」を意識させて，袁世凱の概略を説明します。

　袁世凱を知るために，授業で扱うべき点が三つあります。

　一つ目は日清戦争の敗北の反省から軍の再編をおこなったことです。これにより，西太后に重用されたため，彼は清朝軍の中心的人物となっていきます。

　二つ目は1900年におこった義和団事件への対応です。この事件で清朝は列強と戦争となり，敗れました。一方，袁世凱は清朝の命令を無視して事態を静観していました。義和団事件が終結すると袁世凱の軍は無傷だったため，清朝最大の軍となります。さらに清朝の命令を無視したため，彼は列強の信頼を得ました。

　三つ目は光緒新政への貢献です。袁世凱は近代的軍隊の設立や産業の発展，鉄道建設などに着手します。また，科挙の廃止にともなう立憲君主政の確立や国会の開設などをめざしました。こうして袁世凱は義和団事件後の復興を通じて中国の近代化に貢献したのです。しかし，1908年に西太后と光緒帝が亡くなったことをきっかけに隠棲生活を迫られて，一度は政治の表舞台から姿を消すことになります。

　このように，袁世凱は清朝存続のため，列強への接近や清朝の近代化を推進しました。さらに彼は皇帝制度という伝統と近代化の両立をはかるため，立憲君主政をめざしたことを生徒に理解させます。

■孫文は何をめざしたのか？

　一方，なぜ孫文は西洋服を着ているのでしょうか。孫文は12歳の時に，兄を頼ってハワイに向かい，そこで学校に入学して教育を受けます。この生い立ちが革命家・孫文を形成します。革命家としての目標は，アメリカ型の共和政を実現することでした。そのため，彼は西洋服を身に付けたのです。また，彼は革命の手

中国近代化の選択　**159**

段として，1894年に興中会を設立します。孫文には日本人の支援者がいました。97年に出会った宮崎滔天です。孫文は宮崎との交流で，しだいに革命家としての地位を確固たるものにしていきました。

　孫文の強みは行動力と信念の強さです。彼は外国をめぐって華僑の支持を得ました。さらに革命活動を拡大するため，宮崎の助力で1905年に中国同盟会を設立しました。また，光緒新政で清朝が立憲君主政へ移行しますが，孫文は革命をやめることはありませんでした。革命という目標のために手段を選ばず行動して，蜂起を繰り返しますが，清朝にすべて阻止されてしまいました。

　ここまでを１時間目の内容とします。１時間目は，講義形式を中心に立憲君主政で皇帝を存続させようとする袁世凱と，アメリカ型の共和政をめざす孫文の政治的立場の違いを明確にすることが狙いです。

■辛亥革命をめぐる孫文と袁世凱

　２時間目はグループワークとし，４人１組の班をつくらせます。生徒全員で同じ史料を読み，グループで読み取った情報を共有させます。その際に数名を指名して，クラス全体に読み取った情報を共有させて，生徒の理解を深めていきます。

　義和団事件以降，清朝政府（北京周辺）が各省を制御できなくなっていました。この情勢下において，民間鉄道の国有化を清朝政府が決定すると，各省はこれに反発して鉄道国有化反対運動を展開しました。これをきっかけにした武昌での蜂起によって辛亥革命が始まります。孫文は蜂起の知らせを受け取りましたが，アメリカにいたため，すぐに帰国することはできませんでした。

　清朝はこの事態を収拾できず，各省がつぎつぎに清朝から独立します。この事態を収拾するため，袁世凱に白羽の矢が立ちました。当初，袁世凱は要請を断りましたが，国会の開設や責任内閣制の導入，軍の指揮権を袁世凱へ引き渡すことなどの条件で清軍の指揮を執ることになりました。袁世凱は清朝軍を指揮しながら，革命側との停戦交渉をおこないます。この交渉で袁世凱は皇帝の廃位を支持し，各省は袁世凱の大総統就任を支持することが取り決められました。さらに停戦交渉をうまくまとめたため，袁世凱は列強の支持も獲得します。

　一方，海外から帰国した孫文は，帰国直後に各省の代表者会議で初代臨時大総統に選出されて，中華民国が成立しました。

中華民国建国の最初にあたって，私孫文は不徳の身でありながら臨時大総統の任を

160　辛亥革命は成功か失敗か？

受けました。…（中略）…清朝から独立した省はすでに十余省にもなっています。有史以来，このように速やかに成功したことはかつて無かったのです。…（中略）…一生懸命に努力して国民の後に従って，専制の害毒を一掃し，共和をしっかりとさせて革命の目標を達成し，国民の希望を全うするための始まりは，今にこそあるのです。…（中略）…すなわち国家の大本は人民にあるのであり，漢・満・蒙・回・蔵（漢民族・満洲族・モンゴル・ウイグル・チベット）の諸民族が住んでいる地を合して一国となし，これはすなわち，漢・満・蒙・回・蔵の諸民族を合して一つの民族とすることであり，このことを民族統一と言うのです。…（中略）…中央に重要な組織を作り，経緯（一定不変の定法）を国の隅々まで行き渡らせること，これを領土の統一と言います。…（中略）…中華民国の基礎を大地にしっかりと定めて，はじめて，その後，臨時政府の職務はようやく尽きるのであり，私自身もようやく国民に対して責任を果たしたと告げることができるのであります。（後略）

[資料3] 臨時大総統・孫文の宣言（1912年1月1日）

　資料3で孫文は，中華民国の理念や共和政の本質について述べています。中国では中華思想により，天子の威光の届く範囲が中国領と認識されていました。つまり，モンゴル・ウイグル・チベットなどの諸民族も中国の一部であったのです。しかし，辛亥革命で皇帝体制から共和政に移行したことで，近代国家としての性質をもつようになりました。生徒には，グループで近代化に関する言葉である「国民」や「共和」などを探させて，孫文が何をめざしたのかを読み取らせます。
　辛亥革命の経緯から袁世凱は共和政への移行を認めざるをえませんでしたが，彼は革命軍との交渉で大総統への就任が決まっていました。これをふまえて，**資料4**を読ませます。

第1条　中華民国は，中華人民がこれを組織する。
第2条　中華民国の主権は，国民全体に属する。
第3条　中華民国の領土は，22の省，内外蒙古，西蔵，青海（チベット人が多い地域）である。
第4条　中華民国は参議院，臨時大総統，国務員，法院が統治権を行使する。
第18条　参議院は各省，内蒙古，外蒙古，西蔵から各々5人を選び，青海から1人を選ぶ。（後略）
第29条　臨時大総統・副総統は参議院が選挙する。（後略）

[資料4] 中華民国臨時約法（1912年3月11日）

中国近代化の選択　　**161**

資料4の第1条や第2条では主権が国民にあることが述べられており，当時の中国では画期的な発想でした。日本の大日本帝国憲法と比較すると，資料4の理解が深まるでしょう。さらに史料に踏み込み，皇帝中心の政治を2000年以上続けていた中国で，それが変化することの意味を，当時の人々がどう受け入れたのかを生徒に想像させても良いでしょう。

孫文は共和国としての土台を作り終えると辞任することになります。彼は袁世凱が大総統に就任した際にその専横を防ぐため，資料4の第4条や第29条を明記して，選出方法などに独裁的な権力の集中をさせない仕組みをつくりました。

■帝政から共和国へ

中華民国臨時大総統となった袁世凱は「中華民国臨時約法」にのっとり，共和政国家への基礎づくりをおこないました。国会開設のため，中国史上初の制限選挙が実施された結果，中国同盟会を母体とした政党である国民党が勝利します。この事態に焦りをみせた袁世凱は，議会政治を主張して支持を得ていた国民党の宋教仁を上海で暗殺します。これに対して，孫文は武装蜂起を唱えましたが，国民党内の賛同は得られませんでした。袁世凱は国民党系の地方軍政官をつぎつぎに罷免して，国民党を挑発しました。結局，国民党は武装蜂起して袁世凱に対抗しましたが，失敗に終わり，孫文ら国民党員の多くが日本へ亡命することになりました。この事件の後，袁世凱は議会で選出されて正式な大総統に就任します。

(前略) 清帝は退位し，共和が成立しました。(私〈袁世凱〉は漢・満・蒙・回・蔵の) 五大族を見捨てることができず，それ故推されて臨時大総統に就任致しました。…(中略)…ところが大総統の職権は制限されていて，(十分に) 執行することはできず，日夜ぐずぐずとして非常に落ち着かない状況でした。…(中略)…少数の愚民が統一を破壊し，国家を転覆させようとし，…(中略)…私は国を救い，民を救うための計を実行し，やむを得ず兵力を用いました。(後略)

[資料5] 袁世凱による大総統就任の宣言（1913年10月10日）

資料5で，袁世凱は中国に住むすべての人々からの支持を得たとして，大総統への就任には正当性があることを述べています。一方で，革命による混乱が続いており，大総統の権力が制限されていることへの不満と専横への片鱗がうかがえます。資料5を読む際には，袁世凱と孫文の主張の違いや袁世凱の孫文に対する批判的な態度がわかる部分を強調すると彼らの実像がつかみやすいです。

162　辛亥革命は成功か失敗か？

袁世凱は国民が成熟していない中国で共和政をおこなうことの難しさがわかっていました。この時期から帝政復活の準備を進めており，1916年に皇帝への即位を宣言しますが，国内外の反発ですぐに帝政復活を取り消しました。

■なぜ孫文と袁世凱は異民族に言及したのか？

　これまでみてきた資料３〜５では，孫文も袁世凱も異民族に言及していることがわかります。辛亥革命の際に，異民族に何がおきていたのでしょうか。ここでいう異民族とは，漢人以外の諸民族のことです。

　清朝（当初は後金）は1616年に満洲（州）人が建国しました。清朝は中華思想のもとで，秦の始皇帝から続く皇帝制度を採用した王朝でしたが，同時に中国の「皇帝」の称号のほかに，遊牧民の支配者である「大ハン」やチベット仏教の保護者など複数の側面を持ち合わせて，大帝国を成立させました。

　しかし，辛亥革命によって中華民国が成立したと同時に，清朝の支配構造が崩壊します。清朝下で大幅な自治権を認められていたモンゴルとチベットが，独立を宣言したことはその象徴です。ここで**資料６・７**を提示します。

> モンゴル人は清朝に帰属してから今日に至るまでの200余年，代々清朝皇帝の恩恵を賜ってきたので，まさに天のごとく信仰してきた。…（中略）…しかしながら，ここ十数年来，…（中略）…辺疆の大臣，官衙の官吏らは法を乱して心任せに金品を貪り搾取しており…（中略）…善悪を自分勝手にひっくり返し，特に新政を広めるとの口実を設けてわれらが土地や権利を奪い，人民をいたわることを放棄したばかりか，モンゴル人を残忍に抑圧したことは耐え難き苦痛となった。（後略）

［資料６］モンゴルの独立宣言（1911年12月30日）

　モンゴルは，光緒新政によって清朝が直接支配に踏み切ろうとしたことを背景に，辛亥革命の混乱のなかで清朝から独立しました。その後，中華民国に参加しないことも表明しています。また，チベットでも独立の動きがおこります。

> （前略）最も優れた勝者である偉大なるダライラマ５世の御世に至った時，満洲の皇帝と「施主（仏教僧にお布施をする人）と高僧の関係」を結び互いに譲り合ってきた。
> 　ところが，数年来，四川と雲南の中国の役人はチベットの地を侵略しようとの目論見から…（中略）…（軍を）王都ラサに送りこんできた。

中国近代化の選択　163

…（中略）…欺くことのできない前世の業の力によってまもなくして満洲皇帝の政は倒れた。…（中略）…今や「施主と高僧の関係」を口実にチベットを奴隷化しようとした中国の陰謀は，塵のごとく，または虚空の虹のごとくに消えた。（後略）

［資料７］ダライラマ13世によるチベットの独立宣言（1913年）

　チベットでは，インドを支配したイギリスがチベットでの勢力拡大を画策すると，清朝はチベットに侵攻して直接支配をおよぼそうとしました。その結果，チベットも辛亥革命の際に独立を宣言します。

　ここで生徒に，「なぜ孫文と袁世凱は異民族に言及したのか」と問いかけます。資料３〜７を読んだうえで，歴史的変遷のなかから考えさせてください。

　異民族の独立の動きを考えることによって，辛亥革命の本質がみえてきます。中華民国が成立したことで，皇帝（大ハン）や施主と高僧といった，それまで清朝が各地をつなぎ止めていた関係が消失し，異民族は中華民国に従う理由がなくなりました。つまり，辛亥革命による共和政への移行の代償として，異民族を率いることができなくなってしまったといえます。袁世凱が伝統的な立場から立憲君主政にこだわった意味が，この事例からわかると思います。立憲君主政は異民族との関係を考えたうえでの選択でもあったのです。

■まとめ——辛亥革命は成功か失敗か？

　ここまでを授業で扱ったうえで，「辛亥革命は成功か失敗か」という本授業の主発問を，生徒にグループごとで話し合わせて考えさせます。異民族が独立を宣言したことを踏まえて考えさせると，辛亥革命と中国の伝統との関係が明確になります。

　つぎの文章は問いに対する生徒の意見の一例です。

> 孫文の宣言文から読み取れるように，皇帝がおこなう専制政治を倒し，共和政をつくり，諸民族を統一して中国という大きな国を統一するというのが臨時政府，ひいては孫文ら革命をおこした人たちの考えだったと思う。辛亥革命において，前者の専制を倒し，共和政をつくり近代化をはかるという面においては，清朝を滅ぼしているので成功だと私は思う。その一方で，後者の諸民族の統一については，私は失敗だったと思う。なぜなら遊牧世界の王号である大ハンももっていた皇帝がいなくなったことで，モンゴルやチベットが独立しようとする動きをおこしたと考えられる。皇帝をなくしたはいいが，大ハンもなくなってしまいもとも

と違う民族であるモンゴルやチベットなどは，共和政という自由な状態になった
ことで，独立しようという者が生まれるのは必然だと思う。なので，二つ目の共
和国というなかで数多くの民族を統一するということにおいては失敗していると
思う。これらのことから辛亥革命は共和国をつくることでは成功したが，民族を
統一するという面においては失敗したと考えられ，よって一概に成功や失敗とは
いえないと考える。

　実際の生徒の意見は成功が約2割，失敗が約5割，その他が約3割と分かれま
した。生徒の意見では共和政を実現したことを評価している生徒は成功を選び，
モンゴルやチベットの動向を踏まえた生徒は失敗を選んでいます。上記の生徒の
ように最終的な判断ができないという意見がその他となります。生徒の意見は孫
文が示した革命をどのように解釈するかで分かれていました。

　当時の資料を読むと清朝の支配に限界が訪れていたことがわかります。立憲君
主政を望む袁世凱と，共和政を推し進める孫文の立場から辛亥革命の構造を把握
させると，生徒にもわかりやすいでしょう。そして，異民族の独立宣言で生徒の
思考を揺さぶり，異なる視点で辛亥革命を考えさせることで，歴史の見方が多様
であることに気付かせます。

　辛亥革命は東アジア世界の変動をとらえることができるテーマであり，現在の
中国がかかえる民族問題の発端でもあります。また，別の授業展開例として日本
とのつながりやヨーロッパ側の視点など，時代や地域をこえたアプローチも可能
です。

【参考文献】
岡本隆司『袁世凱――現代中国の出発』（岩波新書）岩波書店　2015
川島真『近代国家への模索――1894-1925』（中国近現代史2）岩波書店　2010
田中比呂志『袁世凱――統合と改革への見果てぬ夢を追い求めて』（世界史リブレット人78）山
　川出版社　2015
深町英夫『孫文――近代化の岐路』（岩波新書）岩波書店　2016

〈山谷亮太〉

なぜマルコはアルゼンチンへ？

「豊かな国」アルゼンチンとイタリア人移民

■はじめに

　現代の生徒たちはアニメをみて育ち，アニメが文化の一つとして根付いています。アニメを教材にすることで，生徒の学習意欲を喚起させ，主体的な学習を促すことにつながるのではないでしょうか。また，アニメをみることで，視覚的に歴史的事象をイメージすることができるので，歴史認識の形成の一助ともなるはずです。本稿ではデ゠アミーチスの『クオーレ』を原作とする『母をたずねて三千里』を教材に，19世紀のアルゼンチンとイタリア人移民の関係を読み解く1時間の授業を提案します。

■『母をたずねて三千里』とは？

　『母をたずねて三千里』はアニメシリーズ「世界名作劇場」の代表作の一つで，1976年に放送されました。99年にはリメイク版として『MARCO 母をたずねて三千里』が劇場公開されるなど，今も愛されつづけている作品です。

　まず，本作品のあらすじを確認します。時代は19世紀後半（1870～80年代），イタリアの港町ジェノヴァの少年マルコの家は，父親が診療所を経営するために，借金を背負っていました。そこで，マルコのお母さんが借金を返すために，出稼ぎに行くことになります。9歳とまだ幼いマルコとお母さんのお別れのシーン（第1話）には心揺さぶられる生徒も多いでしょう。

　ここで生徒に「マルコのお母さんはどこに出稼ぎにいったのだろうか」と発問します。ヒントとしてアニメのオープニングを生徒にみせます。「大草原」「蒸気船」「ポンチョ」の絵，「アンデスに続く」といった歌詞から，南アメリカが舞台だと気付く生徒が出ることでしょう。なかには，「大草原」などから正解の「アルゼンチン」にたどりつく生徒も出てくるかもしれません。

　ここで資料1を提示し，マルコが旅した経路を確認します。マルコのお母さんの出稼ぎ先がアルゼンチンであることを伝えると，意外に思う生徒は多いはずで

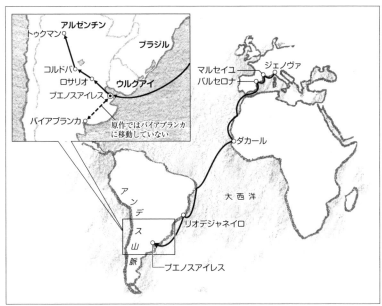

[資料1] アニメ版におけるマルコの旅路

す。一般的に出稼ぎ先は，本国よりも経済的に発展している国に行くものですが，現代のアルゼンチンは2001年に債務不履行を宣言するなど，経済的に不安定です。それではなぜ，マルコのお母さんはアルゼンチンに出稼ぎに行ったのでしょうか。

■アルゼンチンは「豊かな国」？

　まず，アルゼンチンという国はどのように成立したのでしょうか。16世紀初頭，スペインがこのアルゼンチンの地に到達します。当時のスペインは貴金属や熱帯産品，またカトリックの布教のためにアジアや南北アメリカに進出していました。
　18世紀以降，植民地生まれのスペイン人であるクリオーリョは，本国による植民地政策や本国人からの差別に不満を募らせていました。1808年，ナポレオンによってスペイン国王が退位させられたことを機に，クリオーリョによる独立運動が激化します。サン゠マルティンらの活躍によって，16年7月9日にアルゼンチン北西部の都市であるトゥクマンにおいて独立が宣言されました。
　ここで『母をたずねて三千里』の原作である『クオーレ』の記述（**資料2**）を生徒に読ませます。

「豊かな国」アルゼンチンとイタリア人移民　**167**

> アルゼンチン共和国の首都にいって、どこかお金持ちの家に住み込みで働けば、不幸がかさなって、貧乏どころか借金までかかえるところまで落ちぶれてしまった自分の家を立てなおすくらいのお金は、すぐにかせげるだろうと考えたのだ。そんな目的で、はるばる長旅をして、何年もしないうちに、何千リラというお金をもって故郷に帰ってくる…（中略）…そんなけなげな女の人は、けっして少なくなかった。それというのも、いった先での住みこみの給金がべらぼうに高いおかげだった。

[資料2]『クオーレ』に描かれたアルゼンチンでの出稼ぎの様子

　資料2を読んでみると、当時のアルゼンチンで働くと、高い給料をもらうことができたことがわかります。その理由は一体何でしょうか。生徒に問いかけると、「景気が良かった」「豊かな国だった」といった発言が出てくると思います。そこで、当時の世界各国のGDP（資料3）を提示して確認させましょう。

　資料から、当時、アルゼンチンは世界第三位の経済大国だったことを読み取らせます。GDPの数値が豊かさを示す絶対的な指標ではありませんが、アルゼンチンが世界有数の富裕国であったことは間違いないでしょう。それでは、なぜアルゼンチンはこれだけのGDPを誇る「豊かな国」だったのでしょうか。

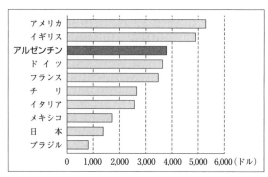

[資料3] 1913年時点の世界各国一人あたりのGDP

■鉄道は「生命の泉」？

　アルゼンチンの経済開発において重要な役割を担ったのは、1853年共和国憲法起草者のフアン＝バウティスタ＝アルベルディ（1810～84）という人物でした。彼は、ラテンアメリカの低開発の原因は、スペインの植民地政策にあると考えていました。スペインは植民地政策において、貿易制限、産業振興制限、植民地間およびスペイン以外のヨーロッパの国々との交流禁止に加え、重課税をおこなっ

ていました。アルベルディは経済発展を実現するためにさまざまな政策を提起します。彼の政策によって,アルゼンチンは急激な成長を遂げるのです。

　アルゼンチンの経済発展を探るために,資料1を参照してマルコの旅の移動手段について補足します。ジェノヴァからブエノスアイレスまでは蒸気船,そこからは鉄道・馬車・徒歩で旅をします。ここでは鉄道に着目しましょう。アルゼンチンで鉄道がはじめて開通したのは1857年で,ブエノスアイレスから西方に向かう約10kmの路線です。つぎの1852年のアルベルディの著書(**資料4**)から,鉄道をどのように表現しているか生徒に探してもらいます。

(前略)空間を圧縮してくれる鉄道と電信は,この仕事において地上の如何なる有力者よりも驚異的な働きをする。鉄道は法令や反乱なしに,最も困難な事態を刷新し,改革し,変革する。(中略)

　また鉄道のような強力な輸送手段なくして,今日われわれの国々の大西洋岸を再生させているヨーロッパ移民が,かの地の生活様式をわが国内の奥地まで送り込むことはできないであろう。鉄道はわれらが国土の内陸部の生活にとって,人体の末端まで通っている大動脈のように,まさに生命の泉なのである。

[資料4]　アルベルディ『アルゼンチン共和国の政治的組織化のための基盤と出発点』

　アルベルディは鉄道についてその重要性から「生命の泉」と表現していることがわかります。つぎに**資料5**の,アルゼンチンの鉄道網を示した地図を生徒へ提示しましょう。当時のアルゼンチンには鉄道網が各地に張り巡らされていることがわかります。また,ブエノスアイレスを起点に放射状に鉄道網が形成されていることにも,生徒が気付いていないようなら補足しましょう。

　それでは,なぜブエノスアイレスを起点にアルゼンチンの鉄道網は整備されているのでしょうか。「ブエノスアイレスはどのような都市だろうか」とヒントをあたえて促せば,首都かつ港町という点から,外国と貿易をするためだと導き出せるでしょう。つまり,アルゼンチンの経済発展は外国との貿易に秘密があるのです。

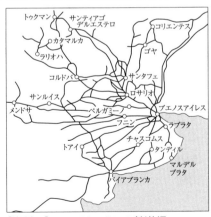

[資料5]　アルゼンチンの鉄道網

「豊かな国」アルゼンチンとイタリア人移民

貿易相手国		輸出品（金ペソ）			輸出総額
		1	2	3	
1	イギリス	冷凍牛肉 (12,770,971)	小麦 (6,976,976)	冷凍羊肉 (5,813,868)	44,826,670
2	フランス	未洗浄羊毛 (24,820,388)	羊皮 (5,414,876)	トウモロコシ (2,581,991)	37,594,281
3	ドイツ	未洗浄羊毛 (16,118,656)	トウモロコシ (3,638,399)	小麦 (3,576,028)	37,058,221

貿易相手国		輸入品（金ペソ）			輸入総額
		1	2	3	
1	イギリス	石炭 (10,384,430)	亜鉛メッキ鉄 (4,455,423)	鉄道資材 (3,841,342)	68,391,043
2	ドイツ	鉄塊・鉄板 (1,286,599)	鋼鉄製枕木 (1,204,000)	亜鉛メッキ鉄線 (1,181,575)	29,083,027
3	アメリカ 合衆国	木材（松） (7,943,490)	鋼鉄レール (2,415,762)	灯油 (1,436,768)	28,920,443

［資料6］ 1905年時点でのアルゼンチンの主要な貿易相手国と品目（上：輸出，
下：輸入）

■アルゼンチンは「世界の食料庫」？

　続いて，生徒にアルゼンチンの主要貿易相手国と品目の表（**資料6**）を提示し
て読み取りをさせましょう。まず，アルゼンチンの輸出品目が農牧産品に偏って
いることに着目します。アルゼンチンは農牧産品の輸出を拡大するために，ヨー
ロッパから移民を積極的に受け入れ，鉄道で輸送してパンパ（アルゼンチン中部
の草原地帯）の開発を進めます。アルゼンチンの農地面積の推移をみると，1895
年の489万ヘクタールから，1914年には2459万ヘクタールに増加しています。

　牧畜業については，1880年代に入って冷凍船が実用化されて冷凍肉の輸出が可
能になると，輸出拡大のために，ヨーロッパ人にあわせた家畜の品種改良がおこ
なわれ，家畜の飼育数も大幅に増加しました。

　なお，世界の農牧産品に占めるアルゼンチンの割合は，1934年から38年の平均
値で小麦が19％，トウモロコシが64％，牛肉が56％を記録しています。当時のア
ルゼンチンはまさに「世界の食料庫」だったのです。アルゼンチンの貿易収支を

170　なぜマルコはアルゼンチンへ？

みると，1880年代までは赤字ですが，90年代以降は黒字を計上し，外貨を獲得できるようになっています。

■アルゼンチンのスポンサーは「世界の銀行」？

　アルゼンチンの経済発展は自力で成し遂げられたものではありません。アルベルディが「生命の泉」と称した鉄道敷設の資金はどのように捻出されたのでしょうか。19世紀前半のラテンアメリカは植民地支配の影響で資本が慢性的に不足し，経済開発をおこなうためには外資の導入が必要でした。アルゼンチンは国家統一をはたすと，ヨーロッパの先進国に使節団を派遣して，外資の導入を積極的に呼びかけています。

　それでは，どの国がアルゼンチンのスポンサーとなったのでしょうか。改めて資料6の表を生徒へ提示し，予想させてみましょう。その答えは「パクス＝ブリタニカ」の時代を築き上げ，世界の覇権を握っていたイギリスです。資料6の貿易相手国に注目すると，輸出入ともに最大の相手国はイギリスであることがわかります。イギリスはアルゼンチンにとって，外資の投資先かつ重要な貿易相手国でもあったのです。

　あわせて，当時のイギリス側の事情も確認します。19世紀半ば，「世界の工場」としてイギリスは経済的繁栄を誇っていました。しかし，1873年のドイツに始まる「大不況」から一転して慢性的不況に陥ります。一方，この時期にアメリカ合衆国やドイツは急速に工業化を進め，資本財の生産でイギリスを凌駕するようになります。

　生徒にイギリスの国際収支と資本輸出の表（**資料7**）を提示して，読み取りをさせましょう。製品の取引である商品貿易収支は年々赤字額が増加しているのに対して，諸サービス収入および利子は黒字を計上しており，貿易収支の赤字を補っています。このようにイギリスは製品輸出よりも，海運業・保険業に加えて，外国の政府や企業への融資で利益を得るようになり，「世界の工場」から「世界の銀行」にモデ

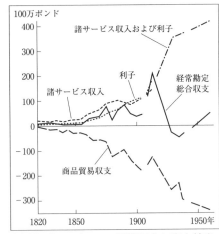

[資料7] イギリスの国際収支と資本輸出

「豊かな国」アルゼンチンとイタリア人移民　　171

ルチェンジしていきます。

　なお，1914年のイギリスの対外投資先の割合は，北アメリカが35％，ラテンアメリカが19％，そしてアジアが18％となっています。ラテンアメリカの内訳だけをみると，42％をアルゼンチンが占めていることから，イギリスがアルゼンチンへの投資を重要視していたことがわかります。アルゼンチンとイギリスは深い経済的関係で結びつき，アルゼンチンの経済発展はイギリスの存在なくしては成し遂げられなかったのです。

■イタリア人移民の「絆」

　原作・アニメともにマルコは最後にお母さんと再会することができましたが，それはなぜか，生徒に考えさせてみましょう。マルコは多くの人々に支えられながら旅をします。その象徴的な場面が，宿屋（「イタリアの星」）で一文無しになったマルコの話を聞いた人々がマルコを励まし，お金をカンパするシーンです（第40話）。彼らはなぜマルコを助けたのでしょうか。

　19世紀はヨーロッパ移民の時代といわれ，1815〜1914年の約100年間に，ヨーロッパから南北アメリカやオセアニアに渡った人々は5000万人におよび，そのうちの900万人がイタリア人でした。19世紀当時のイタリアでは農民の多くが零細な土地所有者であり，家計を補うために彼らのとった行動が「出稼ぎ」だったのです。イタリア移民の行き先はアメリカが約30％，フランスが16％，アルゼンチンが13％を占めました。

　アルゼンチンが高い割合を占める理由の一つとして，言語環境があげられます。アルゼンチンの公用語であるスペイン語は，イタリア語と同じインド゠ヨーロッパ語族のイタリック語派に属し，文法的に共通性が高く，同じ単語も数多く存在します。マルコがアルゼンチンにいる人々と会話できていることは「お約束」ではなかったのです。二つ目に，アルゼンチンが経済発展のために移民奨励策を積極的におこなっていたことがあげられます。パンパを開発するために，アルゼンチンは土地や役畜，播種用種子を無償貸与し，地代を免除することで，多数の移民をパンパに流入させました。

　当初は移民の多くが農牧業に従事しましたが，しだいに都市部で建設業や小売業に従事する人も増えていき，イタリア人のコミュニティが形成されていきます。ブエノスアイレスのボカ地区にはジェノヴァ出身者たちがコミュニティを形成し，相互に助け合いながら生活をしていました。原作『クオーレ』には，ボカの住人

172　なぜマルコはアルゼンチンへ？

の半分が「ジェノヴァからきた人」だと記述されています。

　1890年代に入ると，ブエノスアイレス郊外にも住宅地が建設されるようになり，イタリア人移民のネットワークは拡大していきます。例えば，その一つにパレルモ地区があげられ，同地区のイタリア広場には，イタリア統一で活躍したガリバルディの像が建てられています。

　宿屋でマルコを助けたのはみなイタリア人移民だったのです。彼らは「わしたち移民がついているぞ！」「一口みな，同国人」といいながら，マルコにお金をカンパしました。イタリア人移民のネットワークという「絆」に支えられ，マルコは三千里（約1万2000km）という距離をこえてお母さんと再会できたのです。

■まとめ

　『母をたずねて三千里』の舞台である19世紀は，欧米列強がアジアや南北アメリカに進出するとともに，蒸気船や蒸気機関車の発明により，人とモノの流れが加速し，世界の一体化が進んだ時代です。こうした世界の一体化は，グローバル化が進む現代とも共通性をもつことから，このようなテーマを設定しました。また，こうした流動的な時代を背景に，従来の一方通行的な講義型の世界史教育に対して大きな変革が求められているからこそ，このような生徒への発問を主体とした授業を提案しました。

　なお，本授業の実施にあたってはワークシートを使用し，それぞれの問いに対して，授業での学習内容を踏まえて生徒が自らの考えを文章化できているか，文章に論理性があるかなどを，評価の対象としています。

【参考文献】

川北稔他編『シリーズ世界史への問い9　世界の構造化』岩波書店　1991
藤川隆男編『アニメで読む世界史』山川出版社　2011

〈永野裕基〉

50分間のタイムスリップ体験
ポスターで学ぶ第一次世界大戦

■はじめに

　第一次世界大戦は1914年のサライェヴォ事件に始まり，18年末のドイツ帝国の崩壊によって終わりを迎えます。この戦争の過程でロシア帝国が最期を迎え，のちのソ連の萌芽が生まれます。また機関銃運用の本格化によるそれまでの戦術の崩壊とおびただしい数の死傷者，塹壕戦の展開，新兵器の登場など，第一次世界大戦は従来の戦争とは量でも質でも一線を画しています。さらにこの大戦で，世界ははじめて総力戦という新しい戦争形態に直面しました。

　本稿では，ポスターを資料として利用して第一次世界大戦を学ぶ授業の一端を紹介します。この授業では，教科書や資料集で紹介されるにとどまる第一次世界大戦期の募兵や公債募集，戦意向上などを目的とするポスターに焦点をあてて，生徒一人一人がポスターと向き合う学習をおこないます。このことで，生徒は「総力戦」という概念に真に迫ることができるでしょう。インターネットで公開されている第一次世界大戦に関連するポスターを教材として用い，第一次世界大戦が前線と後方の区別をなくした総力戦であったこと，それに加えてこのできごとが今後の歴史的な展開にどのようにつながるかを生徒に考えさせます。

■全6回構成による「第一次世界大戦」学習

　「第一次世界大戦」は全6回構成の単元としています。1回目と2回目は『映像の世紀　第2集　大量殺戮の完成』を視聴させます。3回目は「第一次世界大戦の前夜」というテーマで，当時の国際政治の概要，とくにバルカン問題について風刺画を用いて学習します。4回目は「第一次世界大戦の経過」というテーマで，戦争の展開や，機関銃の本格的な実用化とそれがもたらした塹壕戦という戦い方について学習します。5回目が本稿で紹介するポスターを利用した授業です。なお6回目には「ロシア革命と第一次世界大戦の終結」というテーマでロシア革命について学習し，ソ連の国旗に描かれている星・ハンマー・鍬のマークに注目

174　50分間のタイムスリップ体験

して，帝政ロシア崩壊後に成立するソ連がどのような国であったかについて学びます。

■フラッシュカード

　毎回の授業の最初にウォーミングアップ（5分）として，世界各国の国旗のフラッシュカードを用いた学習を取り入れています。これは英語の授業で実践されている単語のフラッシュカードを参考にしています。表面に国旗，裏面に国名と首都名を書いたＡ４版のカードを用意し，表面を生徒にみせて，1周目は教室全体に向けて，2周目は個人を指名して国名を答えさせます。慣れてきたら，今度は首都名を答えさせます。

　このような簡単な学習を通して，生徒が勉強に向かう雰囲気をつくり，国旗を通して「世界にはこんな国があるのか！」と思わせることを想定しています。

■塹壕戦を続けるためには？

　フラッシュカードによるウォーミングアップのあとに，導入（5分）として前時の復習もかねて，空中から撮影した塹壕の写真（**資料1**）を提示します。なお前時の学習では，とくに塹壕戦の成立について解説し，小銃と機関銃の発達が塹壕戦の成立に深くかかわっていること，それによって生じた硬直状態を打破するために新兵器が登場したことを教えています。

　復習後，「塹壕戦を続けるためには，何が（どういうことが）必要だろうか？」と生徒に問いかけます。これは本時の主発問であり，以下で紹介するアクティブ・ラーニング（30分）を通して，塹壕戦の展開によってとくに前線で人やモノが慢性的に不足すること，さらに人やモノを集めるためにポスターが宣伝として用いられたことを生徒に気付かせます。

　最初に近くの生徒3～4人で1班のグループに分かれるように指示をします。つぎに，その日の班長を決めてもらいます。「今日の班長は……姓名の名があいうえお順で一番若い人！」など，決め方に工夫をして，生徒が話し合いやすい雰囲気をつくります。そして班長へ，以下のものを配布します。

[資料1] 空中から撮影した塹壕の様子

ポスターで学ぶ第一次世界大戦　**175**

・ワークシート（**資料2**）

・第一次世界大戦期のポスター（各グループへ一つずつ別のものを渡す）

　配布するポスターを，178〜179頁の表にまとめています。分類と難易度は筆者によるもので，解説も，東京大学大学院情報学環附属社会情報研究資料センターが管理するホームページである「Digital Cultural Heritage」を参考にした筆者によるものです。

　さて，ポスターとワークシートが班長を通して生徒にいきわたったら，最初の作業として，配布したポスターの絵を生徒に転写させます。この作業によって，生徒一人一人がポスターと向き合う時間を確保します。生徒の言語能力しだいでは，転写させる作業にかえて，「目をつぶっている人に説明するように，言葉でポスターを描写しなさい」と課題を投げかけても良いでしょう。

　つぎに，ポスター中のイラストや文字などをすべて書き出させます。ここで書き出すものはどんなものでも良いことを強調し，最低でも10個は要素を書き出させます。続いて，書いてある文字に注目させて，その意味を調べさせます。

　ここまでの作業で，生徒はポスターと向き合い，ポスターを観察し，書いてある文字について調べました。つぎの課題は，どのようなことを伝えたいポスターなのかを考えることです。何を伝えたいのかを読み取らせて，最後に，ポスターに「○○な○○」というかたちでタイトルをつけさせます。この作業は生徒に考えをまとめさせることが狙いです。これも生徒の言語能力によっては，「必ず形容詞と名詞を一つずつ使って表現しなさい」と指示しても良いでしょう。

　そして25分程経過したあたりで，すべてのグループの班長へ，ポスターを黒板に貼り，その下に各グループで考えたタイトルを書くように指示します。ここまでのグループワークのまとめとして，結果をクラスにフィードバックします。

　ポスター①について，生徒は「勇敢な兵士を募集！」「勇敢なあなたへ」のようなタイトルをつけました。またポスター②については，「勇敢な新人海軍生集まれ！」とタイトルをつけました。これらのポスターについて，生徒は正しくその内容を理解できたようです。

　その一方で，ポスターによっては生徒の理解が追い付かない部分もありました。ポスター④は，「自由公債をもって野蛮人を打ち倒せ！」「戦争の野蛮人」と名づけられました。このポスターの「HUN（フン人）」やポスター⑤の「Bond（公債）」のような用語は解説が必要です。また，ポスター⑦は節制を呼びかけるもので，肉や穀物の消費を抑えて代替品を食べようという内容なのですが，このポ

176　　50分間のタイムスリップ体験

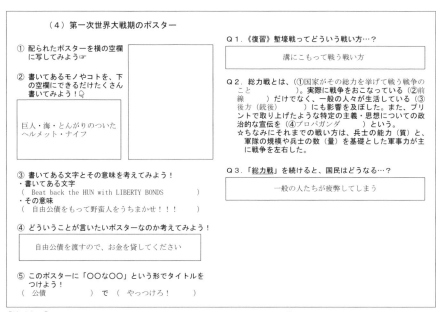

[資料2] ワークシート　資料中に示した解答例はポスター④のもの。

スターは「豪華な食べ物」と名づけられました。逆にポスター①・②のようなわかりやすいポスターでは，すぐにどのような意味なのかわかってしまう生徒もいます。班のメンバー構成をみて，配布するポスターの難易度を考える必要があるでしょう。「Digital Cultural Heritage」にはほかにも多くのポスターが掲載されているので，生徒の状況に応じて精選すると良いでしょう。

　なお，ポスター①のオリジナルはイギリスの陸軍大臣キッチナーの髭が印象的なポスターで，今回紹介したアメリカのほかにもロシアで模倣され，似たようなポスターが制作されました。徴兵ポスターは多数が作成されたようで，「Digital Cultural Heritage」などにさまざまなバージョンが掲載されています。徴兵ポスターに絞って，各国の差異を生徒に考えさせるのも良いかもしれません。例えば，実際に戦場になったフランスやドイツのポスターと，自国は戦場にならなかったものの多くの兵士を派遣したイギリス，途中から大戦に参加したアメリカとの違いについて考えさせる授業は，生徒の理解をより深いものにするかもしれません。また今回は英語のポスターに限定しましたが，フランス語やドイツ語のポスターでも英語の単語から類推できるものであれば使えるので，使用可能な資料の幅が広がります。

ポスターで学ぶ第一次世界大戦　　177

番号	ポスター	分類	難易度	解　説
①	I WANT YOU FOR U.S. ARMY NEAREST RECRUITING STATION	募兵	低	第一次世界大戦におけるもっとも有名なイギリスの募兵ポスターを模したアメリカ版。オリジナルに描かれているのはイギリスの陸軍大臣キッチナーですが，アメリカ版のこのポスターでは，国家としてのアメリカを象徴するアンクル・サムが描かれています。「君を求む，アメリカ陸軍へ！　最寄の徴募所へ！」
②	GEE !! I WISH I WERE A MAN I'd JOIN The NAVY BE A MAN AND DO IT UNITED STATES NAVY RECRUITING STATION	募兵	低	水兵の制服であるセーラー服を着ている女性が，「あぁ！　私が男だったら海軍に入るのになぁ！」と述べています。さらに下部には「男であれ。そして合衆国海軍徴募所でなすことをなせ」とあります。
③	REMEMBER ·BELGIUM Buy Bonds Fourth Liberty Loan	戦意向上・公債募集	中	「ベルギーを忘れるな」の文字のもと，炎を背景にしたドイツ兵と連れ去られる女性が描かれています。アメリカが制作したポスターで，戦端が開かれてまもなく陥落したベルギーのことを指しているのですが，「Remember Pearl Harbor」へとつながるキャッチコピーの系譜を感じます。「ベルギーを忘れるな。第4次自由公債を買おう！」

生徒へ配布する第一次世界大戦期のポスターの一覧（口絵参照）

④		戦意向上・公債募集	高	右手に血で染まった短剣をもち，ドイツ式ヘルメットをかぶった兵士が，瓦礫の上に覆いかぶさっています。「フン人を自由公債で撃退せよ！」と書かれていますが，ドイツ軍をフン人になぞらえています。
⑤		公債募集	高	カナダのポスターで，中央の部分ではカナダ人の公債購入者がイギリスやアメリカに対して人口比にして少ないことを訴えています。「カナダの弱点……君は満足ですか？」
⑥		女性	低	Y.W.C.A. のマークを背景に，右手に航空機，左手に砲弾をもってオーバーオールを着た女性が描かれています。なお Y.W.C.A. とは Young Women's Christian Association（キリスト教女子青年会）の略称です。「すべての戦士・女性労働者のために。合衆国戦争労働キャンペーン。Y.W.C.A. を通して彼女たちを助けよう！」
⑦		節制	高	肉や穀物が描かれていないことに注目してください。「トウモロコシ・カラスムギ・ライムギの製品や，魚・鶏肉，果物・野菜・ジャガイモなど，焼いたり，蒸したり，あぶったりしたものをもっと食べよう。小麦，肉，砂糖・脂肪分をあまり食べないようにしよう。軍や同盟国を救うために！」

ポスターで学ぶ第一次世界大戦　　**179**

■ワークシートの活用

最後にまとめ（10分）として，資料２のワークシート中のＱ１〜Ｑ３を取り組ませます。まず復習として，生徒に塹壕戦について想起させたうえで，総力戦の定義について解説します。前線と後方の区別がなくなったことを説明し，「塹壕戦を続けるためには，何が（どういうことが）必要だろうか？」という最初の主発問に立ち返って，総力戦には後方の協力が必要であり，後方の人々に協力を訴えるためにポスターが活用されたことを理解させます。

そして最後に，総力戦を続けると，国民はどうなってしまうかを考えさせます。以下に生徒の回答を一部掲載します。

> ①疲れて戦えなくなる／どんどん死んでしまう／人々は病気になる／国民はいなくなり，国家存亡の危機
> ②食料難になるが食料をつくる暇がない／戦っている人以外にもダメージをあたえる
> ③国民は不満をもつ／人々が弱って革命を考えたりする人が増える
> ④大砲の音で頭がおかしくなる

①のような，国民が疲弊し，死んでいって，人口が激減するといった回答が多数を占めました。なかには②や③のように，総力戦が後方の社会にも影響をおよぼすことや，国民の厭戦気分が高まって革命の機運が上がることについて考えられた生徒もいました。④の「大砲の音で頭がおかしくなる」という意見は，『映像の世紀』の第２集を事前に視聴したことから出てきた意見だと思われます。おそらく，シェルショックのことを生徒はいいたかったのでしょう。

■まとめ

今回の授業でもっとも印象に残った生徒の一言は「街中にこのようなポスターが貼られたと想像するとこわい！」という声でした。本授業を通して，生徒は第一次世界大戦期におけるプロパガンダの威力を目の当たりにしました。およそ100年前のヨーロッパの人々は，戦時になると本稿で紹介したようなポスターを日常的に目にしていました。テレビやインターネットが存在しない世界でしたので，相対的にポスターの影響力は，現在とは比較にならないほど大きかったでしょう。そしてそのポスターの威力によって，男性が兵士となって前線に赴くだけでなく，後方の人々も戦債の購入や節制などによって戦争に協力する，いわゆる

「総力戦」体制が成立したのです。生徒一人一人が第一次世界大戦におけるプロパガンダポスターと向き合うことで，いってみれば「50分間のタイムスリップ体験」ができるのではないでしょうか。

　反省点としては，ポスター以外のプロパガンダに関する資料にふれることができなかったことです。ラジオから流れる音楽や，チャップリンによる戦債公募キャンペーンなど，ポスター以外のプロパガンダも，ポスターに負けず劣らず当時の人々に強い影響をあたえたことが推察されます。これらの素材も動画サイトなどを利用すれば手に入れることができるので，活用の余地はあると思います。これらを教材化し，ポスターと併用することで，学習をさらに深めることができるでしょう。

【参考文献・HP】
辻田真佐憲『たのしいプロパガンダ』（イースト新書Q）イースト・プレス　2015
本村靖二・柴宜弘・長沼秀世『世界の歴史26　世界大戦と現代文化の開幕』（中公文庫）中央公論新社　2009
東京大学大学院情報学環附属社会情報研究資料センター，「Digital Cultural Heritage」（https://dch.iii.u-tokyo.ac.jp/s/dch/page/home）（最終閲覧日：2019年4月2日）

〈鈴木將太〉

生徒が「つぶやき」,「エッセイ」を書く
世界史の授業

さまざまな立場からみるロシア革命とソヴィエト政権

■はじめに

　グローバル資本主義と新自由主義が世界を取り巻くなか, 授業で社会主義をどのように取り上げればよいか, 難しい課題です。最大の社会主義国家であったソ連が1991年に崩壊し, 中国やベトナムといった国々が改革・開放路線をとる現在, 理想的な社会としての社会主義というイメージはなくなりました。授業を進める前提として生徒にとったアンケートには, 社会主義について「計画的に物事を進めることが可能であり, 平等性が高いが, それにより国内の競争率が下がり, 技術の進歩が遅れてしまう」,「資本主義と反対, 一人の人が国を動かしているから独裁政治と似ていて, 悪いイメージ」などとありました。

　しかし歴史の文脈で考えてみたとき, ロシア革命によって世界初の社会主義政権が樹立されたその当時は, 社会主義が一定の説得力をもっていたはずです。ロシア革命に際して, 民衆はなぜはじめ臨時政府を, のちにボリシェヴィキを支持したのでしょうか。また, 社会主義に対してどのような感覚をもっていたのでしょうか。本稿では, ICT（情報通信技術）を活用し, ロシアの人々が当時おかれていた状況を生徒たちに共感させつつ展開する2時間の授業を紹介します。

■第一次世界大戦と総力戦

　ロシアにおける総力戦体制はどのようなものだったのでしょうか。ほかの多くのヨーロッパ諸国と同様の状況であったことは間違いありません。すなわち, 軍需優先の工業政策, 農村での穀物の徴発, 労働者や農民の徴兵など, 総力戦体制の構築です。農業生産は停滞し, パン屋には長い行列ができ,「買いたくても買えない」という状況は人々の不満を高めていきました。もちろん「祖国を守れ」というスローガンは大戦当初の国民の戦意を支えていましたが, 第一次世界大戦の長期化は厭戦気分を蔓延させ, 同時に怪僧ラスプーチンと皇帝ニコライ2世一家についての醜聞が皇帝への不信感を強めることになりました。ロシア二月革命

を待つことなく，すでに1915年にはインフレにともなう労働者のストライキが増加していましたし，16年には兵士の厭戦気分から脱走兵も急増しました。当時の状況を，以下のように生徒に問いかけます。

　　問　あなたが当時のロシア人だったら，第一次世界大戦の状況に対して，どのように感じるでしょうか。つぎの①〜④から選んでみましょう。

　①祖国の危機に際しては，国家を守るため，すべてを戦争に動員し協力すべき。
　②生活に制限があるのはやむをえない。逮捕されない程度に協力しよう。
　③食料や燃料の不足は生活苦に直結。デモやストライキで民衆の意思を示そう。
　④戦争を始めたのも，長期化させたのも，ロマノフ王朝のせいだ。革命だ！

　このように問うた結果，②の選択肢をとった生徒が多く，③や④の実力行使をともなう意見は少数でした。生徒たちがもっている戦争に対する忌避感が，当時の厭戦気分を強く感じ取ったといえるのかもしれません。②のような生徒たちがもつ常識と③・④のような歴史的事実とのあいだに乖離が生まれたとき，異文化を理解しようとする動機が生まれ，世界史への認識が深まるのだと思います。

　なお，授業はつねにペアワークによって進めています。内容理解の確認のためにペアの生徒に説明させたり，その場で感じたことを伝えさせたりしています。ただ座って講義を聴くだけでなく，自分の言葉に直して発話することで，理解を深めることができます。

■二月革命と臨時政府

　ロシア革命の主体をみるうえで難しいのは，ロシアが極端な格差社会であったことです。1861年のアレクサンドル2世の農奴解放令以降に近代化が進められたものの，識字率の低い農民世界，そこから転じた都市労働者，他方でナロードニキ運動には失敗したものの依然として影響力をもっていた知識人（インテリゲンツィア），これらの隔絶は極めて大きいといわざるをえません。大戦当初のナショナリズムの高揚後，彼らはそれぞれ何を支持し，何を拒絶したのでしょうか。

　首都ペトログラードでの民衆蜂起が二月革命の発端となりますが，それ以前からすでに，民衆の反感をそらすためドゥーマ（国会）を中心として立憲君主制樹立への模索が続けられていました。しかしニコライ2世の反応は鈍く，ストライキによって新聞や交通機関が止まり，軍の一部も反乱をおこすにいたり，帝政は崩壊します。これらの動きの背景には，各都市に結成されていた労働者と兵士のソヴィエトがあります。ドゥーマの臨時委員会は，ペトログラード＝ソヴィエト

さまざまな立場からみるロシア革命とソヴィエト政権　　**183**

の指導者たちとも相談し，立憲君主制をめざす政党であるカデット（立憲民主党）のリヴォフ公を中心として臨時政府を成立させました。

　これらを説明したうえで，生徒たちを労働者・農民・兵士・知識人の四つの立場に機械的に分け，それぞれの立場から当時の史資料を考えさせ，ロシア革命の過程を追体験させます。実際には「兵士」の立場は労働者や農民と重なりますが，第一次世界大戦中という状況を強調するために，このように設定しました。

　まず，「ペトログラード・ソヴェトの命令第1号（1917年3月14日）」（資料1）です。

1．すべての中隊，大隊，連隊，砲兵中隊，騎兵中隊および各種の軍務に勤務するもの，ならびに艦隊で，前記部隊の委員会または代表者を即時選出すること。
6．隊列にあって軍務遂行中は兵士は厳密に軍規を守らなくてはならないが，それ以外での兵士の政治生活，一般市民生活，私的生活においては，すべての市民の享受する権利をなにものによっても狭められてはならない。とくに，勤務外での不動の姿勢と敬礼は廃止される。

［資料1］ペトログラード・ソヴェトの命令第1号（1917年3月14日）　以下，本稿で掲載する史資料は，紙幅の都合で出典から筆者が抜粋したもの。

　ソヴィエトという，生徒にとってどこか遠くの存在が，資料1によってぐっと身近に感じられるのではないでしょうか。軍という徹底した上意下達の組織において，「代表者を選出する」という，生徒たちが日常的にホームルーム活動でおこなっているようなことを実施していることになります。つづいて，「臨時政府の構成と課題についての宣言（1917年3月16日）」（資料2）です。

1．あらゆる政治的事件および宗教的事件について完全な即時恩赦。この中にはテロリスト的企て，軍事蜂起，農民暴動なども含まれる。
2．言論，出版，結社，集会，ストライキの自由。そのさい軍事技術的条件によって許される範囲内で軍人の政治的自由の拡大を伴う。
3．あらゆる身分的，信教的，民族的制限の廃止。
4．国の統治形態と憲法を定める憲法制定会議を普通，平等，秘密，直接投票を基礎に招集する準備を即時行うこと。
6．普通，直接，平等，秘密投票に基づく地方自治機関の選挙。

［資料2］臨時政府の構成と課題についての宣言（1917年3月16日）

どの立場に立つ生徒であっても，この段階での臨時政府の方針に異を唱える者は多くありません。それは一見，これらの「宣言」で示されている内容が普遍的な価値をもっているようにみえるからです。しかし，生徒はこれらの過程を学ぶなかで「現在は大戦中であること」を忘れてしまいます。そもそもこの臨時政府はカデットやエスエル（社会革命党），メンシェヴィキなど多様な知識人たちによって形成されたもので，彼らが示したロシアの姿は一定の説得力をもつものでした。他方，臨時政府が第一次世界大戦の継続を方針としたことに対して，それぞれの階層がどのように感じ，行動したのか，生徒たちに推測させます。

なお，筆者の勤務校では生徒が一人一台ノートパソコンを所持しており，それぞれの立場でこれらの「宣言」をどのように感じたかを想像し，それを「つぶやき」として共有のフォーム（google フォームを利用）に投稿させました（図 1）。その回答はスプレッドシートで収集できるので，その画面をリアルタイムにプロジェクターで表示しました（生徒のスマートフォンを利用しても同じことができます）。場面が切り替わり，読む史資料が変わるごとに，四つの立場からのコメントが寄せられ，それらは必ずしも歴史的事実にそった内容ではないものの，自分がもし当時その場にいたらという共感と，盛り上がりを追体験することができました。ここまでで 1 時間となります。

2018/02/22 16:59:29	労働者Q	なんかぽっとでのやつ、言ってることは嬉しいだけど信用な
2018/02/22 16:59:36	知識人	はいはい夢ものがたり、夢ものがたり。社会主義国なんてで
2018/02/22 16:59:54	知識人	うちらが何のために勉強してきたのかと
2018/02/22 17:00:02	労働者X	レーニンは革命的な思想と政策をを持っているので危険 信用ならない
2018/02/22 17:00:05	レーニン	俺はなんて素晴らしいのだ!!
2018/02/22 17:00:07	知識人	お主やるな
2018/02/22 17:00:09	知識人	少数派にくせに
2018/02/22 17:00:14	民衆	レーニンは私達のことわかってくれてる！
2018/02/22 17:00:16	農民Y	なんかすごいひときた
2018/02/22 17:00:22	ドイツ	もっとやって
2018/02/22 17:01:05	臨時政府	ありがとうございます
2018/02/22 17:03:59	農民	すっごーい
2018/02/22 17:04:03	農民	初めて「土地」が出てきた。期待できるかも
2018/02/22 17:04:23	農民	いい！
2018/02/22 17:04:26	そこらへんの兵士	武装蜂起だったら任せろ!!
2018/02/22 17:04:31	兵士	また戦争すんの？
2018/02/22 17:04:33	臨時政府	や、やめて～～～～～
2018/02/22 17:04:34	臨時政府	俺らの存在価値分かってる？考え直そうよ～

［図 1］スプレッドシートを利用した生徒の「つぶやき」の例

■臨時政府とソヴィエトの二重権力状態

2 時間目には，いよいよ亡命先のスイスから，敵国ドイツの仕立てた封印列車に乗って革命家レーニンがロシアに帰国します。第 2 インターナショナルを結成していたはずの社会主義者たちの多くが，いざ第一次世界大戦が始まると「祖国防衛戦争」に参加したのに対して，レーニンはあくまでも反戦を唱えたため，帝政ロシアから弾圧を受けていたのでした。

レーニンは帰国早々，有名な「四月テーゼ（1917年 4 月17日）」（資料 3）を発表します。この内容を生徒たちはどのように受け止めるでしょうか。

1. リヴォフ一派の新政府のもとでは，この政府の資本主義的性格のために，ロシアにとってのこの戦争は今なお無条件に掠奪的な帝国主義戦争であって，戦争に対するわれわれの態度に関しては，「革命的祖国防衛主義」にいささかなりとも譲歩することは許されない。（後略）
2. ロシアにおける現在の時機の特異性は，プロレタリアートの自覚と組織性とが不十分なために権力をブルジョワジーにあたえた革命の第一段階から，権力をプロレタリアートと農民の極貧層の手にあたえなければならない革命の第二段階への移行ということである。（後略）
3. 臨時政府を一切支持しない……こと。
4. 大多数の労働者代表ソヴェトで，我が党がいまのところ，わずかな少数派であるという事実を認めること。…（中略）…我々が少数派であるあいだは，我々は誤りの批判と解明の活動を行うと同時に，大衆が経験によって自らの誤りからぬけだすように，すべての国家権力を労働者代表ソヴェトにうつす必要を宣伝する。
6. （前略）すべての地主所有地の没収。国内のすべての土地の国有化（後略）

［資料3］ レーニンの「四月テーゼ（現在の革命におけるプロレタリアートの任務〈1917年4月17日〉）」

　第一次世界大戦の総力戦体制のなか，この「四月テーゼ」を耳にした農民たち，労働者たちはどのように感じ考えるでしょうか。資料2の「宣言」と比較してみたとき，どちらの方針に共感するか，生徒に話し合わせます。先ほどの「つぶやき」では，以下のようなやりとりがありました（図2）。

レーニン	モスクワよ私は帰ってきた
労働者	パンまだーーーーー？
レーニン	「すべての権力をソヴィエトに」
民衆	なんか新しいことやって！
臨時政府	フザケンナ！
農民	うーんどういうこと？レーニンはいい人なの？
農民	やっと我々に光が当たってきた。レーニン万歳。臨時政府乙
農民	戦争から手を引いてくれるんなら賛成かな
労働者	レーニンいいやつすぎ
農民	土地くれるの？
インテリさん	これでまた外国に目をつけられたらどうするんだ
農民	自分の思うように土地を使えるのか…

知識人	民衆の為を思って戦争続けてるのになんでわかってくれないんだ
知識人	はいはい夢ものがたり，夢ものがたり。社会主義国なんてできないよ
そこらへんの兵士	武装蜂起だったら任せろ!!
兵士	また戦争すんの？
臨時政府	俺らの存在価値わかってる？考え直そうよ〜
農民くん	パンくれるの!?土地も!?サイコーーー！！！
農民	助かれば何主義でもいいよ
労働者	社会主義って何かなー？レーニンがいうならいいやつなのかな？

[図2]「四月テーゼ」に対する生徒の「つぶやき」（抜粋）　左側はそれぞれの立場を示す
ハンドルネーム，右側は「つぶやき」で，いずれも生徒が入力したもの。

　生徒の「つぶやき」はなかなか的確です。厭戦気分の蔓延する労働者・農民か
らすれば，大戦からの離脱が目の前の課題だったこと，現状を打破してくれるの
なら何でも良いという率直な意見，土地の獲得につながる農民の欲望，知識人た
ちの臨時政府へのこだわりなどを感じ取っていました。冒頭に示した「あなたが
当時のロシア人だったら，第一次世界大戦の状況に対して，どのように感じるで
しょうか」という問いへの回答は，「当時のロシア人」という設定であるものの，
生徒自身の価値観を多分に反映するものでした。しかし授業が進むにしたがって，
「丁寧に史資料を読むこと」と「ICTツールで可視化して共有すること」を通し
て，当時のロシア人の立場へより具体的に接近することができたともいえそうで
す。この授業方法についての生徒の反応を紹介しておきましょう。

> 今回の授業スタイルはとてもおもしろかった。ぱっと思いついたことをすぐに発
> 信でき，かつほかの人のリアルタイムな感想をみて共有することができるシステ
> ムはとても楽しいし，力になると思った。また，さまざまな立場に立って，その
> 立場その立場の心情や状況を想像することで，より深く世界史の世界に入り込む
> ことができたと感じた。

　さて授業の展開に戻り，臨時政府とソヴィエトによる二重権力状態となってい
く過程を追っていきます。臨時政府は1917年6月にドイツへの大規模な反攻をお
こないますが，戦況は好転しません。厭戦気分と二月革命の経験は，兵士たちに
さらなるデモを促すことになります。ボリシェヴィキはこれ以降，武力による権
力奪取を明確に志向していきます。一方の臨時政府では，7月にリヴォフ公が辞
任し，エスエルのケレンスキーが連立内閣の首相を務めることになります。

さまざまな立場からみるロシア革命とソヴィエト政権　　**187**

ここで保守派の中心だったコルニーロフが反革命の反乱をおこします。これまで臨時政府とボリシェヴィキとのあいだには対立関係があり，臨時政府がボリシェヴィキを弾圧していましたが，ケレンスキーはボリシェヴィキに対して協力を呼びかけました。反乱軍の兵士たちは，ソヴィエトに参加する兵士たちの説得によって解散したのです。

■十月革命とソヴィエト政権

　そして10月，いよいよボリシェヴィキが臨時政府に対して武装蜂起をおこないます。ここで，このボリシェヴィキの武装蜂起を支持するか否か生徒に意見を聞いてみると，「平和」と「武装蜂起」との矛盾を指摘する声があがりました。この武装蜂起はペトログラードで始まりましたが，結果的に短期間で権力を奪うことに成功します。「すべての権力をソヴィエトへ」というレーニンの「四月テーゼ」の方針は，ここに実現をみたことになります。そしてすぐに，彼は「平和に関する布告」と「土地に関する布告」を宣言します（本稿での資料掲載は割愛）。

　「平和に関する布告」は，教科書では「無併合・無償金・民族自決の原則に基づく即時講和を訴えた」などと説明されますが，丁寧に史資料を読み込むと，その背景も含めて理解することができます。「平和に関する布告」は，実際には第一次世界大戦を戦債によって戦っていたヨーロッパ列強には受け入れられず，1918年，ロシアはドイツとのあいだにブレスト＝リトフスク条約を結んで単独講和することになります。また「土地に関する布告」では地主の土地を没収することが宣告され，農民たちを社会主義革命にひきつけることがめざされました。

　さて，ここで改めて先ほどの四つの立場から，「平和に関する布告」「土地に関する布告」をどう評価するかを考えさせます。布告では，民衆の視点から，戦争への反対や，地主から土地を没収することなどが明言されています。しかし，「社会主義」を民衆がどれだけ積極的に支持したのかは，布告から読み取ることはできません。事実，この直後におこなわれた普通選挙ではボリシェヴィキは得票率24％で第二党となり，エスエルが得票率40％で第一党の地位を獲得しています。普通選挙ですから人口の多数を占める農民や労働者たちの政治的志向が反映されたといえますが，少なくとも武装蜂起をともなう急進的な社会主義革命に対して共感が広がっていたとはいえないでしょう。しかもレーニンは，選挙の結果開かれた憲法制定会議を強制的に解散させてしまいます。生徒たちはボリシェヴィキの掲げる方針には共感しながらも，レーニンの社会主義という「正義」に対

しては違和感をいだいたようでした。

■まとめ──エッセイ・ライティングの取り組み

　本授業を通して，生徒は「ロシア革命」や「社会主義」についてどのような印象をもつようになったでしょうか。歴史的場面に具体的に身をおき，選択肢の一つとして社会主義を考えることが，彼らの歴史認識を深めたとはいえそうです。図2の「つぶやき」が象徴的ですが，もちろん，これらの認識をその場の感覚だけで終わらせるわけではありません。「つぶやき」をもとに，授業の最後に，自分なりに考えた当時の状況への考察を「エッセイ」としてまとめさせます。その際には論拠となる資料を明示させ，論理的に書くように指導します。「エッセイ」を書かせてまとめとするのは，生徒たちに総合的な歴史認識を求めるのと同時に，自らが歴史叙述の主人公となる経験をさせる狙いもあります。以下に一人の生徒の「エッセイ」の一部を紹介します。

> （前略）それでも社会主義には現代社会を良くする可能性があったことは示唆されてきました。なんといっても貧富の格差の減少などがあります。私の考えですが，社会主義は大きな一体感を生むことができると考えています。皆が同じような境遇で同じ生活を受ければ同じような気持ちを共有でき，大きな団結力になると考えています。今後は社会主義と資本主義を互いにかけあわせたさらなる政治的イデオロギーをつくることが可能でないのか自分の教養を深めていきながら思案していきたいです。（後略）

　なお，今回の授業では，スキルとしての歴史的思考力を育てることも意識しました。「歴史の発話主体に注目し，なぜそのような歴史の描き方をしたのかを批判的に検討する力」，「史資料に基づいて根拠を明らかにする思考」などがそれにあたり，「つぶやき」や「エッセイ」の作成でそれらの力を高める工夫をおこないました。これからの歴史の授業では，コンテンツ（授業の内容）とコンピテンシー（歴史について考える能力）の両面を意識することが求められるでしょう。

【参考文献】
池田嘉郎『ロシア革命──破局の8か月』（岩波新書）岩波書店　2017
池田嘉郎他編『ロシア革命とソ連の世紀1　世界戦争から革命へ』岩波書店　2017

〈飯塚真吾〉

あなただったら
アイルランド問題をどう解決しますか？
アイルランド独立と北アイルランド

■はじめに

　世界史の授業では，アイルランドだけに時間を割くことはなかなか難しいと思います。そこで本稿では，北アイルランドを残した状態でアイルランドが独立した歴史的経緯を学習・考察しながら，北アイルランド問題について，三つの選択肢を生徒に投げかけてグループで話し合いをさせる2時間の授業を提案します。

■アイルランドと日本

　1時間目の授業では，17世紀から独立までのアイルランドの歴史をたどっていきます。まず導入として，ケルト文化とつながりがある行事を紹介するとアイルランドが身近に感じられるでしょう。日本でもすっかり定着したハロウィーンは，ケルト人のお祭りが，キリスト教のすべての聖人を称える万聖節と結びつくことで現在のようなかたちになったといわれています。また毎年3月中旬には，ニューヨークをはじめとしてアイルランド系の人々が多く居住する地域で，聖パトリックを記念するパレードが実施され，東京でもおこなわれています（資料1）。以前には，「私もケルト系の文化や音楽は大好きなので大人になったらアイルランド語を少し学んでみたいと思います」という感想を書いた生徒もいました。

［資料1］東京・表参道でのパレードの様子（2018年3月18日）

■アイルランドとイギリス

　授業の冒頭で，17世紀から20世紀初頭までのアイルランドについて，簡単に生徒へ説明します。

　1649年にクロムウェルは，カトリックかつ王党派の拠点であったアイルランドに侵攻しました。これによりカトリック教徒の土地は没収されて，北西に位置するシャノン川以西のコナハト地方へ強制的に移住させられました。さらにその後，1801年には，アイルランドはイギリスへと併合されます。

　1845〜50年のアイルランドでは，アイルランド人の主食であったジャガイモが菌によって枯死する胴枯れ病にみまわれました。また，赤痢・チフスなど伝染病の流行も重なって，約100万人が死亡し，さらに約100万人がアメリカ・カナダ・オーストラリア，そしてイギリスに移住しました。さらに，この飢饉は，アイルランド語話者の激減をもたらすことにもなったのです。

　19世紀後半に首相を務めたグラッドストンは，1886年と93年にアイルランド自治法案を議会に提出しますが，いずれも成立まではいたりませんでした。この法案が成立するのは1914年のことであり，しかも第一次世界大戦が勃発したことにより施行が延期されてしまいます。

■1枚のポスターから考える

　資料2は，第一次世界大戦の際にアイルランドで掲示された，イギリス軍への志願を呼びかけるポスターです。右側の平服の男性は，どのような言葉を左側の兵士にかけているでしょうか。生徒に，右側の男性になったと仮定して，その言葉を考えてもらいましょう。その際，イギリス軍に志願することに肯定的な場合と否定的な場合の二つのケースを想定して，それぞれの言葉を考えさせてみると良いでしょう。この発問は，アイルランドの歴史を，当事者の立場で考えさせることが狙いです。

　実際の授業では，生徒たちはつぎのように文章にしていました。まず肯定的な場合のものを紹介します。「私は，イギリス国民なので，イギリスの力になりたい」，「イギリス側に立って，自分が活躍することでアイルランドの立場が良くなり，独立できるかもしれない」，「い

［資料2］第一次世界大戦時のアイルランドにおける，志願の啓発ポスター（口絵参照）

ざという時にイギリスについていた方が後々の生活のためになるだろう」、「大国イギリスに従っておいた方が、ラクだ」などです。

つぎに否定的な場合です。「自分達の生活を苦しめた国のために兵力を失いたくない。飢餓の救済もろくにしてくれなかったし…」。「私は、イギリス軍に加わることを拒否します。なぜなら、イギリスには多くの土地や人を奪われてきたからです」。「私が今イギリス兵として戦争に加わるとおそらくアイルランドの独立はかなわないでしょう。ですから、イギリス軍に加わらずにアイルランドの独立のために今後活動していきます」。「イギリス軍に加わるとイギリスに私たちが利用され、イギリスの兵力としてたくさんの人が戦場に赴くことになるからです」。

実際、第一次世界大戦では、20万人以上のアイルランド人がイギリス軍の一員としてフランスのソンム、トルコのガリポリ、ギリシアのテッサロニカ、パレスチナなどで戦い、そのなかで約3万人が亡くなっています。

■イースター蜂起とアイルランド自由国の独立

続いて、アイルランド独立の大きなきっかけとなる「イースター蜂起」と、その後のアイルランド自由国の独立について説明していきます。

IRB（アイルランド共和主義同盟）は、第一次世界大戦をイギリスからの独立の好機ととらえ、ドイツから武器弾薬を調達して、武装蜂起を計画しました。しかし、武器弾薬を積んだ輸送船が、ドイツからの航海の途中、アイルランド沖でイギリス海軍に拿捕されてしまいました。十分な武器もないまま IRB のメンバーを中心として約1千人のアイルランド人が、1916年4月24日、イースター明けの月曜日にダブリンの中心部にある中央郵便局などを占拠し、「暫定共和国政府樹立宣言」を発表しました。市街戦は、約1週間続きますが、武装警察と圧倒的な軍事力のイギリス軍によって鎮圧され、ダブリンの中心部は破壊されました。

「イースター蜂起」と呼ばれるこの事件後、イギリスは、蜂起関係者をつぎつぎと逮捕し、蜂起の中心人物15名を軍法会議にかけて処刑しました。しかし、この対応に反発して、それまで議会政治を通じてアイルランドの自治を獲得するという立場に賛成していた多くのアイルランド人は、イギリスからの独立に傾いていったのです。さらに18年4月にイギリスがアイルランドに徴兵制をしく法案を本国の議会に提出すると、アイルランドではストライキがおこりました。

1905年にアーサー＝グリフスによって結成されたシン＝フェイン（我ら自身）党は、本来は連合王国のなかで自治を求める穏健な立場でした。しかし、蜂

起後のイギリスの強硬な姿勢や徴兵制導入によって，シン＝フェイン党はイギリスからのアイルランドの分離独立を主張する立場に転換します。そして，18年の連合王国議会総選挙のアイルランド選挙区で同党が過半数を占めると，連合王国議会への出席を拒否し，19年1月，ダブリンに一院制議会を設立して，「アイルランド共和国」の成立を宣言しました。

アイルランド側は，イギリスの武装警察やイギリス陸軍と戦闘状態に入りました。イギリス側は，「ブラック＝アンド＝タンズ」と呼ばれる，復員兵を中心とした武装勢力を送り込みますが，彼らの残虐な行為は，国内外の批判を受けることになりました。

シン＝フェイン党が擁立したデ＝ヴァレラは，全アイルランドを統一して独立することを考えていましたが，彼は交渉に参加せず，暫定独立政府樹立という立場のグリフィスやコリンズによって交渉が進められました。そして，1921年にイギリス＝アイルランド条約が結ばれ，アイルランドは「アイルランド自由国」として，カナダと同様のイギリス帝国自治領の地位と権限があたえられることになり，独立をはたしました。ここまでを1時間目とします。

■「エール」の完全独立

2時間目の授業では，アイルランド独立後の歴史を学習したうえで，生徒へ北アイルランド問題に関する三つの選択肢を投げかけて考察していきます。

アイルランドは独立を達成したものの，条約交渉にあたった暫定政府派のグリフィスやコリンズと，あくまで完全独立を主張する反政府派のデ＝ヴァレラとの対立が激しくなり，内戦にまで発展しました。ここで，デ＝ヴァレラが1922年に発表した声明（**資料3**）を生徒に提示します。この声明のなかで，デ＝ヴァレラは暫定政府が完全独立派を攻撃していると非難しています。

> 現在の状況を招いた責任はイングランドによる戦争の脅し，ただそこにだけある。イングランドによる戦争の脅しを前に，わが国民のある者たちは屈服してしまった。現在，暫定政府の軍隊によって攻撃されているのは，屈服せよとの命令を拒み，それよりは死を選んだ人々である。

[資料3] デ＝ヴァレラによる1922年の声明

その後，内戦のあいだにグリフィスは病死し，コリンズは反対派に襲撃されて死亡しました。そして1923年に，反政府派が停戦を表明して内戦は終結したので

す。32年にはデ゠ヴァレラが政権につき，37年に新憲法が制定されました。この憲法では，国名をアイルランド語で「エール」，英語で「アイルランド」としています。さらに第二次世界大戦では，イギリスの強い要請にもかかわらず，アイルランドは中立の立場をとりました。そして49年，前年に成立したアイルランド共和国法のもと，イギリス連邦（コモン゠ウェルス）から離脱したのです。

■北アイルランド問題

　アイルランドの独立までを一通り説明したら，本授業の中心となる北アイルランド問題の説明へと移ります。

　17世紀初頭のジェームズ1世の時代以降，イギリスから北アイルランドへの植民が進められ，17世紀末から18世紀初めには，農業技術をもったスコットランドの農民が，地代の低い北アイルランドに移住していきました。スコットランドからの農民は，プロテスタントの一派である長老派（プレスビテリアン）を信仰していたので，北アイルランドは，プロテスタント系住民が人口の過半数を占めるようになります。

　イギリスは，1920年に「アイルランド統治法」を制定し，アイルランドを北部六州とそれ以外の地域に分け，それぞれ自治のための議会をおき，さらに「アイルランド協議会」を設けて，南北共通の問題を討議することにしました。22年にアイルランド自由国が成立した時には，北アイルランドは，イギリス゠アイルランド条約で認められたアイルランド自由国からの離脱権を行使して連合王国内にとどまり，南北の境界については，アイルランド南北両政府，ならびに連合王国政府の3者の代表で構成される国境委員会で協議されることになりました。

　その協議の結果，北アイルランドの上・下院の二院制議会において，下院は定員1名の小選挙区制とされ，人口比でカトリック系住民を上回るプロテスタント系住民に有利になりました。しかし，これでは北アイルランドのカトリック系住民に対して十分な政治的な権利が認められません。さらにカトリック系住民が多い地域にはプロテスタント系住民が多数になるように意図的な選挙区割りがなされ，またカトリック系住民の住宅状況は劣悪で就職の際も差別されるという状況にありました。

　1967年には「北アイルランド公民権協会」が結成され，カトリック系住民による権利獲得運動が進められましたが，プロテスタントのなかの「ロイヤリスト」と呼ばれる過激派や武装したアルスター警察が，妨害や弾圧をおこないました。

194　あなただったらアイルランド問題をどう解決しますか？

一方，カトリック側も「IRA」（アイルランド共和軍）を中心に武力で対抗します。アルスター警察に対する不信感も高まり，69年にはイギリス軍が北アイルランドに駐留する事態になりました。以後，双方の対立は流血をともなう武力闘争となり，多くの犠牲者を出したのです。

　この対立にようやく終止符がうたれたのが，1998年にアイルランドのアハーン首相とイギリスのブレア首相とのあいだで結ばれたベルファスト合意です。この合意では，両政府は北アイルランドの領有権の主張を撤回し，北アイルランドの帰属はその住民の決定のみによるとされ，またその決定まで北アイルランドは権力分有政府のもとにおかれることとされました。

　そして，北アイルランドの議会において，1920年代からプロテスタントのユニオスト（イギリスとの連合を主張する人々）が議席を独占したことに対する反省のもと，新たな北アイルランド議会が設置されました。この議会で各政党は，「ユニオスト」，「ナショナリスト」（アイルランドへの統合を主張する人々），「その他」のいずれかの立場を登録し，重要な立法に際しては，「ユニオスト」と「ナショナリスト」のいずれでも過半数を獲得しないと法案が可決されない仕組みがとられました。また，新しく設置された独立国際武装解除監視委員会が私的軍事組織の武装解除を監督することになり，平和的解決がめざされることになったのです。

■北アイルランド問題について考える三つの立場

　以上の説明をおこなった後，生徒には，北アイルランド問題についてつぎの三つの立場を提示し，グループ分けをして，どの立場を支持するかなど自身の意見を表明させてください。

　　Ａ：北アイルランドは，南のアイルランドと合併し，アイルランド島全体が一
　　　　つの国家にまとまるべきである。
　　Ｂ：北アイルランドは，連合王国の一部としてイギリスにとどまるべきである。
　　Ｃ：Ａ・Ｂ以外の選択はないか？

　生徒が出した考えは，以下の通りです。まずＡの意見としては，つぎのものがありました。「北アイルランドのカトリックは，差別を受けてきて，そのため武力闘争に走る人も出てきてしまっているため，アイルランド島全体が一つの国家としてまとまり，差別や武力闘争などをなくしていくべきだと思う」。また，合同についての問題点を指摘する意見もありました。「私は，北アイルランドに住

むプロテスタントをイギリス本国が受け入れ，北アイルランドがアイルランドと合併し，アイルランドは一つになるというのが一番良いと思うが，そういうわけにもいかない。イギリスは，領土を失うことは避けたいだろうから，またそこで新しい問題を生んでしまうだけだ。宗教問題が絡んでいる北アイルランドの問題を解決することは，とても難しいことである」。「もし合同するのであれば，今度はプロテスタントが少数派になります。現在，北アイルランドでは少数派のカトリックが差別を受け，武力闘争をおこなうテロ組織まである状況です。同じことをおこなってしまっては何の意味もありません。いかにアイルランド側が少数派となるプロテスタントに平等に接することができるかが重要となると思います」。

　生徒の意見でもっとも多かったのは，Bの意見でした。「カトリックとプロテスタントの対立は，信仰や価値観の違いがあるので，完全な融和は難しいと思います。だから，下手に独立したりするより現状維持でゆったりと様子をみていくのがいいと思います。また，アイルランドの文化は本当に素晴らしいので，それぞれの文化は守りつつうまく共生してほしいです」。「この対立の問題を解決するのはとても難しいと思う。だから，教育のなかで対立した原因を学び，また互いの違いを理解し，プロテスタントとカトリックが共生できる土台をつくるべきである」。

　Cの意見として，イギリスともアイルランドとも違う別の国をつくるという意見もありました。「私は，新しい北アイルランドという国をつくるのが一番良いと思う。そのなかで，カトリックとプロテスタントが交流できるイベントなどを開催して，お互いの文化を認め合えればいいと思う」。また，「カトリックの人々とプロテスタントの人々の全員が対立状態にあるのだろうか。もしかしたら対立を望んでいるのは一部の人々だけで，なかには共生したいと思っている人々もいるのではないかと思った」という意見も出ました。

　イギリスの政策を批判してつぎのような意見を書いた生徒もいました。「イギリスは，パレスチナ問題の時も思ったが，あまりにも自分勝手すぎると思った。その国のためになることをしないで，独立しようとする動きに対しては力で弾圧する。私は，過去にこれだけひどいことをされてきたのだから，北アイルランドは独立してもいいと思う」。「カトリック教徒は，地位改善の運動に取り組み，政治的権利を獲得するなど積極的にアイルランドの民としてありつづけようとする行動がみられる。プロテスタント系の人々は，差別しつづけるのではなく同じアイルランドの民として受け入れようとするべきだと思う」。そのほかに，「確かに

カトリックは，プロテスタントからみればどうしても邪魔に思えるかもしれない。しかし，価値観や文化という理由で相手を攻撃することは良くない。世界のどの地域にもいえることだが，強者が弱者を，多数派が少数派を迫害した後など，もはや惨劇しかおこらない。深く根付いた対立にこだわることなく相手の意見を尊重したうえで，自分の意見を出すというのは難しいことではあるが，この問題には価値ある"妥協"が求められてくると思う」。

　生徒たちはこの学習を通して，北アイルランド問題について，双方が相手の立場を認めつつ，解決の道筋をみつけていく必要があることを理解したと思います。なお，本授業の評価に際しては，生徒たちが表明，あるいは文章にまとめた北アイルランド問題に対する自身の考えを，その対象とします。

■まとめ

　現在のヨーロッパには，スコットランドやカタルーニャのように，一つの地域が国家から独立しようとする動きがあります。アイルランドの独立は，その先駆けともいえるかもしれません。そして，北アイルランドでのカトリックとプロテスタントの対立は，異なる価値観と歴史的背景をもつ人々がどのように相互理解をして共生していくかという問題を投げかけています。その意味で，世界のいたる所で生じている地域紛争と共通する問題があり，だからこそアイルランドの歴史を学習する価値があると思います。

【参考文献】

上野格・森ありさ・勝田俊輔編『世界歴史大系　アイルランド史』山川出版社　2018
ジェイミー・バイロン他著，前川一郎訳『イギリス中学校歴史教科書　イギリスの歴史——帝
　国の衝撃』明石書店　2012
山本正『図説アイルランドの歴史』河出書房新社　2017
尹慧瑛『暴力と和解のあいだ——北アイルランド紛争を生きる人びと』法政大学出版局　2007
〈大塚雅信〉

ガンディーのめざした「インド」とは?

インドにおける民族運動の展開

■はじめに

　本授業案では，ガンディーの思想や反英闘争を軸に，インドの民族運動と独立の流れをみていきます。全体を２時間の構成とし，１時間目はイギリスの植民地支配がインド社会にあたえた影響と，ガンディーの思想やその運動について考察します。２時間目では当時の人々のさまざまな視点からインド独立の方向性をさぐり，それがどのような影響をあたえたかについて考察します。

■イギリスのインド支配とその影響

　近代以前からインドは，アーリア人の侵入やイスラームの流入など，インド亜大陸外の文化の影響を受け，時にそれを内包しながら文化を育んできました。しかしながら，17世紀頃からインドに進出し，のちに植民地支配をおこなうにいたったイギリスの影響は，それまでのインド社会を根底から揺るがすほどの大きな変化をあたえました。まずはじめに，その影響を詳しく説明していきます。

　その一つとして，1871〜72年にかけて実施され，その後も10年ごとに実施された国勢調査があげられます。イギリスの進出以前は，カーストの帰属は明確には区別されず，流動的な側面をもっていました。しかし，国勢調査によって，自分たちが何者でどういったグループに属するかを明確に自覚し，記録するということを通して，カーストの固定化がおおいに助長されました。

　また，イギリスはインド人を用いた軍隊を組織するにあたり，当初はクシャトリヤ層，のちには「尚武の民」（Martial race）とされたグルカ兵（ネパール人），シク教徒を中心に兵士を採用しました。異なるカースト同士で食事をともにすることがはばかれるといった風習が，軍隊の運用の弊害になると思われたからです。そのため仕事のない人々のなかには，何とか軍隊に入ろうと家系図を引っ張り出してきて，自分はクシャトリヤであると必死に主張する者もいたほどです。

　このようにインドの「近代化」は，カーストごとに自らのアイデンティティを

198　ガンディーのめざした「インド」とは?

固定化・明確化していくことで進められていきました。インドの人々は,「自分たちが何者であるか」という問いを突きつけられることとなったのです。これに関連して,寡婦の再婚禁止やサティー(寡婦となった妻が,夫の死体の火葬の際に,火のなかに飛び込んで殉死する風習)は,バラモンなど高いカーストに属する人々に求められたもので,一部の人々がもつ風習でした。しかし,イギリス支配以降は自らのカーストの社会的地位を上昇させるため,バラモンの風習などを取り入れる傾向が強まりました。また,イギリスは1829年にサティーの禁止を,19世紀半ばに寡婦再婚の容認を法律で取り決めましたが,こうした従来の慣習への介入は,インド社会の大きな反発を招きました。

　こうして,イギリスの支配を経験することで,逆に自分の属するカーストを強く意識する状況がインドにおいて進行していったのです。

■ガンディーの思想と反英闘争

　続いて,インドの独立運動について,マハートマ゠ガンディーの活動を中心に説明していきます。「マハートマ」とは,「偉大なる魂」という意味です。インドの独立運動は,1885年に結成されたインド国民会議と第一次世界大戦中に発展した民族資本によって進められ,ガンディーはその運動の中心となりました。

　彼の出自について簡単に確認します。ガンディーは,現グジャラート州にあった藩王国の宰相の子供として生まれました。18歳の時にイギリスに留学して弁護士の資格を取った彼は,その後,南アフリカに渡りました。そこで,彼自身も駅馬車に乗る際に,足台に乗ることを強要され,これを拒否したために車掌から暴行を受けるなど強烈な人種差別を経験しながら,インド系移民の法的権利を擁護するために活躍しました。

　ガンディーがインドに帰国したのは,第一次世界大戦中の1915年で,その頃のインドは,イギリスへの戦争協力を約束するかわりに,大戦後の自治を要求していました。しかし,大戦が終わるとその約束は守られず,むしろイギリスは令状なしの逮捕や裁判なしの投獄を認めるローラット法の制定を試みるなどして,インドに対する締め付けを強めていきました。このようなイギリスの姿勢に対して,ガンディーは反英闘争を呼びかけます。

　ここからは生徒へ資料を提示し,それを読み込みながらガンディーの思想や運動について確認します。まず,ガンディーは自伝のなかで,**資料1**のA・Bに深い感銘を受けたことを告白しています。

インドにおける民族運動の展開　　**199**

A：『バガヴァッド・ギーター』（第2章）

人もし　その官能の対象に執着すれば　対象の魅力おのずから湧かん　魅力から
欲望の生じ来たるあり　欲望はやがて激しき情熱の炎と燃え　情熱は無分別の種
を宿すにいたる。（後略）

B：「山上の垂訓」（『新約聖書』「マタイによる福音書」第5章）

（前略）しかし，私は言っておく。悪人に手向かってはならない。誰かがあなた
の右の頰(ほお)を打つなら，左の頰(ほお)をも向けなさい。あなたを訴えて，下着を取ろうと
する者には，上着をも与えなさい。（後略）

[資料1] ガンディーに影響をあたえた二つの文献

　資料1・Aはヒンドゥー教の聖典の一つである『バガヴァッド・ギーター』，
Bは『新約聖書』中の「山上の垂訓」です。生徒には，資料を読んだ感想を聞き，
これらからガンディーはどのような影響をうけたのか考えさせてみましょう。

　Aについては，ガンディーは複数の宗教の考え方を学ぶなかで，人間の苦しみ
の根源には欲望があるとし，それを自覚して乗り越えることで真理を得ようとし
ました。そして，インドに押し寄せる資本主義の根源こそ欲望であるととらえ，
彼は自給自足の村落を基礎とした平等な社会をめざします。このような宗教の差
異をこえた真理への追究（サティヤーグラハ）が，彼の行動の原点となりました。
また彼はその手法として，Bの影響のもとに非暴力・非協力を採用したのです。

　それでは，イギリスに対抗する具体的なガンディーの行動はどのようなものだ
ったのでしょうか。その一つとして彼は「祈りと断食の日」を設け，ゼネラル・
ストライキを呼びかけました。「祈りと断食の日」はハルタールと呼ばれ，1919
年4月6日には，全インドで一斉休業が完全に守られたとガンディーは自伝のな
かで感傷的に述べています。イスラーム教徒の慣行である断食を取り入れたこと
で宗教をこえた協力が得られ，独立運動はインド全体に広がっていきました。

　こうしたガンディーの運動に対して，イギリス政府の姿勢は強硬なものでした。
1919年，アムリットサールでのローラット法に反対する集会では，イギリスは無
差別発砲をおこないました。会場の入口をふさいで，弾がなくなるまで打ち尽く
したともいわれており，1200人という多数の死者や数千人の負傷者が出ました
（アムリットサール虐殺事件）。イギリスは当初報道を制限し，事実を隠蔽しよう
としましたが，ガンディーは事実を調査して報道したので，ますますイギリスの
支配に対する反対運動は広がっていくこととなったのです。

■非暴力・非協力運動の展開

　ガンディーは運動の進展のなかで、さらなるイギリスへの非協力を訴えます。彼は集会を開き、イギリス製の綿製品を焼却するなどの抗議行動をおこない、全インド=ムスリム連盟とも協力関係を築きながら、納税の拒否やイギリス商品の排斥運動に民衆を動員しました。彼の非暴力・非協力運動が本格的に始まったのです。

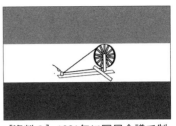

[資料2] 1931年に国民会議で制定された「国旗」

　ガンディーがこの運動で象徴的に用いたのがチャルカー（手紡ぎ車）でした。資料2は1931年に国民会議で制定された「国旗」ですが、これをみせながらチャルカーは何をするための道具なのか考えさせます。チャルカーは、綿糸を生産するための道具で、インドの主要産業であるカーディー（手織綿布）の生産のために、農村で広く用いられていました。彼は、インドの伝統産業である綿布生産の復活を呼びかけることで、イギリスの支配に対する非協力を訴えたのです。

　ここで、ガンディーがめざす独立後のインドの姿がどのようなものであったのか、資料3を提示しながら生徒に考えさせます。資料3は、綿布生産の規模について、1930年前後の工場と、ガンディーの指導した全インド紡ぎ工協会とを比較したものです。単純に綿布生産量を比較すると、インド古来の製法でつくられる綿布は工場生産のわずか0.49％と小さく、工場による機械生産にはとうてい太刀打ちできません。

　しかし、ここで生徒に注目させたいのは、「100万ヤードあたり雇用者数」の数字です。100万ヤードの綿布を生産するとした場合、機械での綿布生産と比べて、何倍の雇用を生み出すことになるかを生徒に計算させてみてください。じつに60倍以上の雇用を生み出すことになります。ガンディーは、インドで必要とされるすべてのカーディーをチャルカーでつくった綿糸で生産することで、多くの貧し

	工場での機械生産の場合	手紡ぎ・手織りの場合
綿布生産量	24億ヤード	1167万ヤード
雇用者数	39万5千人	11万8千人
一人あたり生産量	6281ヤード	99ヤード
100万ヤードあたり雇用者数	159人	1万63人

[資料3] 1930年前後における綿布生産の比較表

い人々に職をあたえ，自立を促すことをめざしたのです（**資料4**）。ひいては，自給自足によって成り立つ村落共同体をつくることを理想としていました。先述の「サティヤーグラハ」にみられる真理の追究は，こうした農村社会のなかでこそ実現できると彼自身考えていたようです。もちろん，機械化が進むなかで伝統的な産業の復活が難しいことは，ガンディー自身も認識していたようです。

> それ（チャルカーによる生産）を通じて，わたしは，半ば飢え，半ば仕事のないインドの婦人に仕事を与えられるからです。これらの婦人に糸を紡がせ，そしてそれで織った手織布地で，インドの人々に着物を作って着せることが，わたしの理想なのです。

[資料4] ガンディーが示した理想

　資料2～4を総合して，生徒にガンディーのこの運動をどう考えるか，実現可能かどうか，または支持するかどうかなど意見を述べさせてみてください。

　この第一次非暴力・非協力運動は，暴徒化した農民が警察署を取り囲んで放火するという事件がおこったことがきっかけで，ガンディーにより中止が宣言されます。運動は，彼の意図しないかたちで終わりを迎えましたが，これまでイギリスに留学した知識人らが中心となっていた独立運動に，民衆を取り込んでいくことに成功しました。また，この時期にインド共産党も結成され（1925年），つぎの民衆運動の準備が進められていきます。ここで1時間目の授業は終わりです。

■ガンディーとネルー

　2時間目は，インド独立の方向性をめぐるさまざまな視点と，実際の独立の過程を考察していきます。第二次世界大戦が勃発し，イギリスがインド情勢にかまっていられない状況が生まれると，戦争への協力と引き換えにイギリスから戦後の独立を保障されるなど，インドの独立がより現実的なものとなっていきます。一方，このような状況のなかで，ガンディーは「一体としてのインド」の独立をめざしていましたが，それはしだいに困難なものになっていきます。それぞれが独立後の国家のあるべき姿を思い浮かべたとき，イギリス支配時代に明確で強固なものとされたインド内の差異が，顕在化していくことになったのです。

　1930～34年の第二次非暴力・非協力運動が終わると，独立運動の主要な担い手は，ネルーに引き継がれていきます。ガンディーとネルーは書簡の交換を通じてお互いの意見を交わしていたのですが，そのなかに二人の考え方の明確な違いを

見出すことができます。生徒には，班別にして**資料5・6**を読ませて，「あなたは，未来のインドにとって，ガンディーとネルーのどちらの考え方が良いと思いますか？」と問いかけて意見交換させると良いでしょう。

> 私は近代的思想を評価する一方，その思想に照らして古来のものが大変快く思える。私が今日の農村のことを言っていると思うならば，君は私を理解できないだろう。私の理想の農村は未だ私の想像の中にのみある。…（中略）…この私の夢の農村では村人は怠惰ではなく，完全に自覚している。

[資料5] ガンディーからネルーへの書簡

これまでみてきたように，ガンディーは，インドのあるべき姿を古来の農村社会に見出しています。

> 全体の問題は，この社会を如何に築くか，その内容は何であるべきかである。何故村落が真理と非暴力を具現すべきなのか私には分からない。一般的に言えば，村落は知的，文化的に後進的であり，後進的環境からはいかなる進歩もなされ得ない。狭量な人々はよりいっそう虚偽的で暴力的になりやすい。

[資料6] ネルーからガンディーへの書簡

対して，ネルーは上記のように返答して，自給自足的な農村社会をめざすガンディーの考え方を真っ向から否定します。ネルーのめざす独立インドは，ガンディーの訴える村落共同体とは別の方向に向けられていました。また，ネルーはインド社会の近代化のためには，村落を解体して，土地を分配する必要があるとも考えていました。

■ガンディーとアンベードカル

さらに，不可触民と呼ばれる人々もガンディーのめざす「一体としてのインド」とは違った道を模索したことを説明します。不可触民とは，カースト制度の外におかれ，インド社会においてイギリス支配以前から不浄な存在とみなされ，共同の水場の利用や，寺院への立ち入りを禁じられるなどの差別を受けていた人々です。不可触民の代表となり，権利向上をめざしたのはアンベードカルでした。彼は，幼少期に牛車に乗った際，途中で不可触民であるということがわかったとたんに，牛が穢れるから降りろと命じられるなど，自身の所属が被差別階級であることを痛感する経験をしています。

インドにおける民族運動の展開　203

ガンディーは不可触民のことを「ハリジャン（神の子）」と呼び，自分たちを加害者として，不可触民の地位向上に尽力します。しかし，彼は不可触民差別やカースト間の対立を批判するものの，ヴァルナ（カースト）制度自体に関しては，「自然発生的」に生まれた，社会に必要な分業と認め，富の分配や平等など社会の福利に寄与するものとして肯定的にとらえていました。こうした考えをもつガンディーの改革運動は，つぎの**資料7**のように不可触民には受け入れられません。

> 　またマハートマは，上位カーストのヒンドゥー教徒が改心し温情的に下位カーストに接するならば，ヒンドゥー社会は根本的な改革をせずとも幸福なものとなると説くが，ヴァルナ＝カースト制度のあるところかならず差別は伴うものである。
> 　マハートマは親の職業を世襲せよと説くが，ではマハートマ自身，主張どおりのことを実践しているのだろうか。否。マハートマは生まれはバニヤー（ヴァイシャに属する商人カースト）であるが，彼の先祖は商売をやめて本来バラモンの職業である大臣職についた。マハートマ自身，"秤"よりも"法律"を選び，次に法律を捨て，半聖人・半政治家となった。

[資料7]　アンベードカルのガンディーに対する批判（「マハートマへの返答」，1936年）

　アンベードカルはガンディーの考え方をこのような痛切な表現で批判しました。アンベードカルはカースト制度のもつ「差別」的な面に言及し，支配階級によってつくられた「不自然な」制度であることを主張して，ヒンドゥー教を含めた宗教・社会変革の必要性を訴えます。

　ここでカースト制について，アンベードカルとガンディーの双方の考え方の違いを踏まえ，不可触民と「可触民」が歩み寄るためには，どのようにすればよかったかを生徒に考えさせるのも良いでしょう。今日のインド社会においても，不可触民出身の人々は自らを「ダリト」（サンスクリット語で「粉砕された，抑圧された」の意）と称し，仏教を軸とした運動を展開することで，カーストそのものの廃絶を訴えています。インド憲法には，不可触民差別の撤廃をうたった条項が明記され，彼らは「指定カースト」として，教育・公的雇用・議会議席数の保障を受けていますが，一方でこれに対する批判も存在します。

■インドの分離独立とガンディーの死

　さらに，インド独立における最大の方向性の違いは，イスラーム教徒とヒンドゥー教徒の関係にあらわれました。イギリス進出以前はインド社会のなかで共存

していた両者でしたが、イギリスの分割統治の一環で、1906年に全インド゠ムスリム連盟が結成されると、両者の差異が徐々に明確になっていきます。当初は、国民会議派との協調関係を築いていた全インド゠ムスリム連盟でしたが、第二次世界大戦中にはインドとは別個の国家（パキスタン）の独立を目標に掲げました。

　最終的に1947年8月、ヒンドゥー教徒とイスラーム教徒は分離独立の道を選択し、インドと東西パキスタンが成立しました。しかし、その実施は容易ではなく、民族浄化ともいうべき混乱が生じ、同年中のわずか5カ月弱のあいだに難民となった人々は1500万人に達し、死者も100万人以上にのぼるといわれています。

　この混乱のなか、高齢となり、政治の一線をしりぞいたガンディーも杖を突きながらインド各地をまわり、ムスリムとヒンドゥーの融和を訴えますが、こうした状況下で悲劇はおこります。1948年1月、夕方の祈りのため通りを歩いていたガンディーの前に一人の男性が近づき、お辞儀をした直後に、手にしたピストルから銃弾が放たれました。男性は、ヒンドゥー教の過激派で、ムスリムとの融和を訴えるガンディーの行動を裏切りととらえ、殺害にいたったのでした。

■まとめ

　結局、ガンディーのめざした「一体としてのインド」はなしえられず、彼自身も志なかばで倒れました。彼がめざした自給自足と相互扶助に基づく農村社会はついに実現されませんでした。グローバル化が進み、国家というものの存在について再確認する必要性が迫られている現代において、「近代化」の影響について再考することは我々にとっても必要なことではないかと考えます。

　また、本授業案ではヒンドゥー教徒とイスラーム教徒との関係については、資料や生徒への問いを用いた取り組みができず、今後の課題となりました。この点には別の授業展開の可能性があるとも考えています。

【参考文献】

内藤雅雄『ガンディー　現代インド社会との対話──同時代人に見るその思想・運動の衝撃』明石書店　2017

山崎元一『インド社会と新仏教──アンベードカルの人と思想』刀水書房　1979

歴史教育者協議会編『知っておきたい　インド・南アジア』青木書店　2005

〈畠間毅〉

あなたは一人でも
助けることができますか？
第二次世界大戦とホロコースト

■はじめに

　第二次世界大戦の学習でアウシュヴィッツを扱う場合，『映像の世紀』などの視聴覚教材を活用することが多いと思います。しかし，単に視聴させるだけでは，死体をブルドーザーで処理するシーンなどをみて生徒が「キモい」の一言で終わってしまうような一面的な感想や，「かわいそう」「その時代に生まれてなくて良かった」など他人事のような捉え方になってしまいがちではないでしょうか。そこで，より生徒自身の身に迫るような1時間の授業を提案します。

■謎の測定

　導入として，まず**資料1**の写真を生徒に提示して，何をしているところか予想させてみましょう。予備知識がない生徒であれば答えに窮すると思います。生徒の様子を見計らって，資料1の写真は「ナチ党政権時代，ドイツの研究者が青年たちの顔の輪郭を測定しているところ」と説明します。また，優生学についても以下のように補足します。「人種の判断を試みる人種衛生士が「アーリヤ人」かそうでないかを選別するために顔の輪郭を測定している様子です。優生学とは人

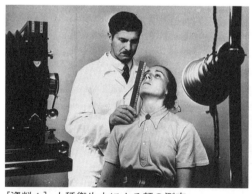
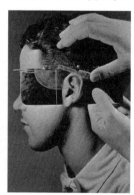

[資料1] 人種衛生士による顔の測定

間の遺伝的「劣化」を防止し，遺伝的に「優れた」人間を増やそうとする学問で，20世紀前半に欧米で大きな影響をあたえ，ヒトラーもこれを積極的に取り入れました」。そして，**資料2**を生徒に読ませます。

> ユダヤ人は自分が占めた地を明け渡すなど全く考えずに，居座りつづけ，彼らを追い出すには暴力しかないというほどに定住してしまった。…（中略）…彼らは典型的な寄生虫であり，そしてそうありつづける。…（中略）…彼らの存在は他の寄生生物と同じく，遅かれ早かれ宿主を死滅させるものである。

[資料2] ヒトラー『我が闘争』

　資料2での「寄生虫」とはだれを指すのか？（ユダヤ人），「宿主」とはだれを指すのか？（ドイツ人）と生徒に確認しながら，「彼らを追い出すには暴力しかない」と断言している点に注意を向けさせてください。そしてヒトラーの選別ではユダヤ人・ロマ（ジプシー）・ロシア（スラヴ）人などが「劣等民族」とされてしまったこと，資料中の「他の寄生生物」はロマやロシア人を指すことを指摘します。またヒトラーは「ドイツ人＝アーリヤ人」の優位性を訴え，理想的な「アーリヤ人」とは，金髪で眼は青く背が高いと定義したことを付け加えます。

　さらに，「この測定で本当に「アーリヤ人」とユダヤ人を選別することができるのでしょうか？」と生徒に投げかけます。生徒の多くは自分の容姿に大変敏感ですから，もし自分の顔が測定されたとしたらどうするか，という迫り方が良いのかもしれません。この問いの狙いは，その均整のとれた顔立ちかどうかで優劣を決めるヒトラーの反ユダヤ人主義や，当時流行した「優生学」という学問が，いかに根拠がなく馬鹿げたものかを生徒に気付かせることです。

■**ナチスが規定したユダヤ人とは？**

　ナチス＝ドイツはまた，「優生学」に基づいてユダヤ人の排除を狙った法律をつくりました。それが1935年に施行されたニュルンベルク法です（**資料3**）。

> 第1項　ユダヤ人と，ドイツ人の血または同種の血を有するドイツ国公民との婚姻は，これをしてはならない。（後略）

[資料3] **ニュルンベルク法**　この法律では，ユダヤ人は，ユダヤ教徒か，祖父母4人中に人種上の完全ユダヤ人が3人以上いる者と定義された。また第1級混血児は，ユダヤ人の祖父母を二人もつ者，第2級混血児はユダヤ人の祖父母を一人もつ者とされた。

第二次世界大戦とホロコースト　**207**

この法律において，祖父母がユダヤ人かどうかは，ユダヤ教徒かどうかが基準とされました。つまり，ナチ党はユダヤ人を人種としながら，彼らを規定するためには結局宗教を基準にするほかなかったのです。このようにニュルンベルク法は矛盾するものでしたが，以後，ドイツ人のなかからユダヤ人が選別され，職場や学校などあらゆる場所で彼らが追放されました。

　なおここで，ナチ党政権発足時のドイツ人口約6500万に占める完全ユダヤ人（祖父母の４人ないし３人をユダヤ人にもつ人々）は，77万５千人たらずのマイノリティであったこと，しかし，経済的影響力は金融業を中心に絶大だったことを指摘しておいてください。

■もしユダヤ人を助けようとしたら？

　つぎに「もしユダヤ人の友人や知人がいたら助けたいと思いますか？」と生徒に問いかけて挙手させます。おそらく助けたいと思う生徒は多いと思います。そこで資料４をみせて「この写真は何だろう？」と生徒に提示します。実際には，ユダヤ人を助けようとした好意的なドイツ人も少なくありませんでした。しかし，そのような人々は，資料４のようにナチ党の突撃隊員（SA）の監視のもと「人種の恥」として晒しものにされたことを説明します。

　そのほか，第二次世界大戦開戦後はユダヤ人へ激しい迫害がおこなわれるとともに，ドイツ全土に秘密警察（ゲシュタポ）や，最大200万人におよぶナチ党地区班長や隣組の組長が配置されて監視網がつくられたこと，さらに密告制度がつくられ，一般ドイツ人も警察の目・耳となって，ナチ党政権のユダヤ人排除へ協力したことも説明します。ここでアンネ＝フランクの例をあげても良いでしょう。

[資料４] 突撃隊員の監視のもと，「人種の恥」として晒された人々
1933年７月に撮影されたもの。二人の胸のプラカードには，つぎのように記されている。女性(左)：私はきわめつきの最低の豚です。私はユダヤ人ばかりと関係しています！　男性(右)：私はユダヤ人の青年としていつもドイツ人の娘のみを部屋に引き込んでいます！

■戦争に向けた軍備増強と連動する反ユダヤ主義政策

　あわせて以下の年表を示し，①〜④で反ユダヤ主義政策がドイツの軍備増強と連動していることを説明してください。

> 1935年　再軍備宣言，徴兵制復活
> 1936年　ラインラント進駐
> 1937年11月　ヒトラーの戦争計画…①
> 1938年３月　オーストリア併合…②
> 　　　　９月　ミュンヘン会談をへてズデーテン地方併合…③
> 1938年11月　「水晶の夜」事件…④

①計画策定後の1938〜39年には，政府支出の半分以上が軍事費にあてられました。これはドイツの国民総生産の約15％にあたります。そこでナチ党政権は，ユダヤ人の豊富な財産を狙いました。

②この併合で約20万人におよぶオーストリアのユダヤ人住民（その多くはウィーンに住んでいました）が迫害と暴力の嵐に巻き込まれ，その財産が没収されました。さらにオーストリアの失業者60万人の労働力や，国家が保有していた金と外貨がドイツの軍事費にあてられました。

③ズデーテンの労働力が，ドイツの軍事関連などにあてられました。

④1938年11月に「水晶の夜」事件がおこりました。ユダヤ人少年によるドイツ外交官の射殺事件をきっかけに，ナチ党指導部が仕組んだ大迫害です。指導部は警察が介入しないよう指示を出し，ナチ党の親衛隊員を動員してドイツ全土とオーストリアのユダヤ人への暴行や殺害，掠奪・店舗破壊，シナゴーグの焼き討ちなどをおこないました。破壊されたユダヤ系商店の大量のガラス片が月夜に輝いた光景から「水晶の夜」と名づけられました。そして射殺事件に対する連帯責任として，ユダヤ人に賠償金10億ライヒスマルクを課しました。

■ヒトラーの秘密委任命令書と第二次世界大戦の勃発

　続いて1939年９月１日の日付でヒトラーが発した命令書（**資料５**）を提示します。ここでの「慈悲殺」とは「安楽死」のことです。また「人智の及ぶ限り不治」とは，戦争に足手まといになる人々，つまり「生きるに値しない」人々のことです。生徒には，この命令書のためにユダヤ人など「劣等民族」とされた人々以外にどのような人々が「安楽死」の対象とされたのかを考えさせてみましょう。

第二次世界大戦とホロコースト　**209**

> 特に指名した医師の権能を拡大し，病状を最も厳密に診断した上で，人智の及ぶ限り不治であると判断される患者に対して慈悲殺を行えるようにする権限を帝国指導者ブーラーとブラント医学博士に与える。　　　　　　　　アドルフ・ヒトラー

[資料5]　ヒトラーの秘密委任命令書　この命令書は1939年9月1日（第二次世界大戦の開始と同日）の日付となっている。

　この命令で，同じドイツ人であるにもかかわらず10万人をこえる精神病患者，知的・身体的障害者らが銃殺・ガス殺されました。また大人より子どもが先に殺されました。このようにユダヤ人虐殺（ホロコースト）以前に，「兵士として戦争にいけない＝役に立たない」ドイツ人が殺害されたのです。そして，ガス殺の技術はのちに絶滅収容所で応用されることになります。この命令書の日付と同日にドイツ軍はワルシャワに侵攻し，第二次世界大戦を開始します。その結果，ナチス＝ドイツは大量のユダヤ系ポーランド人を抱え込むことになるのです。

■独ソ戦の開始とヴァンゼー会議

　ヒトラーは1941年に始まる独ソ戦を劣等民族殲滅戦争と定義しました。ソ連を制圧し，大量のユダヤ人を東方へ追放することが狙いでした。独ソ戦のあいだ，ユダヤ系市民・ロシア人の殺害は大規模かつ組織的におこなわれました。大戦全期を通じて捕虜になったソ連将兵570万人のうち，約330万人（58％）が処刑されるか，飢餓や酷使で死亡しました。しかし，その残虐な行為は住民の反発を招き，独ソ戦が膠着状態に入る頃からドイツ軍へのパルチザン闘争が激化していきます。

　戦況の悪化によって，大量にかかえたユダヤ人を東方のロシアへ追いやろうとした計画が不可能になったため，絶滅政策がとられることになりました。これを決定付けたのが1942年1月に開かれたヴァンゼー会議です（**資料6**）。

> 　さらなる解決の可能性として，今後は国外移住の代わりに，総統の事前の許可を得て，東部地域へのユダヤ人の疎開が行われる。…（中略）…ユダヤ人問題の最終解決は以下にあげた諸国家にいる1100万人のユダヤ人を想定する。（中略）
> 　最終解決の過程において，ユダヤ人たちは東部地域において適切な指導のもとに相応のやり方で労働に投入される。労働可能なユダヤ人は大規模な労働部隊で男女別に東部地域の道路建設に投入されるが，間違いなく多くは自然淘汰される。…（中略）…最終解決の実行は，ヨーロッパの西から東へ徹底的に行う。

[資料6]　ヴァンゼー会議の議事録

210　　あなたは一人でも助けることができますか？

ヨーロッパのユダヤ人を輸送する交通の要衝として，1941年9月に建設された
アウシュヴィッツ強制収容所は，ガス殺の効果と効率を試す拠点となりました。
10月には第二収容所が建設され，ドイツの巨大化学企業などの工場の注文に応じ
て労働力を供給する，最大の絶滅収容所として拡張されます。以後，ここで働か
せるためにドイツ国内外のユダヤ人強制労働者が大量に輸送されたのです。

■ユダヤ人迫害に対するニッケル夫人の行動

　杉原千畝やオスカー゠シンドラーの名前は良く知られていますが，ドイツ人の
なかにも，自分の身の安全を顧みず良心に基づいてユダヤ人を援助した人々が少
なからずいたことを，資料7で生徒に考えさせます。

　ニッケル婦人はベルリンに住む主婦でした。夫は自動車機械工で二人の息子がい
ました。ナチ政権になって激しくなるユダヤ人住民の迫害に彼女はショックを受け
ていました。1942年秋，ユダヤ人に東部地域で恐ろしい運命が待ち受けていること
を確信し，彼らのうち一人だけでも助けようと決心しました。彼女にはユダヤ人の
知り合いはいなかったので，近所に住む女性ユダヤ人強制労働者たちをみていたと
ころ，彼女らのなかの一人が身ごもっていることを知りました。ニッケル夫人はあ
る日彼女を作業所に尋ねて，援助を申し出ました。女性はルート・アブラハムとい
う名で，しばらくためらったのち，彼女を信頼して申し出を受けました。ニッケル
夫人は身重のルートとその夫ヴァルターの住まいに食料品を運び，翌1943年1月に
ルートが出産するのを助けました。強制移送が迫ったとき，アブラハム一家は潜伏
のため，彼女へ偽の身分証明書類を用立ててくれるように願いました。ニッケル夫
人は自分の郵便証明書をルートの写真に貼り替えたものにし，ヴァルターには夫の
運転免許証をあたえました。いずれも改竄したものです。アブラハム一家はその後，
身元の検査を受けましたが，証明書類のおかげで逮捕されずにすみました。…（中
略）…その後ゲシュタポからニッケル夫人は尋問されましたが，彼女は，証明書類
は盗まれたのだと強く主張し，無事言い逃れることができました。
※このことは生き延びたアブラハム一家によって明らかにされたと考えられていま
　す。ニッケル夫人は戦後名乗り出ることをしていなかったからです。

［資料7］ユダヤ人迫害に対するニッケル夫人の行動

　資料7について考えさせたら，本時の中心となる問いを生徒に投げかけます。
　問　もしあなたがこの時代にいて，ユダヤ人の友人がいたとしたらあなたは一
　　人でも助けることができますか？　これまでの学習を踏まえ，根拠をあげて

第二次世界大戦とホロコースト　　**211**

意見してみよう。

グループ別にして，フリートーキングさせてください。なるべくその時代に自分の身をおくイメージをもたせることが大事です。そして自分の考えを書かせます。ほとんどの生徒は，「密告制度を恐れて助けることはできない」「家族に被害がおよぶからできない」などと答えています。逆に「見逃すことはできない」「見て見ぬふりをすると一生悔やむだろうから助ける」などと答えた生徒もいます。また助けることができないと答えた生徒の多くも，「どれだけ親しいかの度合いによる」と考えていました。「助けたい気持ちはあるけれど…」とジレンマに陥る生徒たちは，もう「他人事」とはとらえてはいません。いくつか意見を取り上げて，生徒の気持ちを揺さぶることができれば良いでしょう。

■ユダヤ人の絶滅戦争

ナチス=ドイツによるホロコーストの犠牲になったユダヤ人は約600万人におよびました。そのなかには数多くのロマ（ジプシー）も含まれます。1939年9月1日から45年5月8日（第二次世界大戦中）に殺されたユダヤ人の推定数の地図（資料8）と，教科書や資料集に掲載されている枢軸国側の最大勢力図を重ね合わせてみてください。あらゆる占領地域のユダヤ人が殺害されていることがわかります。この大戦は，ユダヤ人の絶滅戦争でもあったことが理解できるでしょう。

ここで1時間の授業を終了します。

［資料8］第二次世界大戦中に殺害されたユダヤ人の推定数（1939〜45年）

■まとめ

　以上，「あなたは一人でも助けることができますか？」という生徒への問いから，第二次世界大戦でおこったホロコーストを生徒に考えさせる1時間の授業を提案しました。授業後，生徒たちが書いた自分の考えをフィードバックさせてみましょう。代表的な意見（無記名）をいくつか取り上げてプリントにして配布します。続いて，自分と異なる考えについてどう思うかを書かせてみましょう。そして，それらの意見をもう一度プリントにして配布してください。紙上討論のようになれば，より深くこの問題を考えることができると思います。

　さらにこの授業は，現代史の発展的学習としても有効だと思います。第二次世界大戦の時代に生まれたジェノサイドという言葉（1944年にユダヤ系ポーランド人法律家レムキンによってつくられた造語）が今日でも使われているように，その後も大量虐殺がさまざまな理由のもとに各地でおこなわれました。生徒にジェノサイドがなぜおこり，また防止するためにどのような努力や工夫がなされているのかを探究させてみるのも良いでしょう。

　また，パレスチナ問題につなげて授業を組み立てることもできます。ナチス＝ドイツのユダヤ人迫害から，多くのユダヤ人がパレスチナの地に逃れました。その結果パレスチナの土地をめぐって，その地に住むアラブ人とのあいだに衝突がおき，戦後，国連決議とパレスチナ戦争をへて，ユダヤ人はパレスチナの地からアラブ人（パレスチナ人）を追い出しました。迫害と虐殺を受けたユダヤ人にとってのパレスチナの意味，またその地を奪われて迫害と差別を受けているパレスチナ人の存在にまで視野に入れた世界史学習は意味のあるものになるでしょう。

【参考文献・HP】

木村靖二『二つの世界大戦』（世界史リブレット47）山川出版社　1996

對馬達雄『ヒトラーに抵抗した人々——反ナチ市民の勇気とは何か』（中公新書）中央公論新社　2015

リチャード・ベッセル著，大山晶訳『ナチスの戦争1918-1949——民族と人種の戦い』中央公論新社　2015

「ホロコースト：学生のための教育サイト（The Holocaust Encyclopedia）」（https://encyclopedia.ushmm.org/content/ja/project/the-holocaust-a-learning-site-for-students）（最終閲覧日：2019年4月26日）

〈周藤新太郎〉

中華の「国民国家」をめざして
中国国民革命と国民党・共産党，そして日本

■はじめに

　なぜ，中国は日中戦争において日本に勝利することができたのでしょうか。本稿ではこの問いを中心に，孫文死後の1920〜30年代の国民改革＝「国民国家」形成の動きと日本との関係を，生徒とともに考察する2時間の授業を紹介します。

■孫文の遺言

　問1　資料1は孫文が死の間際の1925年3月に国民党幹部へあてた遺言です。
　　　　これを読んで，孫文はなぜ「革命はいまだに成功していない」と述べているのか考えましょう。

　私は国民革命のために尽力すること40年，その目的は中国の自由と平等を求めるところにあった。40年の経験を積んだ今，この目的を達するためには，民衆を立ちあがらせ，われわれを平等に扱う世界の諸民族と連合し，力をあわせて奮闘しなければならない，ということを深く理解している。

　現在，革命はいまだに成功していない。…（中略）…国民会議を開き不平等条約を撤廃せよ，という最も新しい主張については，最短期間のうちにそれが実現するよう促さなければならない。以上，ここに遺言する。

［資料1］孫文「国事についての遺言」（1925年3月11日）

　この資料で生徒に気付かせたい点は，孫文にとって国民革命とは「自由と平等」の中国の実現であったことです。またその実現には，民衆の力に依拠し，中国を平等に扱う諸民族との連帯が必要であるとも述べています。中国を平等に扱う諸民族とは，ソ連が強く意識されていますが，必ずしもソ連だけでなく，帝国主義に反対する諸民族との連帯に期待が寄せられています。彼にとって民衆を組織し，その代表による国民会議を開いて，列強による不平等条約体制（協定関税制・治外法権・租界など）を撤廃させることが当面の重要課題でした。

214　中華の「国民国家」をめざして

■五・三〇運動と国民革命の始まり
問2　資料2の2枚の写真に書かれている漢字を読み、その意味を考えてみよう。左の写真は縦書き、右の写真は右からの横書きです。

[資料2] 五・三〇運動の様子

　資料2は、五・三〇運動のさなかの1925年6月、抗議集会に参加した学生と上海の町に掲げられた横断幕の写真です。左の学生の服には、少し読みづらいですが「廢（廃）除不平等」の文字がみえ、これは「不平等を取り除こう」という意味になります。そしてこの「不平等」とは、何を指して不平等なのか、先の孫文の遺言と重ねて考えさせます。

　また、右の写真の横断幕には「決心不用英日仇貨」の文字がみえます。漢字の意味を考えてみましょう。「不用」は使わない、買わない、英はイギリス、日は日本、また「仇貨」は敵の商品を意味します。つまり、「敵であるイギリス・日本の商品を使わない、買わないようにしよう」というボイコットのスローガンです。ここでは、イギリスや日本の商品がボイコットされた理由や背景を考えさせることが重要です。この点について、つぎの**資料3**をあわせて提示し、五・三〇運動で提起された重大課題は何かを読み取らせ、考えさせましょう。

　5月30日の惨劇以来、われわれ労働者・商人・学生がストライキ・一斉休業、授業放棄など大きな犠牲を惜しまず抗議を継続しているのは、決して盲目的排外意識からではない。今回の事件が上海市民の命と生活に、そして中華民族の独立に、重大な関係があることを理解しているからである。（中略）
　本会は治外法権の解消と租界行政権の回収こそ、本会が争うべき重大課題である

中国国民革命と国民党・共産党、そして日本　　215

ことを断固宣言する。（後略）

[資料3] 上海工商学連合会の宣言（1925年6月7日）

　資料3は，五・三〇運動のなかで結成された連合団体の宣言です。五・三〇運動とは，1925年5月30日，日本人経営の紡績工場での労働争議に端を発し，抗議のデモ隊に上海租界当局（おもにイギリス警察）が発砲した五・三〇事件から全国に波及した，大規模な反帝国主義運動です。ここでは，生徒に資料3の「5月30日の惨劇」がこの事件を指すことを気付かせましょう。また，「治外法権の解消と租界行政権の回収」こそ重大課題であるとしていることも読み取れるでしょう。難しいかもしれませんが，生徒には「租界とは何だろう」と問いかけて，どのような場所か想像させる，また，そのような場所が今の日本にあるだろうかと考えさせても良いかもしれません。資料2の学生の服に書かれていた「廢（廃）除不平等」とは，租界の撤廃を含む不平等条約の改正を意識したものでした。

■国民革命（北伐）の進展と日本の干渉

　五・三〇事件以降の民族運動の高まりのなか，1925年7月に国共合作下の広州国民党政権は，名称を国民政府に改め，国民革命軍を結成し，国家統一・国民国家の樹立をめざして行動を始めます。翌26年には，国民革命軍による北伐（第1次北伐）が始まりました。総司令官は蔣介石です。

　国民革命軍による北伐は各地の軍閥を倒し，1927年には経済の中心地である上海をめざします。共産党系労働団体によるゼネスト・武装蜂起が続くなか，3月には北伐軍が上海を占領し，同市はまさに「革命都市」の様相でした。こうしたなか，蔣介石率いる国民革命軍と共産党が対立し，4月12日，蔣介石は反共クーデタ（上海クーデタ）をおこします。これにより共産党は弾圧され，蔣介石が南京に国民政府を樹立して，ここに第1次国共合作は崩壊します。教科書には，この時期の中国の地図が掲載されているので，それを確認しながら国民革命軍のルートを確認すると良いでしょう。

　国民政府は中国統一を願う世論に応えて，1928年4月に北伐（国民革命）を再開します（第2次北伐）。国民革命軍が山東省に入ると，日本の田中義一内閣は，「居留民保護」を口実に数度の山東出兵をおこない，以後1年間，山東省の省都である済南市とその鉄道沿線は日本軍の占領下におかれました（済南事件）。

　ここで，**資料4**を提示し，この写真が済南事件のものであることを説明したう

216　　中華の「国民国家」をめざして

えで、つぎのように生徒へ問いかけます。

問3　資料4は、済南事件のどのような場面を写したものだろうか。また済南事件があたえた影響について考えてみよう。

資料4では「日の丸」が掲げられ、人々が万歳している情景が写っています。またその服装などから、軍隊のようだと生徒が気付くでしょう。さらに横の建物が壊れていることに注目させれば、これは日本軍がどこかの建物を占領した場面だとわかるでしょう。あわせて、この情景をみてどう感じるかと生徒へ問いかけても良いかもしれません。この写真は、日本軍が済南市を占領した際のものです。

[資料4] 済南を占領する日本軍

この事件の影響として、第一にそれまでイギリスを主要敵としていた中国の反帝国主義運動が日本に矛先を変えたこと、第二に蔣介石らの対日感情を悪化させたこと、第三にイギリス・アメリカ両国が国民政府に接近する目的から、日本に批判的になったことがあげられます。この事件は中国と日本の関係を悪化させただけでなく、東アジアの国際政治の大きな転換点になったのです。

また、済南事件直後の1928年6月4日、国民革命軍に敗れて満州（洲）に撤退中の張作霖が列車ごと爆殺されます。この事件は満州の利権を守ろうとする日本軍（関東軍）の自作自演でした。爆殺が日本軍の仕業であると確信した張作霖の息子の張学良は、満州の軍閥の地位を継承し、当面は日本を刺激しないようにしつつ、国民党（国民政府）に合流しました。こうして、国民政府のもと、中国の統一がなされたのです。ここまでを1時間目とします。

■関税自主権の回復——国民国家の基盤強化

問4　つぎの資料5の表は、20世紀前半における中国の中央政府のおもな財政収入の推移です。表をみて、関税収入が1913〜19年の15.1％から国民政府期の28〜32年には44.8％に急増したのはなぜか、考えてみよう。またなぜ38〜45年では、税収の割合が減り、債務（借金）収入が大半を占めるようになるのだろうか。教科書などに掲載されている情報から考えてみよう。

国民政府は不平等条約の撤廃に努め、1928年、協定関税制を認めていた不平等

中国国民革命と国民党・共産党、そして日本

時　期	税　収						企業収入	債務収入
	合　計	関　税	塩　税	商工税	農業税	その他		
北京政府　(1913…19)	79.4	15.1	17.2	7.6	17.7※	…	…	20.6
国民政府　(1928〜32)	74.2	44.8	18.5	9.0	…	…	0.6	20.2
国民政府　(1933〜37)	62.0	31.2	16.6	11.6	…	…	3.7	23.6
国民政府　(1938〜45)	14.0	3.1	3.0	2.6	3.6※	…	0.3	78.5

[資料5] 中国中央政府財政のおもな収入構成の推移（単位：％）「1913…19」は1913・14・16・19各年の予算平均。また※の箇所について、「1913…19」の農業税は田賦、「1938〜45」の農業税は直接税。税収合計には、その他の税収を含む。

　条約の破棄と新たな条約の締結を宣言します。アメリカは、蔣介石政権の安定が自国の利益に合致すると考え、すぐに新たな関税条約を結んで中国の関税自主権を承認し、続いてイギリスやフランスなども29年末までに中国の関税自主権を承認します。この結果、関税率の引き上げによって関税収入が大幅に増加し、収入の半分近くをまかなうようになったのです。また38年以降、税収が14％に減り、債務収入（厳密には収入ではありませんが）が80％近くになっている点については、この時期にどのようなできごとがあったかと問いかけて、満州事変・日中戦争・第二次世界大戦といった戦争と財政の関係を生徒に読み取らせましょう。

　一方、日本は、関税自主権回復後に中国が保護関税を設定することが予想される綿布・雑貨などの商品が、日本の主要輸出品と重なることなどから、1930年まで中国の関税自主権を認めませんでした。最恵国待遇を受けていた日本の承認がないと新条約は発効されず、結果的に日本が中国を妨害したかたちになりました。

　さて、中国の関税自主権の回復は達成されましたが、もう一方の不平等、「治外法権の解消と租界行政権の回収」はどうなったのでしょうか。治外法権の撤廃と租界の返還は、日米開戦によって中国が連合国の一員となる1942年（実施は43年）になります。なぜ、治外法権や租界の撤廃の方が遅れたのか、生徒に考えさせると良いでしょう。租界がイギリス・アメリカにとって中国進出の拠点で、返還を先送りにしたかったことや、満州事変や日中戦争により交渉が中断したことなどで、不平等条約の完全撤廃は遅れたのです。

■満州事変から抗日民族統一戦線へ

　問5　資料6の八・一宣言が発表された頃、中国はどのような状況だったのでしょうか。また、中国共産党はこの宣言で、だれに向けて、どのようなこ

218　中華の「国民国家」をめざして

とを呼びかけているのでしょうか。

> 近年来，我が国，我が民族はすでに千鈞一髪（せんきんいっぱつ）の生死の境にある。（中略）
> まずみなが内戦を停止し，一切の国力（人力，物力，財力，武力など）を集中して抗日救国の神聖な事業のために奮闘すべきである。ソヴェト政府と共産党は，特にもう一度厳粛に宣言する。ただ国民党軍が紅軍への攻撃行動を停止しさえすれば…（中略）…紅軍は直ちに敵対行為を停止し，さらに親しく提携して共に救国に赴くことを願うものである。（中略）
> みんな立ち上がれ！…（中略）…ソヴェト政府および東北各地の抗日政府とともに全中国の統一的国防政府を組織せよ。紅軍と東北人民革命軍および各種反日義勇軍とともに全中国統一の抗日連軍を組織せよ。

[資料6]「抗日救亡のために全同胞に告げる書」（「八・一宣言」，1935年8月1日）

　生徒には「我が国，我が民族は……生死の境にある」や「抗日」の言葉に注目させ，日本の侵略によって中国が危機的状況におかれていることを確認させます。また「内戦」とあるので，日本に侵略されているにもかかわらず，国民党と共産党が内戦状態にあることもわかります。

　1931年9月18日，関東軍による柳条湖事件によって満州事変が始まり，奉天・長春などの都市が占領されました。蔣介石は，内なる統一と「国民国家」の基盤強化こそが先決だと主張し，いわゆる「安内攘外」（内を安んじ，しかるのち，外をはらう）と称して，日本への抵抗よりも共産党をはじめとする国内の分裂勢力の討伐を優先しました。生徒には「なぜ，国民政府は日本とまともに戦わなかったのだろう」と問いかけてみましょう。一方，中国の国民のあいだでは，日本の武力侵略と国民政府の消極策に対して激しい抗日運動がおきました。

　こうした状況下に，共産党は国民党に対して内戦の停止を，国民に対しては抗日救国を掲げる統一的国防政府や抗日連軍の組織をこの宣言で呼びかけたのです。

　あわせて，この宣言が出されるまでの経緯を生徒へ説明します。1927年の国共分裂後，共産党は，地主の土地を貧しい農民に分配する土地革命を試み，農村に一定の勢力を築きます。28年には「工農紅軍」（紅軍）が編制され，31年瑞金を首都に「中華ソヴィエト共和国」の建国を宣言します。しかし，33年から開始された国民党の討伐作戦によって，共産党（紅軍）は敗北して根拠地から撤退し，主力の八万人余りが西北の陝西・甘粛省に向けて移動を開始しました。これが，いわゆる「長征」です。長征途中，コミンテルン第7回大会の方針を受け，モス

中国国民革命と国民党・共産党，そして日本　　219

クワにいた共産党中央が発表したものが、抗日民族統一戦線を呼びかけた資料6の「八・一宣言」です。共産党の主力軍は、陝西省北部（延安）到着後にこの宣言を受け取ると、日本軍に満州（東北地方）を追われて共産党対策の軍務についていた国民党の政治・軍事勢力（張学良や楊虎城など）に連携工作を開始します。また、延安では毛沢東の指導力が高まっていきました。

問6　**資料7**の中華人民共和国の国歌「義勇軍行進曲」を聞き、歌詞を読んで、この歌の原曲はつぎのうちどれだと思うか選んでください。また、この歌が中華人民共和国の国歌になった理由を考えてみよう。

　　① 労働歌　　② 映画の挿入歌　　③ 軍隊の行進曲

起て！　奴隷になりたくない人々よ！

我らの血肉で、我らの新たな長城を築こう！

中華民族はもっとも危険な時を迎え、

一人ひとりが追いつめられて最後の叫びを上げようとしている。

起て！　起て！　起て！

我ら民衆が心を一つにし、敵の砲火を冒して前進しよう！

敵の砲火を冒して前進しよう！　前進！　前進！　前進！

［資料7］「義勇軍行進曲」（1935年7月）

　正解は②です。「義勇軍行進曲」は、1935年に封切られた映画「風雲児女」（戦後日本での題名は「嵐の中の若者たち」）のラストシーンで歌われる挿入歌です。この歌は動画サイトなどで視聴できますので、生徒に聞かせてみてください。映画は、「敵」によって中国東北地方（満州）を追われた主人公が、恋愛とのはざまに苦悩した末、「敵」から故郷を奪還するために立ち上がるという、いわゆる抗日映画です。歌詞の「敵」とは何を指すのか、生徒に考えさせましょう。「敵」は日本を指しますが、国民政府は当時、対日関係に配慮して日本を名指しで批判することを禁じていました。そのため、歌詞のなかに「日本」や「抗日」という言葉は登場しません。ただ、「我ら民衆が心を一つにし」の一節からは、中国が一つになって、日本と戦う「一致抗日」の姿勢が示されています。

　満州を占領した後、日本軍は華北分離工作を強めていき、1935年12月には、日本の傀儡政権である「冀東防共自治政府」を北京の北方近くに成立させます。日本軍の侵略に妥協を続ける国民政府に対し、「抗日」の世論が高まり、12月9日、

220　　中華の「国民国家」をめざして

「一致抗日」を掲げる北京の学生たちによる反日デモをきっかけに抗日救国運動「十二・九運動」が全国に広がります。翌36年6月には，「全国各界救国連合会」が結成され，蔣介石も「抗日」への方向転換を迫られることになります。また，抗日民族統一戦線へと路線転換しつつあった共産党も，東北地方（満州）・華北地方の抗日組織との連携や都市部での組織再生をめざします。やがて，それは36年12月の西安事件，37年の第2次国共合作へとつながっていきます。教科書などを用いて，生徒に一連の歴史事象を整理させましょう。

この「十二・九運動」の際，学生達が歌っていた「義勇軍行進曲」が日中戦争の時に広く歌い継がれ，今日の中華人民共和国の国歌となります。その意味で，日本との戦争は，中国の「民衆が心を一つに」した戦争であり，「統一」が後世からみれば一時的にせよ達成されたからこそ，中国は日本との戦争を戦い抜くことができたともいえるでしょう。

■まとめ

日本史では，不平等条約の問題が日本の近代化の進行とともに語られます。一方，同じく不平等条約下の中国は，北伐（国民革命）を進めつつ，不平等条約の改正と国民国家の確立をめざします。国民国家をめざす中国とその前面に「敵」としてあらわれた日本との関係を，生徒とともに考えることが本授業の目的です。

最後に，「なぜ，中国は日中戦争において日本に勝利することができたのでしょうか」と生徒に問いかけ，それぞれの意見を書かせてください。答えは一つではないので，いくつかの生徒の回答をプリントにまとめて配布します。他者の視点を知ることで歴史事象の見方が広がっていくと思います。

また，先にあげた孫文の国民会議の構想は，ムスタファ＝ケマルのトルコ革命をモデルにしたといわれています。生徒にケマル（トルコ）と孫文（中国）を比較・調査させることで植民地・従属地域がどのように国民国家をめざしていくのかを考えさせると「近代化」に対する認識が深まっていくと思います。

【参考文献】
石川禎浩『革命とナショナリズム　1925-1945』（岩波新書）岩波書店　2010
小野寺史郎『中国ナショナリズム──民族と愛国の近現代史』（中公新書）中央公論新社　2017
久保亨・加島潤・木越義則『統計でみる中国近現代経済史』東京大学出版会　2016

〈鈴木久雄〉

28

だれが冷戦を始めたのか？

米ソ冷戦の始まり

■はじめに

　ベルリンの壁開放からおよそ30年がたち，「壁」の存在自体を知らない世代が増えてきたように思われます。冷戦を授業化するに際して，一夜にして分断され困惑するベルリン市民やブラント市長の表情，アパートから決死の覚悟で西側へ飛び降りる女性の映像などを収録した『映像の世紀』をはじめ，当時世界がどのような状態であったのか，生徒に疑問を喚起させるような教材は多くあります。一方，近年ではミュンヘンの移民施設での防音「壁」建設や各国にあらわれてきた排外的な自国民優先主義など，新たな「壁」の時代が到来してきたのではないかとも考えられます。

　そこで本稿では，戦後世界における分断の最大の原因である「冷戦」について，「だれが冷戦を始めたのか」という問いから，史資料を利用して生徒とともにその始まりについて考察する2時間の授業を提案します。

■冷戦の学習の意義

　まず冷戦を整理すると，①冷戦の始まり（1945〜51年），②「雪どけ」と「核」による常態化（51〜68年），③デタントの進展と崩壊（69〜78年），④軍備拡大にともなう第2次冷戦（79〜85年），⑤冷戦終結へ（85〜89年）というように五つの段階に分けられます。またその特徴としては，⑴二大陣営の対立，⑵大国間の戦争にいたらない対立状況の継続，⑶恒常的な全面戦争の危険性，⑷自主性・多元性の抑圧の4点があげられます。そのなかで，冷戦に対する見方は，世界革命を主張したソ連にあるとする典型的な責任論や，アメリカによる世界的な「門戸開放」を求めた結果とする批判的な修正派の立場などがあります。また核の時代にあっては米ソの平和共存を重視する立場や，さらには冷戦自体を長期的な平和と解釈する立場など多様な解釈もみられます。つまり，冷戦を学習する意義の一つは，「何を」「どのように」重視するかで生徒の歴史認識を揺さぶり，現在や過

222　だれが冷戦を始めたのか？

去の社会はその時々の人々の選択の結果として生み出されてきたものであり，その選択自体も改めて考えると矛盾や問題をはらむものだということを，生徒に気付いてもらうことにあると考えています。

また，「だれが始めたのか」という責任を問うことは「だれが終わらせたのか」という問いと表裏一体であり，対立関係をはじめとして情報を正しく分析する力，因果関係をつかむ力，同時代における各地域やできごとを比較する力を生徒に求めることになります。壁や南北分断という言葉で単純な陣取り合戦をイメージさせてしまいがちな冷戦のなかで，超大国による中小国や民衆への抑圧，それに対抗して自由や民主主義を求め守ろうとする人々の動きが歴史を進めてきた点を生徒に気付かせることが，冷戦の単元の最終目標の一つになると思います。

■**冷戦の基本的な対立構造を読み取る**

まず，つぎの**資料1**を生徒に提示します。提示する資料はE＝ヴァルトマンが描いた1962年当時の世界状況をあらわした風刺画です。この史料はみる人に何を伝えようとしているのか，生徒に問いかけてみましょう。視覚的な印象が強いため，学習が苦手な生徒でも想像力を働かせてくれます。生徒からは「ソ連がアメリカを困らせているというか一枚上手だって感じ」，「ソ連は悪い顔をしているし，時計が何かを指しているっぽい」，「英語の意味を調べると爆発しそうってあるし，アトミックだし核爆弾かな」，「戦争がおこる前のできごとかなって思う」など，表情や雰囲気で読み取れる内容があげられました。また英語の意味を調べたり，資料集から「1962年」のできごとを調べたりする生徒の意見を拾っていくと，当時の世界的な危機や終末時計（もっとも針が終末に近づいているのはいつかと問いかけると生徒は一気に身近に感じてくれました）について，さらには加熱する核実験と核実験禁止条約に向けた米ソの駆け引きへと展開できると思います。こ

［資料1］ 1962年の世界状況をあらわした風刺画（E＝ヴァルトマン画，口絵参照） 最下部には「彼（ソ連）のせいで頭がおかしくなりそうだし，今にも爆発しそうだ」と書かれている。

米ソ冷戦の始まり 223

[資料2] 授業時のパワーポイントの一例

の読み取りから，第二次世界大戦後に世界は核戦争の危機を迎えたことを，導入として生徒と確認します。実際の授業では，読み取り後に『新・映像の世紀　第4集　世界は秘密と嘘に覆われた』のニューヨークでの核攻撃を想定した避難訓練の映像を生徒にみせて，世界が核兵器の危機に晒されていた状況をより現実的なものとして感じてもらいました。

続いて，「STASI　壁の向こう側」（前掲『新・映像の世紀　第4集』）を視聴させて冷戦中の世界に対する興味・関心を引き出しながら，パワーポイント（資料2）を用いて共産主義と資本主義の違い，チャーチル元英首相の「フルトン演説」，トルーマン=ドクトリン，マーシャル=プラン，NATOとワルシャワ条約機構の成立などを紹介し，冷戦の構図を概観します。そして授業の軸として「だれが冷戦を始めたのか，言い換えれば冷戦の責任はだれにあるのか」という問いを考えていくことを生徒に伝えます。ここまでが1時間目になります。

■「鉄のカーテン」演説

　ここからは4種の史資料を使用します。なお，以下の史資料は，スタンフォード歴史教育グループが開発した，史資料を活用して歴史の探究をめざす「Reading Like a Historian」カリキュラムのホームページからダウンロードし，筆者が訳および改変したものです。史料の読み取りは，各種史料をクラス全体で段階を追いながら確認し，問いを精選して，ジグソー法でおこなうこともできると思います。実際には，4種の史料を無作為にクラス全体へ配布し，個人で担当史料を読み込んだ後，同種の史料をもつ生徒3～4人で集まって共有した内容をまとめていきました。なおその際には，史料と本文中の問いを一つにして書き込めるようにした，簡単なワークシートを使用しました。

　最初の史料はチャーチル元英首相が1946年に自らの影響力回復を狙ってアメリカ・ミズーリ州のフルトンでおこなった演説です（資料3）。冷戦を考えていくうえでの基本的な史料であり，多くの世界史授業で活用されています。

　史料中の「鉄のカーテン」という言葉は当時の流行語となるほど，大戦の惨禍から解放された人々に新たな「恐怖」を覚えさせるものでした。生徒とともに

「アメリカで演説をする意義とは」，また「ソ連は何を求めていたのか」という視点で読み込んでみてください。

> ヨーロッパの現況についての確かな事実を皆さんにお伝えすることは私の義務です。バルト海ステッティンからアドリア海のトリエステまでヨーロッパ大陸を横切る鉄のカーテンがおろされました。このカーテンの裏側には，中欧・東欧の古くからの国々の首都があります。ワルシャワ，ベルリン，プラハ，ウィーン，ブダペストなどこれらの有名な都市とその周辺の住民は，ソヴィエト圏内にあり，何らかのかたちでソヴィエトの影響下にあるばかりか，モスクワから厳しい統制を受けています。…（中略）…ソ連が戦争を欲しているとは思いません。彼らの求めているのは戦争の報酬であり，彼らの権力と共産主義の限りなき拡大であります。しかし，私たちが残されている時間のなかで考えなければならないことは，戦争の恒久的な防止であり，すべての国にできるだけはやく自由と民主主義を確立することであります。

[資料３]　1946年３月のフルトンにおけるチャーチルの「鉄のカーテン」演説

　問いの視点は，この演説が戦後の対立の幕開けであることや，チャーチルは，ソ連が共産主義勢力の拡大を求めていることに対立の原因があるとしていることを，生徒に気付かせるためにこのようにしています。さらに演説の意義を問うと大半の生徒が答えに詰まりましたが，そうしたなかでも「大国，しかも民主主義のアメリカによるヨーロッパに対する復興支援のため」という戦後復興との関連を示すグループがいたことから，授業では戦後のアメリカのヨーロッパへの対応方針や，「マーシャル゠プラン」による西欧諸国の復興と受け入れ拒否をした東欧諸国との対立を強調しました。余裕があればヨーロッパへの政治介入がこれまでのアメリカの外交政策とは異なることを説明したり，『映像の世紀　第７集　勝者の世界分割』のチャーチルの演説とスターリンによるチャーチル批判をみせて視覚的に理解させても良いかもしれません。また，最終的にこの演説をきっかけにアメリカが外交政策を対ソ強硬論へと転換させたことを全体で共有しました。

■トルーマン゠ドクトリン

　つぎの史料は1947年３月にトルーマン米大統領が上下両院議会総会において表明した，トルーマン゠ドクトリンと呼ばれる外交方針演説の一節です（資料４）。このドクトリンでは，ギリシアとトルコへの共産主義勢力の進出を阻止する責任がアメリカにはあると強調されています。

米ソ冷戦の始まり　　225

この史料に関しては，生徒に「この援助に失敗した場合，世界はどうなると主張しているか」「この方針はソ連に対して攻撃的か防衛的か」と問いかけました。

> アメリカは，ギリシアから経済的援助を求める切迫した要請を受け取りました。…（中略）…ギリシアは食料・衣服・燃料などの購入を再開可能にするための経済的援助を切に必要としています。なぜならギリシアは共産主義者によって指導された数千人の武装したテロリストの活動によって脅かされているからです。つまり，ギリシアが自立した民主主義国になるためには，援助を得なければならず，米国以外この役目をはたせる国はありません。世界の自由であるべき人々が私たちの助けを待っています。もし私たちがリーダーシップを発揮することに戸惑うならば，私たちは世界平和を危険に晒すことになるでしょう。

[資料4] 1947年3月の「トルーマン゠ドクトリン」演説

　この問いは，アメリカが経済的な繁栄を誇っていた一方で共産主義に対して極端な恐怖や脅威を感じていたことを読み取ってほしかったため，このように設定しています。読み取り自体は文章から答えをみつけるようなものですので多くの生徒がポイントをつかむことができました。また，授業では，読み取った内容の補足として，前掲の『映像の世紀　第7集』でベルリンの荒廃やアメリカ社会の発展，東西のプロパガンダや赤狩りの映像を生徒と確認しました。また，生徒にこのドクトリンに対して「攻撃的か防衛的か」どちらの解釈をとるかと問うと，多くの生徒は「世界平和」や「テロリスト」の語に注目し，ソ連に対して「防衛的」であるとしました。しかし，他方では「防衛的にみえるが挑発的，威圧的に感じる」「意図しているかわからないが世界のリーダーは米国であり米国の理念に反するのであれば攻撃するというようにもとれる」とする生徒もいました。

■性格の異なる史料を読み込む——駐米ソ連大使の電報と米国商務長官の手紙

　続いて，資料3・4に対して，駐米ソ連大使の電報とアメリカ商務長官の手紙を史料として提示します（資料5・6）。資料3・4は一般に公開された「公式」のものであり，政治的な性格をもつものです。それに対して，公開を意図せず，米ソの指導者へ発信された，いわゆる身内向けの「非公式」の史料を提示することで生徒の冷戦の認識を揺さぶります。今回は「ノヴィコフ（駐米ソ連大使）はアメリカのことをどのようにみているか」「冷戦はどちらに責任がありそうか」という問いを生徒に投げかけました。

帝国主義的なアメリカの外交政策は，第二次世界大戦後における世界支配のためといわざるをえません。すなわち，国連発足やブレトン＝ウッズ体制などアメリカが軍事的にも経済的にも世界を指導する権利をもっているということです。アメリカは陸・海・空軍力，産業および科学力など国をあげて力を集結させ，勢力拡大をめざした広範囲の計画が展開されています。そして，この計画はアメリカの国境をこえて（ラテンアメリカや日本の沖縄をはじめ）遠方に広がる海軍基地・空軍基地体制だけでなく軍備競争や新型兵器の実験・開発を通して実行されています。これらの点を踏まえて以下のことが考えられました。つまり，アメリカの主要な競争相手国は押しつぶされるか，あるいは戦争でおおいに弱体化されるであろうということです。

［資料5］ 1946年9月のノヴィコフ駐米ソ連大使によるソ連指導部への電報

第二次世界大戦の終結以来，私は国際情勢の動向についてますます心配になってきました。アメリカの行動がほかの諸国に対してどのようにあらわれているでしょうか。私は以下のような動きを念頭においています。つまり，原爆のビキニ環礁での実験やその継続的な開発，ラテンアメリカへの軍事援助，さらには空軍基地を西側の各地域に設置し，そこから東側を爆撃できるような状況についてです。私は，これらの行動がアメリカの息のかかっていない東側の地域にとっては，アメリカが世界の平和を守るというよりも戦争の準備をしているとみられてもおかしくはないと考えています。これらの事実は①私たちが避けられないものとみなした戦争に勝利するための準備をしているのか，それとも②私たちがほかの人々を脅迫するために圧倒的な武力による強制力をつくりあげようとしているのか，どちらが明らかか私たちにはっきりと訴えています。

［資料6］ 1946年7月のウォーレス商務長官のトルーマン大統領への手紙

　資料5の「駐米ソ連大使の電報」は，「鉄のカーテン」演説がおこなわれた後のトルーマン政権の対ソ連政策を分析した報告として，ノヴィコフからスターリンへ1946年9月に発信されたものです。

　生徒は資料5から，「世界を指導する権利」や「陸・空・海軍力，産業および科学力など国をあげて力を集結させ」に注目し，アメリカの経済的優位に基づく軍事的な拡大や各地の基地建設など，競争相手国とみられるソ連への強硬姿勢に気付いていました。ただ，授業としては文章量が多く史料を比べる作業の時間が十分にとれなかったこと，また「公式」か「非公式」かの性格の差も教員からの

米ソ冷戦の始まり　　227

説明がないと理解できず，複数史料の読み取り活動をどのようにおこなうべきか
が課題となりました。

　一方，資料6の「アメリカ商務長官の手紙」は，トルーマン大統領をはじめと
するアメリカの指導者のソ連への強硬姿勢に対して，政府内部から反対の意思を
表明したものです。

　ウォーレス商務長官は，フランクリン＝ローズヴェルト大統領時代に農務長官
を務め，さらに1941〜45年の太平洋戦争中は彼の副大統領を務めて，その後，商
務長官に任命されました。つまり第二次世界大戦から冷戦にかけてアメリカの行
く末を担う重要人物だったのです。ノヴィコフと同様に「ウォーレスはアメリカ
のことをどのようにみているか」「冷戦はどちらに責任がありそうか」という問
いを投げかけました。生徒たちは「①私たちが避けられないものとみなした戦争
に勝利するための準備をしているのか，それとも②私たちがほかの人々を脅迫す
るために圧倒的な武力による強制力をつくりあげようとしているのか」に注目し，
アメリカの外交政策に対して内部からも批判があったことに気付いていました。

　この点をもとに，生徒に資料3〜6を踏まえて冷戦の責任を改めて問うと，多
くの生徒がアメリカに責任があるとしました。一方で「米ソどちらにも責任があ
ります。風刺画もそうですが，この頃は米ソ両国が核競争をしていると資料集か
らもわかるので」という意見や，「軍の要因もあるけれど民主主義と社会主義が
一緒になるのは難しくて両国の責任なのではないか」という意見もありました。
最終的には，史資料の読み取りを踏まえて意見を出そうとする態度や，史料に書
かれていること以外にも要因があると推測する態度がみられたのは，冷戦のその
後の展開をみていくうえで重要なことであるとまとめました。当然，生徒たちは
「答え」を求めますが，それは1989年頃まで冷戦の展開をみていくなかで適宜問
い直していこうと伝えて授業を終えました。

■まとめ

　以上，冷戦に関わる絵画資料や4種の史資料を利用しながら，生徒に「だれが
冷戦を始めたのか」と問いかける2時間の授業を提案しました。長文の史料のた
め生徒に忌避される可能性もありますが，補足として映像などの視聴覚資料を生
徒と共有していくことで，時間はかかりますが「イメージが湧かない」生徒の数
を減らしながら授業を進めることができると思います。ただし，時間数と全体的
な文章量の問題や，ソ連側の史料が少ないことなど内容の精選に課題が残りまし

た。例えば，チャーチルの「鉄のカーテン」演説に関しては，これに対するスターリンの言及がソ連共産党の機関紙『プラウダ』にあるので，これらを比較させることができれば，授業展開の可能性が広がるかもしれません。

　また，今回の問いは先述した狙いと生徒の学習状況（現勤務校は就職，専門学校進学が半数以上を占めます）に合わせたため，第二次世界大戦と冷戦を分割する内容になっています。より冷戦の責任を問うのであれば，ポツダム会談やヤルタ会談，あるいは第二次世界大戦以前のアメリカ・ソ連・ドイツなどの政治体制の特徴までさかのぼって，冷戦の起源を生徒と考える必要があると思います。

【参考文献・HP】

小川幸司『世界史との対話──70時間の歴史批評』（上・中・下）　地歴社　2011〜12

田尻信壹「歴史カリキュラム "Reading Like a Historian（歴史家のように読む）" の教授方略
　　──米国史単元「冷戦の起源」を事例として」（目白大学総合科学研究編集委員会編『目白大
　　学総合科学研究』12号　1〜18頁　2016）

Stanford History Education Group（SHEG）, Reading Like a Historian, World History Curriculum, Cold War Lesson Plan（Who was primarily responsible for the Cold War：the United States or the Soviet Union?）（https://sheg.stanford.edu/rlh）（最終閲覧日：2019年4月26日）

※Reading Like a Historian（RLH）は，スタンフォード歴史教育グループと評価研究のBeyond the Bubble によって開発された歴史教育カリキュラム。上記ホームページで公開され，会員登録で指導書や各種史料が簡単にダウンロードでき，国内外問わず各学校現場に合わせて実践がおこなわれている。合衆国史（U.S. History）のみならず世界史（World History）も開発されており，2019年4月現在，47単元が掲載されている。

〈石川航平〉

なぜユーゴスラヴィアは崩壊したのだろう
冷戦終結後における地域紛争の激化

■はじめに

　冷戦が終われば平和になる，独裁者がいなくなれば安心した生活が送れる，当時の人々はそう思って冷戦の終結を待ち望みました。しかし，イデオロギーの対立でもあった冷戦の終結後には，冷戦期とは異なる性格の紛争が増大したのです。

　それでは，なぜこうした地域紛争が世界で引き起こされたのでしょうか。ここには冷戦期から冷戦終結後にかけて，世界の構造が変化したことが関係しており，その変化を考えるためにユーゴスラヴィアの崩壊を取り上げます。現代的な諸課題からアプローチすることで，今日の課題に過去の歴史が大きく関係していることを実感させ，冷戦終結後の地域紛争について考察することが狙いです。

　本授業では，「なぜユーゴスラヴィアは崩壊したのか」という問いを立てました。ユーゴスラヴィアの崩壊は，宗教・民族の違いや冷戦の終結が要因のように思われがちですが，はたしてそれだけなのでしょうか。ユーゴスラヴィアという国家の特徴やその展開，バルカン地域の歴史的経緯にも目を向けつつ，生徒とともに考える2時間の授業を提案します。

■冷戦終結後の地域紛争

　本授業は，冷戦の終結やソ連解体の内容の学習後を想定しています。冷戦が終結し，東西対立というイデオロギーの対立が解消されたとき，世界ではどのような変化がみられたのでしょうか。東西対立というベールに隠されていた国内・地域内の諸問題が表面化し，世界のいたるところで変化がおこったことにふれながら，授業ではその一例を取り上げて考えることを生徒に伝えます。

　教科書では，冷戦終結後の世界で発生した問題として，内戦やテロ活動，そして地域紛争が記述されています。そのなかから本授業では，東ヨーロッパでの社会主義政権の崩壊を背景とする，ユーゴスラヴィアの紛争とその崩壊に焦点をあてて，生徒とともに考察していきます。

■ユーゴスラヴィアの特徴と紛争の原因

　ユーゴスラヴィア紛争とはどのような地域紛争だったのでしょうか。まず，ユーゴスラヴィアがどこにあった国なのかを，生徒に推測させて教科書や資料集の地域紛争に関する地図から探させます。紛争と聞くと，生徒は発展途上国やアフリカ，西アジアなどをイメージしがちですが，ユーゴスラヴィアはヨーロッパ地域にあったことを気付かせ，地域紛争が世界中のいたるところでおこっていることを認識させます。

　つぎにユーゴスラヴィア紛争がいつ頃発生したのかを確認してみましょう。前述の地図などから，1991年に始まっていることがわかります。一部の生徒はこの年代から，冷戦終結やソ連崩壊が関係していることに気付くかもしれません。

　そして，教科書・資料集の図表や，つぎの**資料１**を利用して，ユーゴスラヴィア連邦がどのような特徴の国であるかを問いかけます。かつて「ヨーロッパの火薬庫」と呼ばれ，モザイク国家と例えられたバルカン地域で，第二次世界大戦後，ユーゴスラヴィア連邦（1943〜46年：民主連邦，46〜63年：連邦人民共和国，63〜92年：社会主義連邦共和国）が正式に成立しました。資料１からわかるように，この国家は複数の共和国や民族を内包する複合国家でした。

　教科書・資料集を一緒に活用して宗教や民族に着目すると，カトリックのクロアティア人，ギリシア正教のセルビア人，イスラームのムスリム人など，複数の宗教・民族が混在していることがわかります。

　あわせて，**資料２**の国旗を提示します。この国旗の五稜星は，セルビア・モン

7つの国境	イタリア，オーストリア，ハンガリー，ルーマニア，ブルガリア，ギリシア，アルバニア
6つの共和国	スロヴェニア，クロアティア，ボスニア＝ヘルツェゴヴィナ，セルビア，モンテネグロ，マケドニア
5つの民族	スロヴェニア，クロアティア，セルビア，モンテネグロ，マケドニア（ほかにもムスリム人〈イスラーム〉や少数民族が存在）
4つの言語	スロヴェニア語，クロアティア語，セルビア語，マケドニア語
3つの宗教	カトリック，ギリシア正教，イスラーム
2つの文字	ラテン文字，キリル文字
1つの国家	ユーゴスラヴィア連邦

［資料１］ユーゴスラヴィア連邦の特徴

[資料2] ユーゴスラヴィア連邦の国旗

テネグロ・マケドニア・クロアティア・スロヴェニアの主要5民族をあらわしていたとされています。複数の民族が一つの国家という共通意識をもつための国旗でもありました。

問1　ユーゴスラヴィア紛争が引き起こされた原因は何だろうか。

まず，紛争の原因を生徒に予想させてみましょう。授業では以下のような内容が原因としてあげられました。

> ・1991年から始まっているので，冷戦の終結やソ連崩壊が関係していると思う。
> ・これだけ一つの地域に異なる宗教を信仰する人が住んでいれば，もめそう。
> ・複数の国があるから，権力争いがあったからだと思う。
> ・それぞれの民族が自分の国をもとうとしたから。

1991年という年号から，冷戦の終結やソ連崩壊などのできごとと結びつけられている生徒もみられます。ここでの狙いは，ユーゴスラヴィア紛争が，冷戦の終結やソ連の崩壊，一つの地域に複数の宗教が混在していることなどから引き起こされたのではないかと生徒に予想させることです。

しかし，本当にこれらを理由として，ユーゴスラヴィア紛争が引き起こされた原因を説明できるのでしょうか。さらにほかの原因は考えられないかと，続けて問いを投げかけます。この問いを明らかにするために，生徒が予想した原因のうち，宗教の対立を例として取り上げて歴史をさかのぼっていきます。

■バルカン地域における宗教対立

問2　ユーゴスラヴィアの宗教対立は，いつから始まったのだろうか。

ユーゴスラヴィア連邦には三つの宗教が混在していましたが，これらの宗教はいつ，どのようにしてこの地にたどりつき，人々に信仰されたのでしょうか。資料3のようなワークシートを用いて，①各宗教を信仰する民族，②その宗教が信仰されるきっかけの2点に絞ってまとめていきます。

ここでの作業はグループ活動を取り入れても良いでしょう。グループ内で三つの宗教を分担し，まとめた内容を共有するなど，主体的な活動が可能になります。以前に学習した世界史の内容を思い出させながら表にまとめることで，この地域の特徴が整理され，バルカン地域のかかえる問題の根深さに気付かせることがで

宗教	①信仰する民族	②信仰されるきっかけ
カトリック	クロアティア人	8世紀，フランク王国の支配によって改宗
ギリシア正教	セルビア人	ビザンツ帝国による支配
イスラーム	ムスリム人ほか	オスマン帝国が1389年のコソヴォの戦いでビザンツ帝国に勝利し，イスラームが拡大。民族と宗教の混在が進行

[資料3] ユーゴスラヴィアに住む人々の宗教をまとめるワークシート（一部）

きるでしょう。このようにして，紛争の原因が宗教にあるとする予想に対して疑問をもたせます。さらにそこから，なぜ1991年まで分裂しなかったのかという新たな問いへ展開します。この問いを生徒と確認したうえで，問1で予想されたほかの原因についても考えていきます。ここまでが1時間目の内容です。

■なぜユーゴスラヴィアは崩壊したのか

　ここから2時間目に入ります。2時間目は問1で予想された原因のうち，時代背景との関連に焦点をあてて考察していきます。バルカン地域は民族の複合や宗教対立といった火種をかかえていましたが，国家としてのユーゴスラヴィアは1918年に成立して以来，91年のユーゴスラヴィア紛争まで一つの国家を維持してきました。ここで，本授業の主となる問いをつぎのように投げかけます。
　問3　なぜユーゴスラヴィアは崩壊したのだろうか。
　裏を返せば，どのようにしてユーゴスラヴィアの統一が維持されてきたのか，という問いへと変わります。続いて，その歴史についてまとめていきます。

■指導者ティトーによる独自の社会主義への考察

　ユーゴスラヴィア連邦の指導者ティトーが社会主義体制をとりつつも，ソ連の社会主義体制とは異なる方針をとったことを生徒へ理解させ，結果としてティトーの政策がユーゴスラヴィア連邦の解体を招く一因となったことに気付かせます。
　第二次世界大戦においてソ連は東欧の広大な領域を自国の影響下におき，その存在感は戦前とは比較にならないほど大きくなりました。冷戦期に入ると，ソ連はマーシャル゠プランへの参加を東欧諸国に拒否させ，さらに1947年9月にはコミンフォルムを組織し，社会主義陣営の結束をはかります。

冷戦終結後における地域紛争の激化　**233**

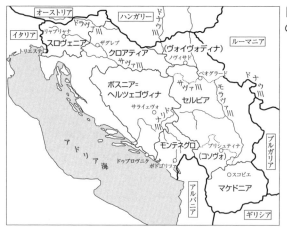

[資料4] 1945〜91年のユーゴスラヴィア

　しかし，ユーゴスラヴィア連邦は異なりました。第二次世界大戦ではパルチザン部隊が活躍し，ナチス＝ドイツからの自力解放を成し遂げます。その立役者となったのが，ティトー（本名：ヨシップ＝ブロズ）でした。彼はソ連との対立も辞さない強烈な指導力とカリスマ性を発揮し，ユーゴスラヴィア連邦を成立させます（**資料4**）。ティトーは共産党指導者としてソ連と協力関係にありながら，スターリンの個人崇拝には批判的でした。そのためソ連とは対立関係へと発展し，ユーゴスラヴィア連邦は1948年にコミンフォルムから除名され，これにより独自の社会主義を確立できたのです。

　ユーゴスラヴィア連邦は連邦制・自主管理・非同盟を掲げ，新たな社会主義の理論として自主管理社会主義を提起します。自主管理とは，国有化された工場で，労働者が生産から分配にいたるすべての権限をもつことです。同時に土地改革も進められました。外交面では，非同盟政策を掲げ，国際連合を舞台として西欧諸国とも経済関係を結び，東西どちらの陣営にも属さない姿勢を貫きました。

　しかし，1965年「市場社会主義」を柱とした経済改革によって，ユーゴスラヴィア連邦は転換期を迎えます。経済分野での自由化が進められましたが，改革は思うように進まず，生活水準の低下や貿易収支の悪化を招き，地域と個人の経済格差が広がりました。この時期から民衆の不満が少しずつ鬱積していったのです。はじめて表面化したのは，70〜71年のクロアティアでのストライキでした。危機感をもったティトーは，運動を抑えるとともに，74年に新憲法を制定します。

　ここで，新憲法の第一条（**資料5**）を生徒に読み取らせます。制定された憲法の内容やその目的はどのようなものだったのかを考えさせてみましょう。

> 第一条 ユーゴスラヴィア社会主義連邦共和国は，労働者階級と全労働人民の権力
> と自主管理に基づく，自由意志により連合した諸民族とその諸社会主義共和
> 国，およびセルビア社会主義共和国の一部であるヴォイヴォディナ，コソヴ
> ォの両社会主義自治州の国家共同体としての連邦国家であり，労働人民と市
> 民，および平等な諸民族と諸少数民族の社会主義自主管理民主共同体である。

[資料5] ユーゴスラヴィア社会主義連邦共和国憲法（1974年）　ヴォイヴォディナは1945
年にセルビア人民共和国の自治州として設置された多民族混住の地域（資料4参照）。

　この憲法の特徴は，ティトーが分権化を進めるとともに，少数民族にも言及し
ている点です。あらゆる民族が共存できるよう，民族自決の権利と少数民族の権
利の尊重を最重要項目としました。連邦内の6共和国・2自治州に，憲法制定権
や裁判権，経済主権などを付与し，分権的で緩やかな連合体を規定したのです。
しかし，この憲法はのちに各共和国の自立の根拠ともなりました。

■ティトーの死とユーゴスラヴィア連邦の崩壊

　1980年にティトーが死去すると，連邦は分裂への道を歩んでいきます。
　問4　ティトーの死によって，どのような変化が生じたのだろうか。
　資料5の内容などをふまえて，ティトーの死がユーゴスラヴィア連邦にどのよ
うな影響をもたらしたのか，生徒に考えさせてみましょう。グループで話し合わ
せ，予想を発表させても良いでしょう。以下は生徒からの回答の一例です。
　・憲法である程度の自主性をあたえたので，指導者がいなくなると崩壊しそう。
　・ユーゴスラヴィア人としてのまとまりがなくなるのではないか。
　統合の象徴とされるティトーは，1974年に議会により終身大統領に選出される
など，その存在は大きなものでした。強力な指導者を失ったユーゴスラヴィア連
邦では，それまで抑圧されていた民族主義・ナショナリズムが表面化し，かろう
じて社会主義体制が維持されました。
　連邦崩壊のきっかけは，1989年の東欧革命でした。80年代，ハンガリーやポー
ランドでは経済状況が悪化し，85年のソ連のゴルバチョフの改革を契機に自由
化・民主化の動きが高まりました。88年にゴルバチョフは新思考外交を展開して，
新ベオグラード宣言でブレジネフ=ドクトリン（制限主権論）を否定し，その結
果，東欧諸国は各国独自に政策を展開できるようになったのです。翌89年には東
欧諸国でいっせいに革命がおこり，市場経済の導入など，急速な体制転換がユー

冷戦終結後における地域紛争の激化　　**235**

ゴスラヴィア連邦の周辺でおこりました。それらの諸国では，共産党による一党支配が崩壊し，自由選挙がおこなわれるなど，民主化が進んでいきました。

しかし，ユーゴスラヴィア連邦は共産主義から資本主義へ体制を移行させるだけではおさまらず，分裂が進みました。東欧諸国のような単一民族の国家ではなく，複数の南スラヴ人を主要民族とする連邦国家だったために，ナショナリズムが高揚したのです。20世紀を通じて「ユーゴスラヴィア人」としての意識も生まれていましたが，それ以上にそれぞれの民族意識が根強かったことがわかります。

■民族構成と経済格差への考察

さらに，そのほかの原因を考えるために**資料6**を生徒に提示します。ユーゴスラヴィア連邦から最初に独立したのは表中の2国でしたが，それがどの国かを考えさせてみましょう。その一つはスロヴェニアです。ほぼスロヴェニア人で構成されており，自民族による国家形成の意識が高まったことが想像できます。一人あたりGNPは連邦内で一番高く，独立後の1994年にはGNPを伸ばしています。もう一つはクロアティアです。民族構成はスロヴェニア同様，ほぼクロアティア人で構成されています。しかし，GNPは比較的高いものの，独立後のGNPは低下しています。これは独立宣言後の紛争が影響したと考えられます。

資料6から，ユーゴスラヴィア連邦内には経済格差があり，各国の独立・連邦の崩壊の背景に経済的要因があることが推測できます。また，1990年と94年のGNPを比較すると，スロヴェニア以外のGNPが低下しており，紛争の影響を受けていることが読み取れます。ちなみに，2019年現在でEUに加盟しているかつてのユーゴスラヴィア連邦内の国は，スロヴェニア（2004年加盟）とクロアティア（13年加盟）の2国であり，経済水準の高さがわかります。

	セルビア	モンテネグロ	スロヴェニア	クロアティア	ボスニア=ヘルツェゴヴィナ	マケドニア
民族構成(%) (1996年)	セルビア 66 アルバニア 17 ハンガリー 4	モンテネグロ 62 ムスリム 15 セルビア 9	スロヴェニア 91 クロアティア 3 セルビア 3	クロアティア 78 セルビア 12	ムスリム 44 セルビア 32 クロアティア 17	マケドニア 65 アルバニア 21 トルコ 5
一人あたりGNP（米ドル）						
1990年	2,579	2,089	6,280	3,757	1,988	1,918
1994年	1,500		7,140	2,530	500	790

[資料6] ユーゴスラヴィア連邦内各国の民族構成と経済状況　各国の民族構成は主要な民族を中心に取り上げている。

236　なぜユーゴスラヴィアは崩壊したのだろう

■まとめ

　授業を通して，ユーゴスラヴィアの崩壊の原因はつぎのようにまとめられるでしょう。

> ・ティトーというカリスマ的指導者の死
> ・東欧革命をきっかけとする，冷戦の終結やソ連の解体など世界構造の変化
> ・連邦内での経済格差や，民族ナショナリズムの高揚

　問3については，理解したことや考えたことを文章にまとめさせると，生徒がどの程度内容を理解したかがわかります。また，何人かに発表させても良いでしょう。

　以上，「なぜユーゴスラヴィアは崩壊したのか」という問いを中心に，バルカン地域の歴史を振り返り，その歴史的特徴と現代へのつながりを理解させるとともに，多様かつ複雑な崩壊の原因について考察させる授業を展開しました。

　1時間目に扱ったユーゴスラヴィアの特徴とバルカン半島の宗教の歴史的経緯については，現代の問題に関心をもって意欲的に考えたか，図表などを活用して特徴を理解したか，また既習のバルカン地域の歴史からユーゴスラヴィアがかかえる複雑な問題を考察できたかの3点で評価します。2時間目に扱ったユーゴスラヴィア連邦崩壊の理由では，資料からティトーの意図を理解できたか，表から必要な情報を読み取ることができたか，崩壊の原因について多面的・多角的に考察できたかの3点で評価することができます。

　本授業は「なぜユーゴスラヴィアは崩壊したのか」という難しいテーマで展開しましたが，生徒のレベルや授業の進度に合わせて，活用していただければ幸いです。また，この時代を描いた坂口尚さんの漫画『石の花』（潮出版社）を紹介するといった方法も，生徒の興味・関心を引き出すのに有用かと思います。

【参考文献】

柴宜弘『バルカンの民族主義』（世界史リブレット45）山川出版社　1996
柴宜弘『ユーゴスラヴィア現代史』（岩波新書）岩波書店　1996
マーク・マゾワー著，井上廣美訳『バルカン――「ヨーロッパの火薬庫」の歴史』（中公新書）
　中央公論新社　2017

〈稲垣稀由〉

山以外に友はなし

クルド人の歴史とクルド人問題

■はじめに

「山以外に友はなし」という言葉は，昔から多くの国や人に利用されては裏切られ，自らの国をもつことの叶わないクルド人に伝わることわざです。クルド人は，自分たちの住む地域を「クルド人の土地」という意味のクルド語でクルディスタンと呼んでいます。そこはおもに高地からなっており，4000m級の山々も少なくありません。そうした山々だけが友人なのだ，という意味です。

高校世界史において，クルド人が登場する場面はほとんどありません。しかし，彼らの歴史やこうむってきた苦しみを知ることは，遠い世界の他者を理解するだけでなく，私たちが生きる現代への理解にもつながるのではないでしょうか。

本稿では「クルド人とはどのような人々なのか？」「なぜクルド人は自らの国をもてていないのだろうか？」という問いを中心に，トルコにおける「国民」創出の問題とも絡めて，クルド人やクルド人問題を学ぶ1時間の授業を提案します。

■クルド人はどのような人々なのか？

まず，クルド人の居住地域を示した**資料1**の地図を生徒へ提示し，「現在のどの国に彼らが居住しているだろうか」と問いかけてみましょう。資料から，クルド人のおもな居住地域はトルコであることがわかるかと思います。またシリアやイラン，イラク，アルメニアにもクルド人が居住していることも確認します。

このように，クルド人は中東諸国の国境をまたいで居住し，その人口は推計4000万人ともされています。本稿ではトルコの事例に焦点をあてますが，トルコの人口は約7800万人，このうちクルド人の人口は約1200〜1500万人といわれているので，全人口の約15〜20％を占めていることになります。しかし，クルド人を対象とした正式な人口調査がおこなわれたことはなく，正確な人口は不明です。

クルド人は少数民族と呼ばれることが多いですが，中東ではアラブ人・イラン人・トルコ人につぐ規模をもち，世界的にも大きな民族集団とみなされています。

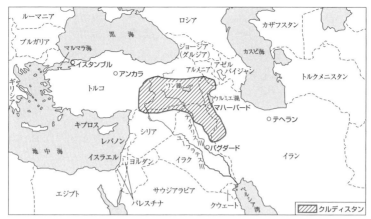

[資料1] 歴史的にクルド人が居住している地域（クルディスタン）

よく「国なき最大の民族」とも呼ばれるのもそのためです。かつてはその多くが遊牧民として，部族ごとに移動生活を営んでいましたが，現在では定住化が進んでいます。ただし，クルド人の部族意識はいまだに強く，それが政治的統一が進みにくい要因の一つともなっています。また，その宗教はイスラーム教が多数を占めますが，キリスト教などほかの宗教・宗派に属する人々も少なくありません。

■クルド語はどんな言葉なのか？

クルド人が話す言葉をクルド語といいます。インド＝ヨーロッパ語族に属する言語で，もっとも近い言語はイラン（ペルシア）語です。しかし，クルド語には標準語がなく，七つほどの方言が存在します。さらに方言同士の差異が大きく，表記に使用される文字もトルコであればローマ字，イラン・イラク・シリアならばアラビア文字というように異なり，単語も方言によって変化します。そのため，異なる方言同士だと意思の疎通が難しい場合もあります。また，クルド語に標準語が存在しないのは，クルド人の国家がないことを意味してもいます。

ここで，つぎの**資料2**を生徒に読ませて，各言語を比較してもらいましょう。

```
（日 本 語）こんにちは，元気ですか？ ── 元気です，ありがとう。
              メルハバ  ナスルスン            イイイム テシェッキュル エデリム
（トルコ語）Merhaba, nasılsın ? ── İyiyim, teşekkür ederim.
              メルハバ トゥ チャワ イ         エズ バシィム シパース ディキム
（クルド語）Merhaba, tu çawa yi ? ── Ez başim, sipas dikim.
```

[資料2] トルコ語とクルド語の比較

後述しますが，近年までトルコでは「クルド語という言語は存在せず，トルコ語の方言の一つである」とされていました。しかし，インド＝ヨーロッパ語族のクルド語とアルタイ語族のトルコ語はまったく違った言語です。資料から，両言語で共通する単語はあるものの，異なる言語だということが良くわかるでしょう。

■クルド人の歴史

　クルド人の伝説では，彼らは紀元前6世紀頃のメディア王国の末裔であるともされていますが，その起源やいつ頃からこの地に住み始めたのかは，明確にはわかっていません。ただし，少なくとも16世紀頃には，現代につながるクルディスタンという地域概念が成立していったと考えられています。

　クルド人のなかでも歴史上，とくに（唯一）有名なのはサラディン（サラーフ＝アッディーン）でしょう。彼は現在のイラク北部の出身ですが，12世紀はまだ「国民」という概念がなかった時代で，サラディンがクルド人だという意識をもっていたかは明らかではありません。おそらく彼の出自はクルド人の兵を率いるのに有利であったと考えられますが，一方，のちの史料では，アイユーブ朝の王族がクルド人としての出自を否定しているものもあります。

　その後もクルド人やクルディスタンは一つの政治的な単位になることはなく，16世紀以降はサファヴィー朝やオスマン帝国などの大国の緩衝地帯となり，領土争いの最前線となりました。しかし，クルド人はこうした大国と関係をもちながらも，自らの社会を保持しました。とくにオスマン帝国は帝国内の各民族の多様性を認め，それぞれの伝統的な政治・社会を維持する統治をおこなったため，そのもとでクルド人もアイデンティティを保持しつづけることができました。

■なぜクルド人は自らの国をもてていないのだろうか？――トルコ革命との関連

　それではここで，「現在，クルディスタンとされる地域が各国の国境で分断されているのはなぜだろうか」と生徒へ問いかけます。クルド人がオスマン帝国のもとでその社会を維持したことを指摘したり，帝国がどのように崩壊したかとヒントをあたえれば，その背景が生徒にも感じ取れるのではないでしょうか。

　もともとオスマン帝国にはトルコ人やクルド人のほか，アラブ人・ギリシア人といった多様な民族や宗教が混在していました。ところが，第一次世界大戦敗北後の1920年に締結されたセーヴル条約は，オスマン帝国の解体を意味するものでした。イギリス・フランスをはじめとする欧米列強によって帝国領の大幅な割譲

240　山以外に友はなし

が取り決められ，帝国領はイスタンブルとアンカラ周辺のみと規定されたのです。

　それではここで，つぎの**資料3**（セーヴル条約の抜粋）を提示し，この条約がクルド人にとってはどのような意味をもつものであったか考えさせてみましょう。

　第62条　条約の発効の6カ月以内にクルド人が多く住む地域で，地方自治の計画を起草する。

　第64条　この地域でクルド人がトルコからの独立を望み，国際連盟理事会が独立できる能力があると認めるなら，トルコはこの地域での全ての権利を放棄することに同意する。

［資料3］ セーヴル条約におけるクルド人に関する条文（抜粋）

　セーヴル条約はオスマン帝国の支配層やトルコ人にとっては危機的な意味をもつものでした。しかし，この条約の第62・64条には，クルド人の自治を認める内容が含まれていたのです。その範囲は実際のクルディスタンから大幅に縮小されたものでしたが，クルド人にとってはまったく別の意味をもつものだったのです。

　しかしながら，セーヴル条約に定められたこの内容は結局実現されませんでした。生徒には少し難しいかもしれませんが，「なぜクルド人の独立は達成されなかったのだろうか」と問いかけて，自由に考えさせてみましょう。その際，セーヴル条約と同じ時期にオスマン帝国のもとではどのような動きがあったかや，セーヴル条約は最終的にどうなったのかを，ヒントとしてあたえても良いでしょう。

　第一次世界大戦後，オスマン帝国は列強による国土分割の危機に直面し，それに抵抗したのがムスタファ＝ケマルでした。セーヴル条約と同時期にはギリシア＝トルコ戦争（1919〜22年）が戦われ，これに勝利したケマルは，23年セーヴル条約を破棄してローザンヌ条約を締結し，トルコ共和国を樹立しました（トルコ革命）。またこの過程で，アラブ地域以外の「オスマン帝国のムスリム（つまりトルコ人とクルド人）が多数派を占める地域」は，不可分のものとされました。

　一方，こうした動きに対するクルド側の反応はさまざまでした。独立国家の樹立や自治権の獲得をめざしてケマルに対抗したグループもいれば，クルド人とトルコ人は共通の祖国をもつとして，ケマルの運動に結集したグループもいました。また，状況次第でどちらにも変わる可能性をもったグループも多く，ケマルはこのグループに対して協力を要請しています。ただ，クルド人民族運動の全体的な統一ははたされず，セーヴル条約の破棄によってその規定は無効になりました。さらにローザンヌ条約の際にトルコ側は，前述の「不可分」を前提に，クルド地

域の割譲はいわずもがな，その自治や独立も容認しようとはしなかったのです。

■ムスタファ＝ケマルの改革とトルコ「国民」の創出

　こうして，クルド人は独立を達成できないどころか，第一次世界大戦後に成立した委任統治領や諸国家にまたがって居住することになりました。また新たに成立したトルコ共和国では，ムスタファ＝ケマルが初代大統領となり，脱イスラームとトルコ民族主義を強調して，西欧化・近代化をはかる改革を進めていきます。

　ここで，トルコ共和国においてトルコ「国民」はどのように定義されたかを，現在のトルコ共和国憲法の内容から確認します。資料4を提示し，どのような人々がトルコ「国民」とされているかや，言語に関する規定を読み取らせましょう。

　第3条　トルコ国は，その国土と国民から成る不可分の全体である。その言語はトルコ語である。

　第42条　トルコ語以外のいかなる言語も，教育及び教導の機関においてトルコ国民に対し母国語として教授されることはない。

　第66条　トルコ国に国籍の紐帯により結合された個人は，すべてトルコ人である。

[資料4] トルコ共和国憲法（抜粋）

　資料からわかるように，現在の憲法でも，国民は「トルコ人」であることや，公用語が「トルコ語」であることが強調されています。また，このうちの第3条は改正はおろか，改正の発議をすること自体も禁じられていることを補足します。

　「だれをトルコの国民とするのか」という問題をめぐっては，共和国建国以前から大国民議会で議論されていました。はじめは，トルコ人とクルド人を含む「ムスリム諸民族」を国民とするという意見もありましたが，最終的には1924年に制定された最初の憲法において，「トルコの住民は，宗教および人種の如何を問わず，国民（国籍）の点からトルコ人と呼ばれる」と正式に規定されました。

　言語についても「トルコ国の公用語はトルコ語である」と規定され，トルコ民族主義が強調されたものになりました。じつはローザンヌ条約では，トルコ国内に居住するクルド人の処遇について「非トルコ語話者として母語の使用を制限されない」と定められていました。しかし共和国では，トルコ民族主義のもとでトルコ語教育が強制されるとともに，法廷での使用言語はトルコ語のみとされ，学校や市役所など公共の場におけるトルコ語以外の言語の使用も禁じられました。

　それでは本時の最後の発問として，「トルコ共和国においてクルド人はどのよ

うに扱われたのか考えてみよう」と問いかけます。この問いは教科書・資料集だけでは答えを導くのが難しいので，調べ学習の課題としても良いでしょう。

　トルコ共和国憲法下では，公的な場でのクルド語の使用とともに，クルド語による教育・出版・放送などが禁じられ，クルド語に由来する地名がトルコ語の地名に置き換えられるなどの事例もみられました。実際には多民族国家であるのに，トルコ人の国民国家として改革が進められた結果，矛盾が生じ，クルド人の民族的アイデンティティも否定されていったのです。彼らは慣れないトルコ語を覚えなければ進学も就職もままならず，トルコ人と比べて不利な状況におかれました。また，トルコ政府は長年，「クルド」や「クルディスタン」という言葉の使用を禁じてきました。1990年代まで，トルコにはクルド人という民族は存在しないとされ，クルド人は「母国語を忘れた山岳トルコ人」，クルド語は「トルコ語の方言の一つ」とされてきました。抑圧されてきたクルド人の不満は膨らみ，クルド人の独立を掲げるゲリラ組織と，トルコ政府との大規模な抗争にも発展しました。1980年代から現在にいたるまで，こうした抗争でトルコ人とクルド人あわせて約4万人が亡くなっているそうです。このクルド人問題は，現在でも未解決のまま，トルコをはじめとする中東諸国の大きな課題となっています。

■まとめ

　以上，二つの大きな問いから，クルド人の歴史やトルコにおけるクルド人問題を考える1時間の授業を展開しました。トルコ共和国については，欧米列強との関係だけでなく，トルコ「国民」の創出や国内のクルド人問題にも注目すると，ケマルの「近代化」改革の本質の理解へもつながるでしょう。またクルド人問題は決してトルコだけの問題ではありません。イラン・イラク・シリアなど中東各国の事例にも目を向けることで，現代の問題と絡めた授業展開も可能でしょう。

【参考文献】
今井宏平『トルコ現代史——オスマン帝国崩壊からエルドアンの時代まで』（中公新書）中央公
　論新社　2017
大村幸弘・永田雄三・内藤正典編著『トルコを知るための53章』明石書店　2012
福島利之『クルド人　国なき民族の年代記——老作家と息子が生きた時代』岩波書店　2017
山口昭彦編著『クルド人を知るための55章』明石書店　2019

〈大塚優里〉

あとがき

　2017（平成29）年７月の第１回編集委員会で，本書の編集作業がスタートしました。それ以降，およそ２年間にわたって，執筆者全体の原稿検討会をおこなうとともに，さらに一本の原稿についても複数回，個別に検討を重ねてきました。

　本書の構成にあたっては，基本は現行の学習指導要領にそいつつも，30人の執筆者それぞれが希望する地域や時代を割り振り，テーマを決めてもらいました。改めてそれぞれのテーマをみると，個々の関心や専門領域，さらには授業に対する意欲が垣間見える内容になっています。原稿検討会では，とくに「この授業案が実際に他校で通用するのか」「１～２時間での授業が可能か」といった点を，つねに問いかけました。また極力，執筆者や執筆者以外の教員が授業をおこなって，問題点などを報告することもしました。

　近年の教員採用の増加にともない，とくに若手や歴史を専門としない先生方へのサポートのため，手軽に利用できる実践集をつくることが，編集の基本方針でした。そのため執筆者の人選は，なるべく新進の，世界史を専門とする先生方を中心としています。日々の校務で多忙ながらも，快く引き受けていただき，20～30代を中心とする執筆陣となりました。また旧版の執筆者（日本史・世界史含む）のうち，７人が本書でも執筆をしてくれました。この７人も当時は20～30代で，その時の経験は自らの世界史教育の糧になったと思います。ですから，今回執筆にあたった先生方も，2022（令和４）年度から始まる「歴史総合」「世界史探究」という新しい科目を，現場から作り上げていく力になるはずです。

　それぞれの学校の教育状況に応じて，本書のなかから授業で使いやすいところを選んで実践してみてください。そして，現場からさまざまなご意見・ご批判をいただければ幸いです。それによって，将来，さらに新しい世界史学習の手引書をつくることができれば，それは素晴らしいことだと思います。

　最後に，千葉県の教員でないにもかかわらず，原稿検討会でさまざまなアドバイスをくださいました金山裕紀先生，また本書の出版を引き受けていただいた山川出版社編集部の皆さんに，この紙面を借りて編集委員・執筆者一同，御礼を申し上げます。

　2019（令和元）年５月

周藤新太郎

資料出典一覧

※筆者作成のワークシート資料などは割愛

■1　サッカーからみる世界史——世界史への扉・日常生活にみる世界史

［資料1］国吉好弘著，週刊サッカー・マガジン責任編集『サッカーマルチ大事典　改定版』ベースボール・マガジン社，2006年

［資料2］PPS通信社

［資料3］F.P.マグーン，Jr. 著，忍足欣四郎訳『フットボールの社会史』（岩波新書）岩波書店，1985年（2019年復刊）

［資料4］中村敏雄『オフサイドはなぜ反則か（増補）』平凡社，2001年をもとに作成

［資料6］『詳説世界史　改訂版』（世B310）山川出版社，2019年をもとに作成

■2　みなさんは，この時代を何と名づけますか？——ヘレニズム世界とその文化

［資料1］『詳説世界史　改訂版』（世B310）山川出版社，2019年

［資料2］Hammond, N.G.L., *The Genius of Alexander the Great*, London, 1997.
　　※参照：澤田典子『アレクサンドロス大王——今に生きつづける「偉大なる王」』（世界史リブレット人5）山川出版社，2013年

［資料3］ユニフォトプレス　※参照：前掲『詳説世界史　改訂版』

［資料4］ユニフォトプレス　※参照：『山川　詳説世界史図録（第2版）』山川出版社，2017年

［資料6］（右・左）ユニフォトプレス　※参照：九州国立博物館・東京国立博物館・産経新聞社編『黄金のアフガニスタン——守りぬかれたシルクロードの秘宝』産経新聞社，2016年

［資料7］（右・左）前掲九州国立博物館・東京国立博物館・産経新聞社編『黄金のアフガニスタン』をもとに作成

■3　イエスは何を語ったのか，そしてどう受け継がれたのか——キリスト教の展開とローマ帝国

［資料1］PPS通信社　※参照：本村凌二『多神教と一神教——古代地中海世界の宗教ドラマ』（岩波新書）岩波書店，2005年

［資料2］『山川　詳説世界史図録（第2版）』山川出版社，2017年をもとに作成

［資料3・4］『聖書　聖書協会共同訳』日本聖書協会，2018年より筆者改変

資料出典一覧　　245

［資料5・6］歴史学研究会編『世界史史料1——古代のオリエントと地中海世界』
　岩波書店，2012年より筆者改変

［資料7・8］弓削達『地中海世界』（講談社現代新書）講談社，1973年より筆者改
　変

■4　100万人都市を生み出した人々——唐の文化的発展を支えたもの

［資料1］文章A：「トゥルファン文書　唐貞観廿三年庭州人米巡職辞為請給公験
　事」（※参照：荒川正晴「トゥルファンにおけるソグド人」〈森部豊編『ソグド人
　と東ユーラシアの文化交渉』勉誠出版，2014年〉），文章B：『資治通鑑』巻193・
　『貞観政要』巻9（※参照：岡田宏二『中国華南民族社会史研究』汲古書院，
　1993年）より，いずれも筆者改変

［資料2］文章A：「トゥルファン文書　唐貞観廿三年庭州人米巡職辞為請給公験
　事」，文章B：「トゥルファン文書　唐開元廿一年西州都督府岸頭府界都遊弈所
　状」より，いずれも筆者改変　※参照：前掲荒川「トゥルファンにおけるソグド
　人」

［資料3］『続日本紀』巻19より筆者訳・改変

［資料4］史料：『日本紀略』（※参照：皆川雅樹「九世紀日本における「唐物」の
　史的意義」〈専修大学歴史学会編『専修史学』34号，2003年，1～29頁〉），『宇津
　保物語』（楼の上・下）（※参照：河添房江「『うつほ物語』の異国意識と唐物」
　〈東京大学国語国文学会編『國語と國文学』86(5)，2009年，20～30頁〉）より，
　いずれも筆者改変。栴檀香：東京国立博物館／Image：TNM Image Archives

■5　『マカーマート』の挿絵から読み解くイスラーム——イスラームの社会と文化

［資料1］筆者撮影

［資料2］Bernard Lewis (ed.), *The World of Islam: faith, people, culture*, Thames
　and Hudson, 1992.　※参照：『詳説世界史　改訂版』（世B310）山川出版社，2019
　年，『世界史』（世B308）東京書籍，2019年，『新選世界史B』（世B311），2019年
　など。また，該当の資料が掲載されている『マカーマート』はフランス国立図書
　館に所蔵されており，同館が運営するインターネットサイトの電子図書館「ガリ
　カ（Gallica）」(https://gallica.bnf.fr/accueil/fr/content/accueil-fr?mode=desk
　top) でも，著者名の「Hariri」と，挿絵を描いたとされる人物の「Wasiti」の両
　方を入れて検索すれば，閲覧が可能（最終閲覧日：2019年4月26日）。

■6　何が中世の秩序を揺るがせたのか──叙任権闘争

　［資料1］下中邦彦編『西洋史料集成』平凡社，1956年（92年新装復刊）

　［資料3］江上波夫監修『新訳世界史史料・名言集』山川出版社，1975年

　［資料4］木村靖二編『新版世界各国史13　ドイツ史』山川出版社，2001年

　［資料6］ユニフォトプレス　※参照：『高校世界史　改訂版』（世B314）山川出版
　　社，2019年

■7　青花の時代──モンゴルが残した東西の文化交流

　［資料1］ユニフォトプレス　※参照：弓場紀知『青花の道──中国陶磁器が語る
　　東西交流』日本放送出版協会，2008年

　［資料2］ユニフォトプレス

　［資料3・4］大阪市立東洋陶磁美術館蔵，写真：六田知弘

■8　高麗の独自の世界観とは？──10〜14世紀における東アジアの国際関係

　［資料2］歴史学研究会編『世界史史料4──東アジア・内陸アジア・東南アジア
　　Ⅱ』岩波書店，2010年より筆者改変

　［資料3・4］歴史教育研究会・歴史教科書研究会編『日韓歴史共通教材　日韓交流
　　の歴史──先史から現代まで』明石書店，2007年より筆者改変

　［資料5］前掲歴史教育研究会・歴史教科書研究会編『日韓歴史共通教材　日韓交
　　流の歴史』をもとに作成

■9　紙幣に刻まれた「輝かしき」歴史──ポルトガルの「大航海時代」

　［資料1］筆者提供　※口絵の「ポルトガル紙幣・2000エスクード」も同じく筆者
　　提供

　［資料3］PPS通信社

　［資料4］山川出版社作成

■10　三つの三美神から「ルネサンス」を読み解こう──ルネサンス前後のヨーロッ
　　パ社会と思想

　［資料1］（A・B・C）ユニフォトプレス　※参照：『最新世界史図説　タペスト
　　リー（17訂版）』帝国書院，2019年，『山川　詳説世界史図録（第2版）』山川出
　　版社，2017年など。また，BのCarmina Regiaは，所蔵されている大英図書館
　　のホームページ（https://www.bl.uk/）で，一部あるいは全体の閲覧が可能。

　［資料2］ユニフォトプレス　※参照：前掲『山川　詳説世界史図録（第2版）』

［資料3］ユニフォトプレス

■11　書籍印刷なくして宗教改革なし──教会の権威に挑んだルターの宗教改革

［資料1］Cochlaeus, Johannes, Sieben Köpfe Martin Luthers. Leipzig 1529, in: *Ohn' Ablaß von Rom kann man wohl selig warden. Streitschriften und Flugblätter der frühen Reformationszeit.* Hg. v. Germanischen Nationalmuseum Nürnberg. Nördlingen, 1983.（ファクシミリ版）　※参照：森田安一『木版画を読む──占星術・「死の舞踏」そして宗教改革』山川出版社，2013年

［資料2］Göttler, Chritine, Das älteste Zwingli-Bildnis?-Zwingli als Bild-Erfinder: Der Titelholzschnitt zur《Beschriburg der götlichen müly》, in: *Bilderstreit. Kulturwandel in Zwinglis Reformation*, hrsg. von H.-D., Altendorf und P. Jezler. Zürich, 1984.　※参照：森田安一『ルターの首引き猫──木版画で読む宗教改革』（歴史のフロンティア）山川出版社，1993年

■12　岩倉使節団がみたイギリスと，私たちのこれからの社会──産業革命と人々の生活の変化

［資料2］グレゴリー・クラーク著，久保恵美子訳『10万年の世界経済史』（上・下）日経BP社，2009年をもとに作成　※参照：長谷川貴彦『産業革命』（世界史リブレット116）山川出版社，2012年

［資料3・4・6・9・10］久米邦武編著，水澤周訳注『現代語訳　特命全権大使　米欧回覧実記2（1871-1873）』慶應義塾大学出版会，2008年

［資料5］Robert C. Allen, *Global Economic History: A Very Short Introduction*, Oxford, Oxford University Press, 2011をもとに作成　※参照：前掲長谷川『産業革命』

［資料7］国際日本文化研究センター

［資料8］川北稔『砂糖の世界史』（岩波ジュニア新書）岩波書店，1996年

■13　ロジャー＝ウィリアムズはどうすべきだったのか？──アメリカ先住民と植民地人

［資料1］PPS通信社　※参照：『山川　詳説世界史図録（第2版）』山川出版社，2017年

［資料2］猿谷要『物語アメリカの歴史──超大国の行方』（中公新書）中央公論社，1991年をもとに作成

［資料4］ヘンリー・F.グラフ著，有賀貞他訳『全訳世界の歴史教科書シリーズ24

アメリカⅠ——その人々の歴史』帝国書院，1982年

［資料5］池上日出夫『アメリカ　不服従の伝統——「明白な天命」と反戦』新日本
　　　出版社，2008年

［資料6］斎藤眞『アメリカ革命史研究——自由と統合』東京大学出版会，1992年
　　　より筆者改変

［資料7］大下尚一他編『史料が語るアメリカ——メイフラワーから包括通商法ま
　　　で　1584〜1988』有斐閣，1989年より筆者改変

■14　フランス革命が残したもの——フランス革命と国民国家の形成

［資料1］ユニフォトプレス　※参照：モーリス・アギュロン著，阿河雄二郎他訳
　　　『フランス共和国の肖像——闘うマリアンヌ　1789〜1880』ミネルヴァ書房，
　　　1989年

［資料2］ユニフォトプレス

［資料3］ユニフォトプレス　※参照：『詳説世界史　改訂版』（世B310）山川出版
　　　社，2019年

［資料4］ユニフォトプレス　※参照：『要説世界史　改訂版』（世A318）山川出版
　　　社，2019年

［資料5］河野健二編『資料　フランス革命』岩波書店，1989年より筆者改変

［資料6］ユニフォトプレス

［資料7］宮崎揚弘提供　※参照：渡辺和行『エトランジェのフランス史——国
　　　民・移民・外国人』（ヒストリア26）山川出版社，2007年

■15　ドーデ「最後の授業」の「罠」——「境界の物語」からみる国民国家とナショナ
　　　リズム

［資料1・5］府川源一郎『消えた「最後の授業」——言葉・国家・教育』大修館書
　　　店，1992年をもとに作成

［資料2・3・6］ドーデ作，南本史文『最後の授業』（ポプラ社文庫）ポプラ社，
　　　1981年より筆者改変

［資料4］谷川稔他著『世界の歴史22　近代ヨーロッパの情熱と苦悩』中央公論新
　　　社，1999年

■16　冊封体制はなぜ崩壊したのか？——冊封体制と日本

［資料1］千葉県歴史教育者協議会世界史部会編『世界史の授業　100時間』（上）
　　　国土社，1994年をもとに作成

［資料 2］『善隣国宝記』より筆者改変

［資料 3・4・5］橋本雄『室町"日本国王"と勘合貿易——なぜ，足利将軍家は中華皇帝に「朝貢」したのか』NHK 出版，2013年をもとに作成

［資料 6］実教出版編集部編『新詳述日本史史料集』実教出版，2008年より筆者改変

［資料 7］外務省編『日本外交年表並主要文書』（全 2 巻），1955年

［資料 8］原田敬一『日清・日露戦争』（岩波新書）岩波書店，2007年より筆者改変

［資料 9］『現代中国文学全集　第 8 巻』河出書房，1954年より筆者改変

■17　あなたは読み解くことができるか⁉——オスマン帝国の衰退

［資料 1］IRC：アジア・アフリカ言語文化研究所情報資源利用研究センター（東京外国語大学）ホームページ（https://irc.aa.tufs.ac.jp/）（最終閲覧日：2019年 4 月26日）　※トップページの「情報資源」から一覧へ進み，「「モッラー・ナスレッディーン」修復デジタル化プロジェクト」で閲覧が可能。資料 1 は1907年 3 月17日発行の11号のもの。

■18　ベルギーの王様はコンゴに何をしたのか？——民族の分断と連鎖する紛争の原因

［資料 1］A：二宮書店提供，B：宇佐美久美子『アフリカ史の意味』（世界史リブレット14）山川出版社，1996年

［資料 2］ロバート・C・アレン著，グローバル経済史研究会訳『なぜ豊かな国と貧しい国が生まれたのか』NTT 出版，2012年より筆者改変

［資料 3・6］マーク・トゥエイン著，佐藤喬訳『レオポルド王の独白——彼のコンゴ統治についての自己弁護』理論社，1968年より筆者改変

［資料 4］PPS 通信社

［資料 5］歴史学研究会編『世界史史料 8 ——帝国主義と各地の抵抗Ⅰ』岩波書店，2009年

［資料 7］ユニフォトプレス

■19　ヴァーグナーとドイツ国民主義——19～20世紀における国民主義の変質

［資料 1・2］筆者撮影

［資料 3］ワーグナー作，高辻知義訳『オペラ対訳ライブラリー　ニュルンベルクのマイスタージンガー』音楽之友社，2001年

［資料 4］（上・下）PPS 通信社

［資料5・6］鈴木淳子『ヴァーグナーの反ユダヤ思想とナチズム──『わが闘争』
のテクストから見えてくるもの』アルテスパブリッシング，2015年より筆者改変

■20　辛亥革命は成功か失敗か？──中国近代化の選択
［資料1・2］ユニフォトプレス
［資料3～7］歴史学研究会編『世界史史料9──帝国主義と各地の抵抗Ⅱ』岩波
書店，2008年より筆者改変

■21　なぜマルコはアルゼンチンへ？──「豊かな国」アルゼンチンとイタリア人移民
［資料1］藤川隆男編『アニメで読む世界史』山川出版社，2011年
［資料2］エドモンド・デ・アミーチス著，和田忠彦訳『クオーレ』平凡社，2007
年より筆者改変
［資料3］Angus Maddison, *The World Economy*, OECD Publishing, 2006をもと
に作成　※参照：三菱UFJリサーチ&コンサルティング調査本部「アルゼンチ
ン経済の復活は本物か？──5年連続で8％以上の経済成長率を維持するアルゼ
ンチン」（https://www.murc.jp/report/economy/archives/analysis_past/resear
ch_past/er_090119/）（最終閲覧日：2019年4月1日）
［資料4］歴史学研究会編『世界史史料7──南北アメリカ』岩波書店，2008年よ
り筆者改変
［資料5］川北稔他編『シリーズ世界史への問い9　世界の構造化』岩波書店，
1991年をもとに作成
［資料6］渡邉英俊「第1次大戦前におけるアルゼンチンとヨーロッパ「世界経済」
──貿易構造分析を中心に」（京都大学経済学会編『経済論叢』178巻〈5・6号〉，
2006年，614～635頁）をもとに作成
［資料7］川北稔編『新版世界各国史11　イギリス史』山川出版社，1998年をもと
に作成

■22　50分間のタイムスリップ体験──ポスターで学ぶ第一次世界大戦
［資料1］PPS通信社
［生徒へ配布する第一次世界大戦期のポスターの一覧］（①～⑦）東京大学大学院情
報学環附属社会情報研究資料センター，「Digital Cultural Heritage」（https://
dch.iii.u-tokyo.ac.jp/s/dch/page/home）（最終閲覧日：2019年4月2日）
※トップページの「階層検索」から「外務省関係資料」の「第1次世界大戦期プ

資料出典一覧　**251**

ロパガンダポスターコレクション」へと進み，「資料群内の一覧」などから閲覧が可能。

■23　生徒が「つぶやき」，「エッセイ」を書く世界史の授業──さまざまな立場から
　　みるロシア革命とソヴィエト政権
　　［資料1～3］歴史学研究会編『世界史史料10──20世紀の世界Ⅰ』岩波書店，
　　2006年より筆者改変

■24　あなただったらアイルランド問題をどう解決しますか？──アイルランド独立
　　と北アイルランド
　　［資料1］筆者撮影
　　［資料2］ユニフォトプレス　※参照：ジェイミー・バイロン他著，前川一郎訳
　　『イギリス中学校歴史教科書　イギリスの歴史──帝国の衝撃』明石書店，2012
　　年
　　［資料3］小関隆『アイルランド革命1913-23──第一次世界大戦と二つの国家の誕
　　生』岩波書店，2018年より

■25　ガンディーのめざした「インド」とは？──インドにおける民族運動の展開
　　［資料1］Ａ：蝋山芳郎訳『ガンジー自伝』（中公文庫）中央公論社，1983年，Ｂ：
　　『聖書　聖書協会共同訳』日本聖書協会，2018年より，いずれも筆者改変
　　［資料2］苅安望『世界の国旗・国章 歴史大図鑑』山川出版社，2017年
　　［資料3］石井一也「ガンディー思想の現代的意義──コンヴィヴィアリティを軸
　　として」（国際基督教大学社会科学研究所編『社会科学ジャーナル』78号，2014
　　年，9～22頁）をもとに作成
　　［資料4］前掲蝋山『ガンジー自伝』より筆者改変
　　［資料5・6］内藤勝雄『ガンディー　現代インド社会との対話──同時代人に見る
　　その思想・運動の衝撃』明石書店，2017年
　　［資料7］山崎元一『インド社会と新仏教──アンベードカルの人と思想』刀水書
　　房，1979年

■26　あなたは一人でも助けることができますか？──第二次世界大戦とホロコース
　　ト
　　［資料1］「ホロコースト：学生のための教育サイト（The Holocaust Encyclope-
　　dia）」（https://encyclopedia.ushmm.org/content/ja/project/the-holocaust-a-lear

ning-site-for-students)（最終閲覧日：2019年4月26日）

［資料2・3・5・6］歴史学研究会編『世界史史料10――20世紀の世界Ⅰ』岩波書店,
2006年より筆者改変

［資料4］PPS通信社　※参照：對島達雄『ヒトラーに抵抗した人々――反ナチ市
民の勇気とは何か』（中公新書）中央公論新社, 2015年

［資料7］前掲對島『ヒトラーに抵抗した人々』より筆者改変

［資料8］大澤武男『ユダヤ人とドイツ』（講談社現代新書）講談社, 1991年をもと
に作成

■27　中華の「国民国家」をめざして――中国国民革命と国民党・共産党, そして日本

［資料1・3・6・7］歴史学研究会編『世界史史料10――20世紀の世界Ⅰ』岩波書店,
2006年より筆者改変

［資料2］（右・左）ユニフォトプレス　※参照：（右）小野寺史郎『中国ナショナ
リズム――民族と愛国の近現代史』（中公新書）中央公論新社, 2017年,（左）石
川禎浩『革命とナショナリズム――1925-1945』（岩波新書）岩波書店, 2010年

［資料4］毎日新聞社　※参照：『山川　詳説日本史図録（第7版）』山川出版社,
2016年

［資料5］久保亨・加島潤・木越義則『統計でみる中国近現代経済史』東京大学出
版会, 2016年をもとに作成

■28　だれが冷戦を始めたのか？――米ソ冷戦の始まり

［資料1］アメリカ議会図書館（Library of Congress）ホームページ（https://
www.loc.gov/）（最終閲覧日：2019年4月26日）
※トップページから「Edmund, Valtman」などで検索すれば閲覧が可能。

［資料3～6］Stanford History Education Group（SHEG）, Reading Like a Histori-
an, World History Curriculum, Cold War Lesson Plan（Who was primarily re-
sponsible for the Cold War : the United States or the Soviet Union?）（https://
sheg.stanford.edu/rlh）（最終閲覧日：2019年4月26日）より筆者訳・改変

■29　なぜユーゴスラヴィアは崩壊したのだろう――冷戦終結後における地域紛争の激化

［資料2］苅安望『世界の国旗・国章 歴史大図鑑』山川出版社, 2017年

［資料4・6］柴宜弘『ユーゴスラヴィア現代史』（岩波新書）岩波書店, 1996年を

資料出典一覧　　**253**

もとに作成

［資料 5 ］ 歴史学研究会編『世界史史料11——20世紀の世界Ⅱ』岩波書店，2012年

■30　山以外に友はなし——クルド人の歴史とクルド人問題

［資料 1 ］ 勝又郁子『クルド・国なき民族のいま』新評論，2001年をもとに作成

［資料 3 ］ 福島利之『クルド人　国なき民族の年代記——老作家と息子が生きた時代』岩波書店，2017年より筆者改変

［資料 4 ］ 松谷浩尚「トルコ共和国憲法」（外務省第一国際情報官室『外務省調査月報』No. 1，1991年，31〜120頁）より筆者改変

■その他

［カバー］ PPS 通信社　※参照：『現代の世界史　改訂版』（世 A 315）山川出版社，2019年

［本文扉］ ユニフォトプレス

●執筆者一覧　執筆順　（　）は2019年3月末現在の勤務校　※は編集委員

小橋正敏（東京学館浦安高校）
小林未希（国府台女子学院高等部）
※澤邉和浩（木更津高校）
遠藤晃太（市川東高校）
廣川みどり（袖ヶ浦高校）
宮﨑信伍（生浜高校定時制）
井上明美（市川昴高校）
山口彩実（県立松戸高校）
※棚澤文貴（船橋二和高校）
本城愛子（県立柏高校）
齋藤　亮（成田高校）
松井　昂（千葉工業高校定時制）
高橋謙一郎（昭和学院秀英高校）
黒木俊輔（市立稲毛高校）
中嶋泰鷹（県立千葉高校）
越川芳雄（県立千葉高校）
濱田竜亘（佐倉南高校）
田巻　慶（東葉高校）
中居一穂（柏南高校）
山谷亮太（検見川高校）
永野裕基（京葉高校）
鈴木將太（沼南高校）
飯塚真吾（八千代松陰中学校・高校）
大塚雅信（国分高校）
畠間　毅（市原高校）
※周藤新太郎（東葛飾高校）
鈴木久雄（専修大学松戸高校）
石川航平（佐倉東高校）
稲垣稀由（検見川高校）
大塚優里（船橋豊富高校）

新版　新しい世界史の授業　生徒とともに深める歴史学習

2019年6月20日　第1版第1刷印刷　　2019年6月30日　第1版第1刷発行

編　者　千葉県高等学校教育研究会歴史部会

発行者　野澤伸平

発行所　株式会社　山川出版社
　　　　〒101-0047　東京都千代田区内神田1-13-13
　　　　電話　03(3293)8131(営業)　03(3293)8134(編集)
　　　　https://www.yamakawa.co.jp/　　振替　00120-9-43993

印刷所　株式会社　太平印刷社

製本所　株式会社　ブロケード

装　幀　菊地信義

© 2019 Printed in Japan　　　　　　　　ISBN978-4-634-64165-5
●造本には十分注意しておりますが，万一，落丁・乱丁本などがございましたら，
　小社営業部宛にお送りください。送料小社負担にてお取り替えいたします。
●定価はカバーに表示してあります。